朝廷儀礼の文化史

節会を中心として

近藤好和著

臨川書店

目　次

〈図版目次〉

序章　本書の目的と考察の前提

第1節　本書の目的

摂関制と公事　九世紀末に成立した新しい政治体制を摂関制という。これは天皇の外戚を主体とする摂政（人臣摂政）や関白のもと、天皇との私的（ミウチ）関係を構成原理とする政治体制である。これは嵯峨《さが》天皇（七八六〜八四二）の弘仁年間（八一〇〜二四）に一応の完成をみた律令官僚機構が変質した政治体制で、律令官僚機構の枠組は残しながらも、摂政・関白のほかに蔵人《くろうど》や検非違使《けびいし》といった宣旨職《せんじしょく》が重視された。また昇殿制《しょうでんせい》という新たな制度のもとで、四位・五位の位階を有する官人のなかに昇殿を勅許《ちょっきょ》される殿上人《てんじょうびと》と勅許されない地下《じげ》である諸大夫《しょだいぶ》という身分格差が生じ、律令身分秩序の根底にある位階制を基礎にしながらも、殿上人を経て昇進した公卿《くぎょう》に殿上人・諸大夫という新たな身分秩序が形成された。こうした宣旨職や殿上人という身分は、律令官職（除目職《じもくしょく》という）や身分とは異なり、天皇との私的関係で任命され、天皇代替わりには更新されることを原則とする官職や身分である。

この摂関制の時代（摂関期）に天皇権威は頂点に達したが、摂関制への移行に伴って公事《くじ》が成立した。公事とは摂関期以降の朝廷における政務や儀礼（宮中儀礼）の総称である。公事の「公」とは天皇のことであり、公事はそれ以前の律令制下の政務や国家儀礼（本書では、摂関期以前の朝廷における儀礼を国家儀礼、摂関期以降の儀礼を宮中儀礼、と便宜的に区別する）を基礎にしながらも、さらに天皇個人やそのミウチに関わる私的行事さえをも含んでいることが特徴である。この公事には、毎年あるいは毎月・毎日決まった時に行う恒例《ごうれい》のものと、天皇一代一度の即位式や大嘗会《だいじょうえ》（大嘗祭）のような臨時のものがある。そのうち毎年決まった日時に行う公事を年中行事ともいい、これが公事の核となる。

こうした公事の核となる年中行事は、鎌倉初期の成立かという『年中行事秘抄』によれば、光孝《こうこう》天皇（八三〇～八七）の元慶八年（八八四）に日本最初の実質的関白となった藤原基経《もとつね》（八三六～九一）が、仁和元年（八八五）に朝廷に献上したという「年中行事御障子《みしょうじ》」（年中行事を書き連ねた衝立《ついたて》障子）に記された内容を根幹とする。

この公事のなかに節会《せちえ》とよぶ宮中儀礼がある。これは奈良時代の節日《せつじつ》の饗宴（節宴《せちえん》）を基礎として成立した国家儀礼を継承したものである。その内容はごく単純化していえば天皇主催の公式宴会である。天皇が公卿を中心とする五位以上（時に六位以下）の臣下（本来は皇太子や親王等の皇族も参列）に酒食と禄を賜った。

節日と節会　こうした節会やその前提である節宴を考えるための大前提が節日である。節日とは、『養老令《ようろうりょう》』雑令《ぞうりょう》（以下、引用する令はすべて『養老令』。令名だけで『養老令』は割愛）に、

凡正月一日・七日・十六日・三月三日・五月五日・七月七日・十一月大嘗日、皆為二節日一、其普賜、臨時聴レ勅、

とみえるように、正月一日（元日）・七日・十六日、三月三日、五月五日、七月七日と「十一月大嘗日《だいじょうのひ》」の各日をいう。「十一月大嘗日」とは後世の新嘗会《しんじょうえ》（新嘗祭）。十一月の中または下の卯・辰両日をいう。さらに九月九日も節日だが、その日は天武《てんむ》天皇（？～六八六）の国忌（命日）に当たるために雑令では省かれた。また、正月十七日も節日に準じ、元日・七日・十六日と合わせて「正月四節」（『延喜式』大膳下・大炊寮）とする理解もある。

この節日は唐の制度を導入したものだが、唐では休日であり、その日に朝廷で饗宴などは行われない。これに対し、日本の節日は休日ではなく、奈良時代の朝廷では様々な行事や節宴が行われた。また、雑令に「其普賜《それあまねくしたまはむは》、臨時聴ㇾ勅」とあるように、節日には天皇からの賜禄もあった。

そこで、節宴を基礎として成立した節会も、当初は節日である正月一日・七日・十六日、三月三日、五月五日、七月七日（天長三年〈八二六〉以降、七月十六日、さらに七月二十八・九日〈大月〉、同二十七・八日〈小月〉に変更）、九月九日、および十一月の中または下の辰日の各日に様々な行事とともに行われた。

節会の成立と展開　節日が唐から導入した制度にも関わらず、日本では休日ではなく節宴や様々な行事が行われたように、それを前提として成立した節会という国家儀礼も中国に相当するものはなく、日本独自のものという。

ただし、唐代の儀礼を集大成して開元二十年（七三二）に完成した『大唐開元礼《だいとうかいげんれい》』によれば、唐の朝廷では、節日とは無関係に様々な行事に付随した複数の性格の饗宴があり、そのひとつに「会《え》」があった。この会への参列は官人としての勤務。そこで与えられる「賜会《しえ》」（賜物）は俸禄に相当した。

そして、日本の節会は、奈良時代の節日の行事と節宴を、この『大唐開元礼』に記された「会」に基づいて再編したものであるという。つまり節会への参列は官人にとっての勤務。参列者に与えられる禄つまり節禄《せつろく》は勤務に対する俸禄に相当した。

では、国家儀礼としての節会はいつ成立したのか。用語の初見は惟宗直本《これむねのなおもと》（生没年不詳）が編者という『令集解《りょうのしゅうげ》』儀制令《ぎせいりょう》儀戈条《ぎかじょう》。そこに『古記《こき》』を引用して「儀戈、節会之日令レ取以不」とみえる。『古記』は『大宝令《たいほうりょう》』の註釈書。天平十年（七三八）前後に成立したという。これによれば、「節会」という用語はすでに奈良時代にみえ、節宴と同義に使用されている。

とはいえ、これはあくまで用語として初見。実態としての節会は、奈良時代最後の光仁天皇《こうにん》（七〇九～八一）の宝亀年間（七七〇～八一）に実施の節宴を直接の前提とし、平安時代最初の桓武天皇《かんむ》（七三七～八〇六）の延暦年間（七八二～八〇六）に成立したという。

事実、『日本後紀』大同四年（八〇九）正月丁亥（十日）条に「令三諸国停レ献二正月七日・十六日両節会珍味一、以レ煩レ民也」とみえ、正月七日・十六日が「節会」と認識されている。また、『類聚国史《るいじゅうこくし》』歳時五・九月九日所引弘仁五年（八一四）三月辛亥（四日）条によれば、「省二大蔵之損一」ために九月九日を節会から除くことを藤原園人《そのひと》（七五六～八一八）が奏上。ここからその頃には節会のシステムが成立していたとの見解もある。

つまり八世紀末～九世紀初頭、これが節会の成立時期。節会とは平安時代に入って成立。換言すれば、平安宮（平安京における政治的中枢区画〈図①②〉）で実施された節日の饗宴が、節会と考えてよいであろ

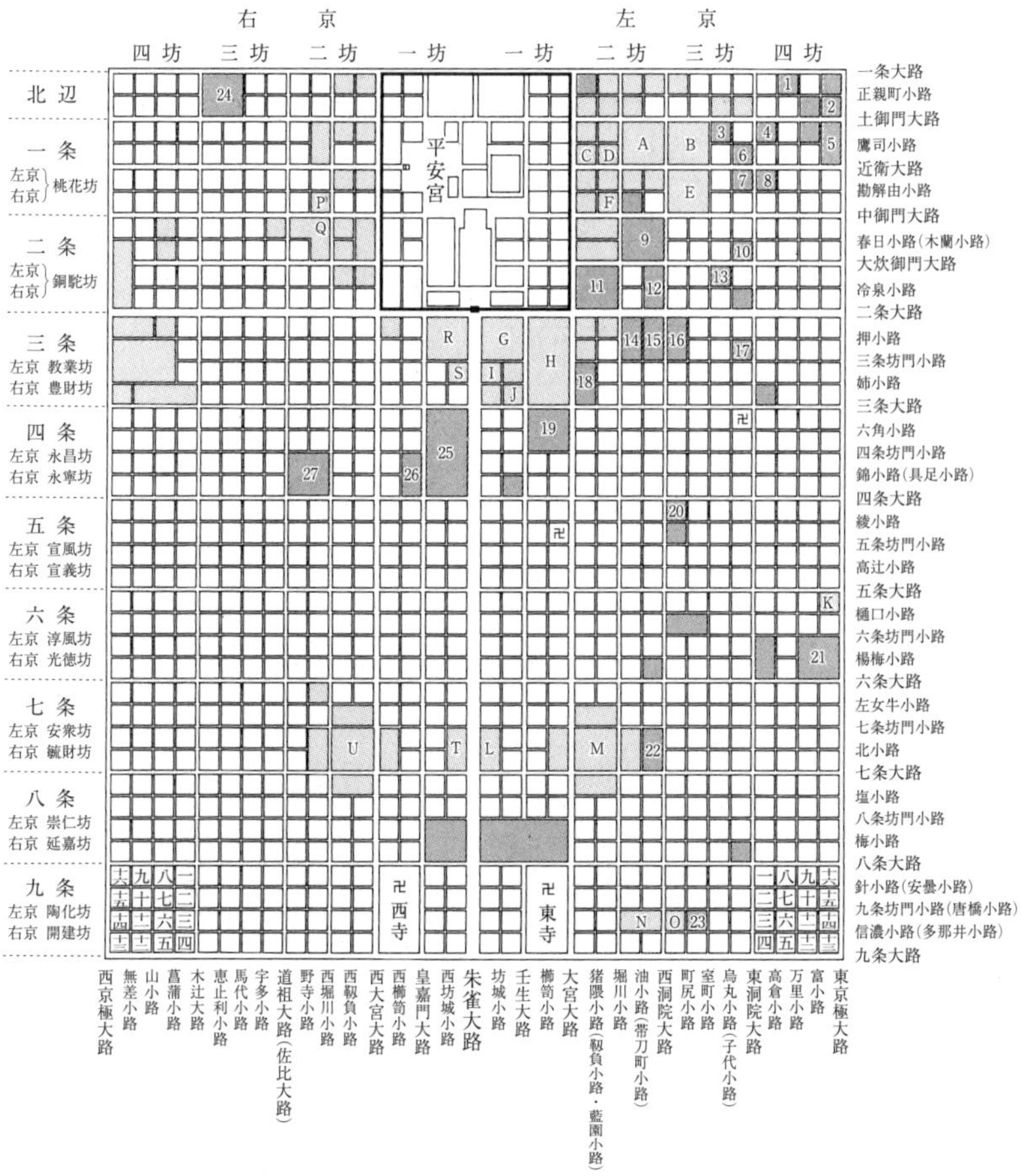

主な邸宅

1 一条殿
2 染殿
3 土御門内裏
4 高倉殿
5 土御門殿
6 枇杷殿
7 小一条院
8 花山院
9 高陽院
10 大炊殿
11 冷泉院
12 陽成院
13 小野宮
14 堀河院
15 閑院
16 東三条院
17 三条院
18 御子左第
19 四条後院
20 四条宮
21 河原院
22 亭子院
23 九条殿
24 宇多院
25 朱雀院
26 西宮
27 淳和院

官衙・公的施設

A 左近衛町
B 左衛門町
C 左獄
D 検非違使庁
E 修理職町
F 太政官厨家
G 大学寮
H 神泉苑
I 左京職
J 勧学院
K 崇親院
L 東鴻臚館
M 東市
N 綜芸種智院
O 施楽院
P 右獄
Q 民部省厨町
R 穀倉院
S 右京職
T 西鴻臚館
U 西市

0　1 km

図① 平安京図 『岩波日本史辞典』岩波書店 1999年

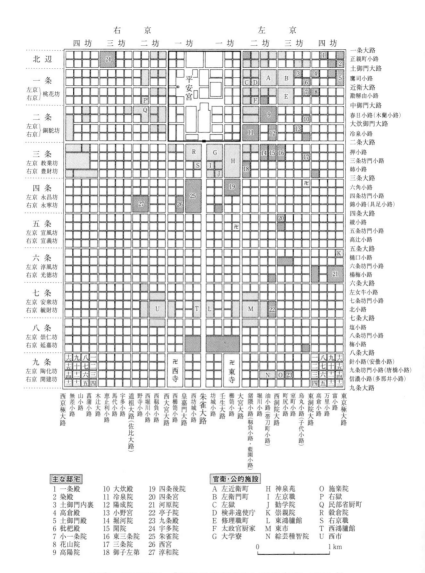

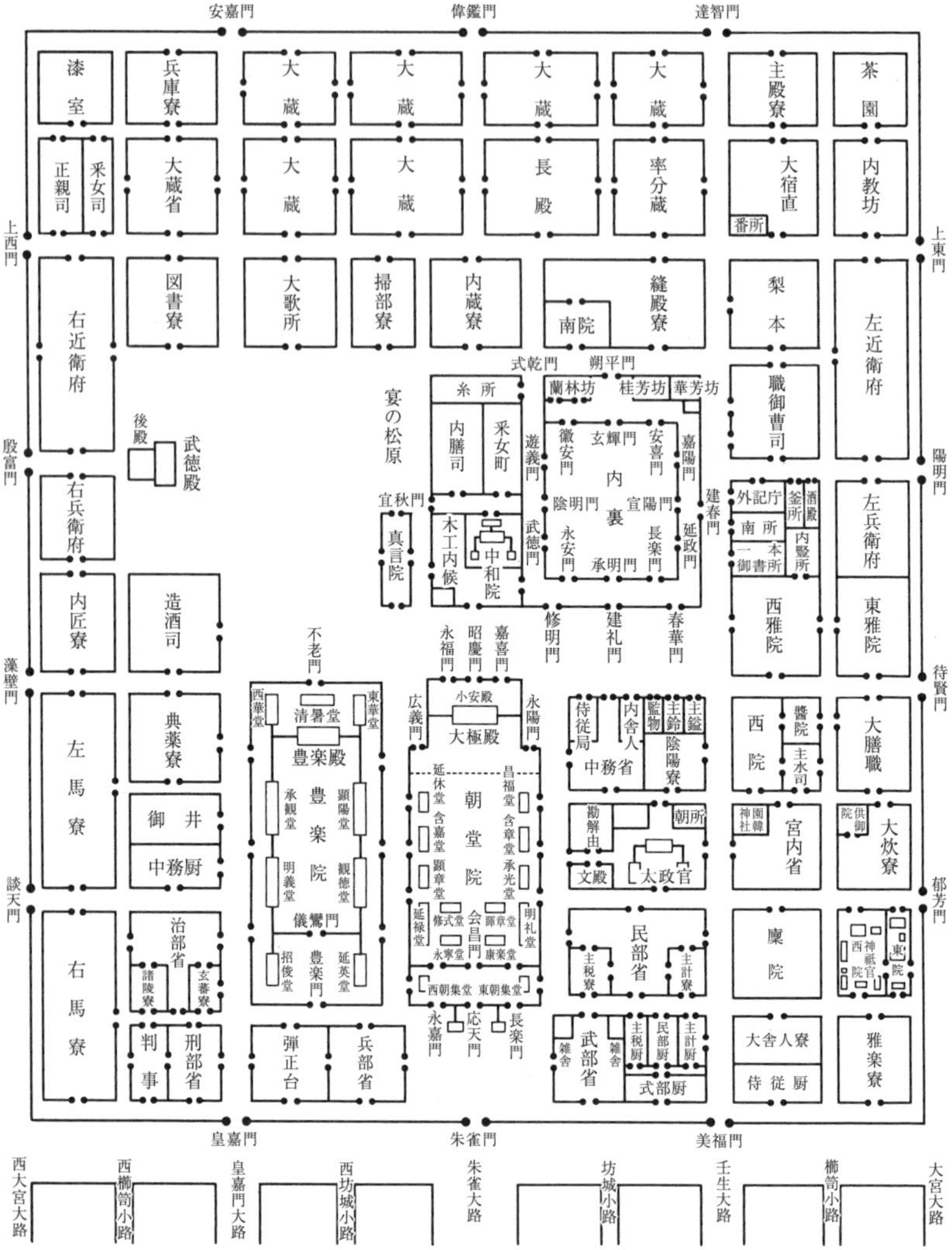

図② 平安宮図 『岩波日本史辞典』岩波書店 1999年

う。

こうして成立した節会だが、その後の改編や淘汰を経て、摂関期以降に節会といえば、正月元日の元日節会、同七日の白馬《あおうま》節会、同十六日の踏歌《とうか》節会、さらに十一月の中または下の卯・辰両日の新嘗会に伴って辰日に行われる豊明《とよのあかり》節会の四節会にほぼ限定され、恒例の公事のなかでもっとも重視される宮中儀礼となった。

なお、天皇即位後最初の新嘗会が大嘗会。十一月の中または下の卯・辰・巳・午の四日間に行われたが、この大嘗会でも辰・巳の両日にそれぞれ節会が行われ、さらに午日に豊明節会が行われた。これは恒例の節会に対して臨時の節会である。

式次第　ところで、節会をはじめとする国家儀礼・宮中儀礼ともにその進行は定められた式次第《しきしだい》によって行われる。式次第とは儀礼を行う際の手順である。九世紀初頭以来、その式次第を記した多くの文献が各時代で記された。式次第を記した文献が各時代で記されたのは、式次第が時代とともに変化したからである。

したがって国家儀礼・宮中儀礼を考えるためには、まずはその時々の式次第を把握することが重要となる。特に宮中儀礼では、それに参列する天皇以下の当事者つまり摂関期以降の公家社会の人々にとって、先例や故実・作法に則って粗相なく式次第を完遂すること、それ自体が最重要事項で、それがかれらの職務であり政治であり、そして文化であった。

このように重要な式次第だが、国家儀礼・宮中儀礼に関する研究が盛んになった現在では、逆に研究が細分化したため、式次第自体に対する関心は希薄化している。また、各時代の式次第の変遷を追うといった研究もなくなっている。

本書の目的　そうした状況のなかで本書では、恒例の節会のなかから、特に正月に行われた元日節会・白馬節会・踏歌節会の三節会（正月三節会）を取り上げ、その式次第を各時代の文献から考察し、その時代的変遷を追うことを目的とする。換言すれば、節会とはどういう儀礼なのかを、その歴史的意味といった抽象的な議論ではなく、式次第を通じて即物的に示し、そこから公家文化というものを考えるための手掛かりを示したいのである。

以下、本書では特に断らない限り、節会といえばこの正月三節会に限定する。

第2節　考察の前提

節会式次第を記した文献　次に節会式次第を考えるための前提事項として、節会式次第を記した文献と各節会の特徴についてまとめる。

まずは文献からみる。具体的には日記と儀式書である。このうち日記は、日本史の文献としてその形態や内容はじつは多種多様なものがある。しかし、ここでいう日記は、摂関期に成立した主に天皇以下の公家男子の手で和様漢文によって日毎に記された日次記《ひなみき》（私日記）、史料名称としては古文書に対して古記録とよぶ文献のことである。以下、本書でも日記といえば古記録のこととする。

この日記は、後世になると記主の範囲が僧侶や武家にまで広がり、記される内容も多岐にわたってくる。しかし、本来は公事の記録であり、公事の先例・故実・作法を子孫を中心とする後世に伝えるために記された。したがって宮中儀礼研究のための基礎史料であり、詳しい式次第が記されることも多い。しかし、日記はどうしても記主の身分・立場や関心のもとに記される傾向にある。したがってその記載は断片的な場合が多く、その点で式次第全体や時代的変遷を考えるためには必ずしも最良の文献とはいえない面もある。

なお、日記には私日記に対し、それに先行して成立した外記《げき》・内記《ないき》等の朝廷の実務官人や蔵人によって記された『外記日記』『内記日記』『殿上《てんじょう》日記』等の公日記がある。この公日記は現在では逸文《いつぶん》しか残っておらず、それも平安末期で消滅する。

こうした日記に対し、まさに式次第を記した文献が儀式書であり、儀礼を行うための指南書（マニュアル書）である。むろんその内容は必ずしもその時代の実状を反映していない場合もあるが、節会の式次第とその時代的変遷を考えるためには、まずは各時代の儀式書の分析が基礎となろう。本書でも儀式書の分析を通して考察していく。儀式書から式次第を理解すれば、日記の記載も理解しやすくなる。

勅撰と私撰の儀式書　こうした儀式書を大別すれば、天皇の命令によって編纂された勅撰のものと、個人が編集した私撰のものがある。このうち前者は嵯峨天皇の弘仁年間に成立。正式には儀式《ぎしき》という。中国唐の儀礼体系である唐礼《とうれい》の受容によって整備されて成立した、節会等の国家儀礼の施行細則を記した律令法典のひとつといえる。この儀式と同時に、弘仁年間には、養老二年（七一八）制定の『養老律令』以降の追加法令をまとめた格《きゃく》（『弘仁格』）と、律令制を運営するうえでの施行細則である式《しき》（『弘仁式』）も成立。ここに律・令に格・式・儀式を加えて律令法典が出揃い、律令官僚機構が成立するのである。

なお、儀式というと現在では儀礼そのものの意で使用する場合が多い。しかし、儀式とは本来は儀（儀礼）のための式（施行細則）の意。勅撰の儀式書そのものが儀式である。

この勅撰の儀式書である儀式が編纂されたのは九世紀までであり、摂関期になると私撰の儀式書が成立。以後、近世に至るまで様々な儀式書が記されている。この儀式書における勅撰と私撰の関係は、日記における公日記と私日記の関係に近似し、私日記の成立と私撰の儀式書の成立は軌を一にする。

こうした摂関期における私日記や私撰の儀式書の成立と密接な関係にあるのが有職故実《ゆうそくこじつ》の成立である。摂関期以降の節会をはじめとする宮中儀礼にとって有職故実は不可欠なものとなる。

なお、以下、本書では勅撰の儀式書は「儀式」（カギ括弧付き）とし、ただ儀式書といえば私撰の儀式書の意とする。また、読者の混乱をさけるために、儀礼を儀式とはいわない。

有職故実とは何か　では、有職故実とは何か。まず有職故実には、公家故実・武家故実・古典理解の三本の柱があることを理解する必要がある。このうち有職故実の根幹は公家故実。三本の柱のなかで最初に成立した。日記や儀式書そして節会と密接に関係するのは公家故実である。そこで公家故実の意味や成立の背景などを考える。

そもそも有職故実は有職と故実のふたつの言葉を合わせた用語である。有職は本来は有識と表記して漢音で「ゆうしょく」と読んだ。「ゆうしょく」と読んだから、後世（鎌倉時代以降）に有職と表記するようになった。この有識の意味は現在と同様。知識を持つ（あるいは知識を持つ人）という意である。これが有職の表記ならばその意味は分からない。そしてその知識とは故実の知識である。故実の知識を持つあるいは持つ人が有識である。

では、故実とは何か。故実とは、言い換えれば何かコトを行う際の根拠ある理由・規範・道理、現代風にいえばマニュアルのことである。そして、何か「コト」とは具体的には公事をいう。つまり有職故実とは本来は公事施行の実践の知識でありマニュアルである。この公事施行の実践の知識である有職故実を、鎌倉幕府の成立で新たに成立した武家故実と区別するために、公家故実と称するようになったのである。

ちなみに武家故実は弓馬《きゅうば》軍陣《ぐんじん》故実と柳営《りゅうえい》故実からなる。前者は武士の本分とする軍陣・武技・武具などに関するマニュアル、後者は幕府内での儀礼や座作進退のマニュアル。ともに武家にとっての実践の知識である。

これに対し、古典理解は実践の知識ではなく、古典つまり『源氏物語』を中心とした平安文学理解を目的に成立した学問研究としての有職故実である。

公家故実の成立と日記・儀式書　このように公家故実は公事施行の実践の知識でありマニュアルである。摂関期以降もあくまで律令官僚機構の枠組は残っており、それは公事でも同様である。しかし、摂関制という新しい政治体制の成立のなかで、各方面で律・令・格・式・儀式というそれまでの律令法典に則れない部分が生じた。則れない部分がそのままでは公事の施行はできない。則れない部分に対応して新たな法典が整備されれば問題はなかったが、それは叶わなかった。

そこでそれまでの律令法典では則れなくなった部分を、天皇自身や摂政・関白などの公事の主導者の内意による臨時・臨機の新例で補った。言い換えれば、公事の主導者の判断で臨機応変に対応したのである。

その臨機応変の対応ひとつひとつが新例であり、この新例の成立こそ故実の萌芽となる。なぜならば、新例はつぎにまた同様の状況になった時には先例となり、先例としての積み重ねの結果として故実が形成されるからである。非常に模式的な解釈だが、こうした流れのなかで、公事のマニュアルたる有職故実（公家故実）が成立する。

このように故実とは、臨機応変の対応であった新例の先例化によって成立した。だから摂関期以降の公家社会では先例というものがなによりも重視され、新例・先例・故実が子孫に伝えられた。その伝え方には口伝《くでん》・教命《きょうみょう》といった口伝えの場合もあったが、確実に後世に伝えるためにはそれを書き留める必要がある。それが日記（私日記）や儀式書の執筆につながった。

また、こうした儀式書は、公事の枠組に律令官僚機構が残っているように、「儀式」の内容を基礎としつつ各種の日記等を主要な素材として編集された。また、儀式書自体が日記と認識されることもある。つまり日記と儀式書は成立時期が同じであるだけでなく、両者には密接な関係がある。

節会式次第を記した「儀式」　こうした「儀式」や儀式書の具体像としては、まず「儀式」には『内《だい》裏式《りしき》』『儀式』が現存。さらに「儀式」かどうか微妙だが『内裏儀式』がある、このいずれにも節会式次第がみえる。一方、儀式書やそれに関連・類似する故実書や故実集成の類は未刊本（写本）・刊本含めて枚挙に遑ない。そうしたなかで節会式次第が記された、あるいはそれ自体を記した刊本に限ると、平安時代の『西宮記《さいきゅうき》』『北山抄《ほくざんしょう》』『江家《ごうけ》次第《しだい》』、鎌倉時代以降の『四節八座抄《しせつはちざしょう》』『建武《けんむ》年中行事《ねんちゅうぎょうじ》』『三節《さんせち》会次第《えしだい》』などがある。このうち『西宮記』『北山抄』『江家次第』は三大儀式書といわれる儀式書の代表格である。以下、これらの「儀式」・儀式書について簡単な解説を加える。まず「儀式」からである。

①『内裏式』。全三巻。序文・奥書によれば、嵯峨天皇の命で藤原冬嗣《ふゆつぐ》（七七五～八二六）等七名が編集。弘仁十二年（八二一）に完成。その後、淳和《じゅんな》天皇（七八六～八四〇）の天長十年（八三三）に清原夏《きよはらなつ》野《の》（七八二～八三七）等四名が改訂版を奏上。仁明《にんみょう》天皇（八一〇～五〇）の承和年間（八三四～四八）頃まで加筆されたという。節会式次第は上巻にみえるが、国家儀礼としての節会式次第は『内裏式』で完成したとみてよい。この『内裏式』は以後の朝廷で重視され、節会・行幸《ぎょうこう》等では「式筥《しきばこ》」に入れ、神《しん》璽《じ》・宝劔《ほうけん》と同じく天皇とともに移動。また、殿上人や蔵人が常備すべき書物となる。

②『儀式』。全十巻。序文・奥書ともになく、確かなことは不明で異論もあるが、『内裏式』に次ぐ「儀式」。清和天皇の貞観《じょうがん》十四年（八七二）以降に成立という『貞観儀式』に相当すると考えるのが妥当のようである。節会式次第については巻六（元日節会）・巻七（白馬節会・踏歌節会）にみえ、節会式次第自体は①の踏襲だが、節会の場の設営に関する記述が追加されている点等が独自である。

③『内裏儀式』。全一巻。現存十四項目だが、本来はもっと項目数があった可能性が高い。成立の時

期・背景等はすべて不明。江戸時代以来様々な議論があり、特に成立時期は①との先後関係が争点となる。ただし、この③に記された式次第の一部が①では「旧例」としてみえる点、また、弘仁九年（八一八）に平安宮の「殿閣及諸門之号」が和様から唐様に改められ（『日本紀略』同年四月庚辰〈二十七日〉条）、また同年に「天下儀式」「男女衣服」「五位已上位記《いき》」等も「唐法」「漢様」に改められたが（『続日本後紀』承和九年〈八四三〉十月丁丑〈十七日〉条）、この③にみえる殿閣門名や儀礼体系が弘仁九年の改訂以前のままである点等から、弘仁九年以前に①に先行して成立したと考えるのが妥当のようである。

実際、例えば節会の場が、①②のように平安宮で節会のために新たに建設されたという豊楽院《ぶらくいん》（図②③）ではなく、光仁天皇の頃から節宴の場として定着した内裏《だいり》（図②④）である点をはじめ、節会式次第は①のそれよりも総体に古様で、①で完成した節会式次第の前段階のものといえる。本書では「儀式」と同等に扱う。

④『延喜式』。全五十巻。弘仁年間以来編集され続けてきた格・式のうち唯一完本が残る。序文・奥書によれば、延喜五年（九〇五）八月に醍醐《だいご》天皇（八八五～九三〇）の命で藤原時平《ときひら》（八七一～九〇九）等十二名が編集を開始。時平没後はその弟忠平《ただひら》（八八〇～九四九）等が引き継ぎ、延長五年（九二七）十二月に完成。施行は康保四年（九六七）十月（『別聚符《べつじゅうふ》宣抄《せんしょう》』〈『日本紀略』は同年七月〉）と遅れた。

この『延喜式』は「儀式」ではないため、節会式次第全体が記されているわけではない。しかし、節会に関係する各省寮・各官職ごとの職掌が詳述されている。『延喜式』施行の時期には、節会の実態は国家儀礼から宮中儀礼の段階にすでに移っているが、その記載内容は「儀式」段階のもので、①②の節

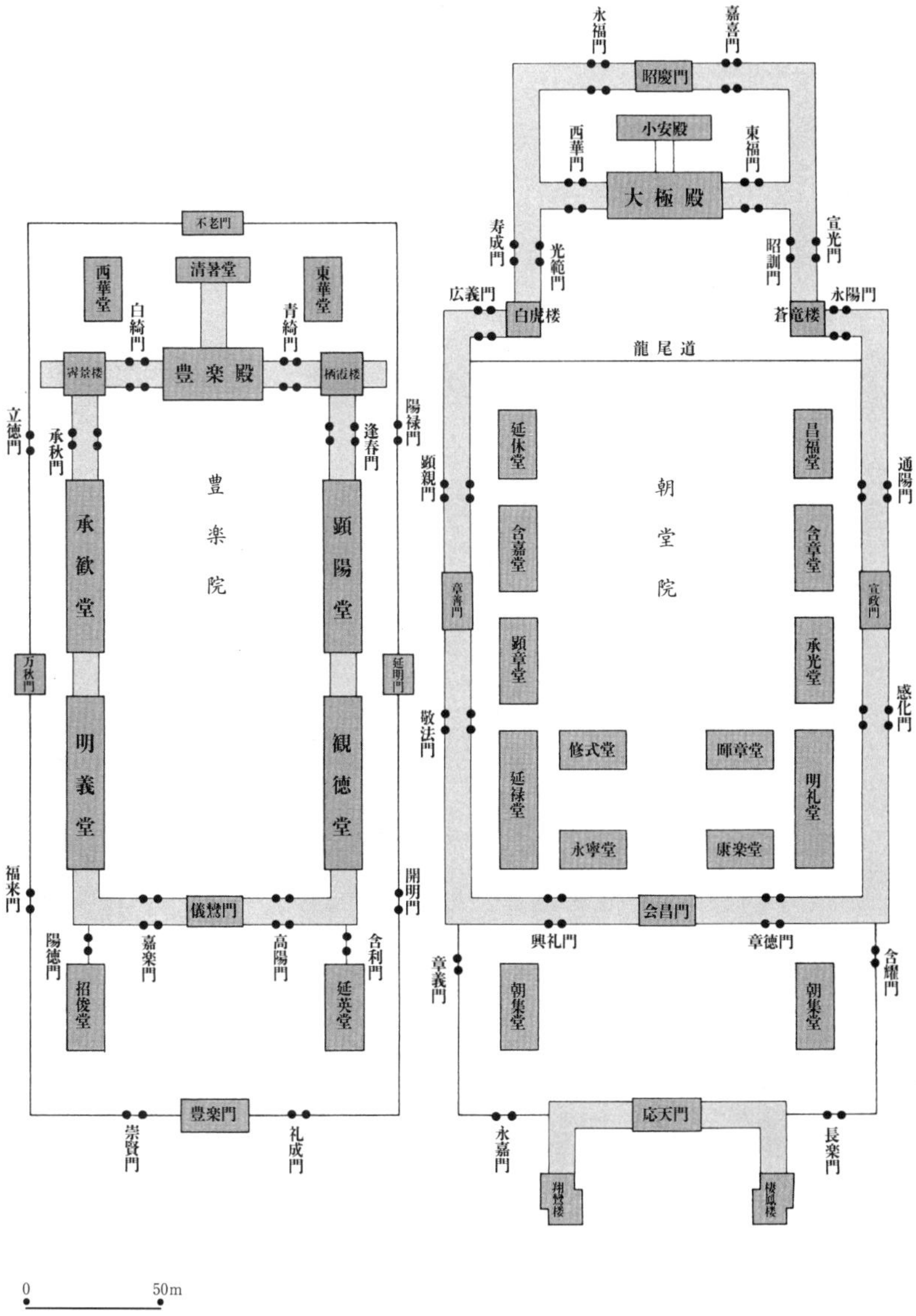

図③　平安宮朝堂院・豊楽院図　『平安時代史事典』資料・索引編　角川書店　1994年

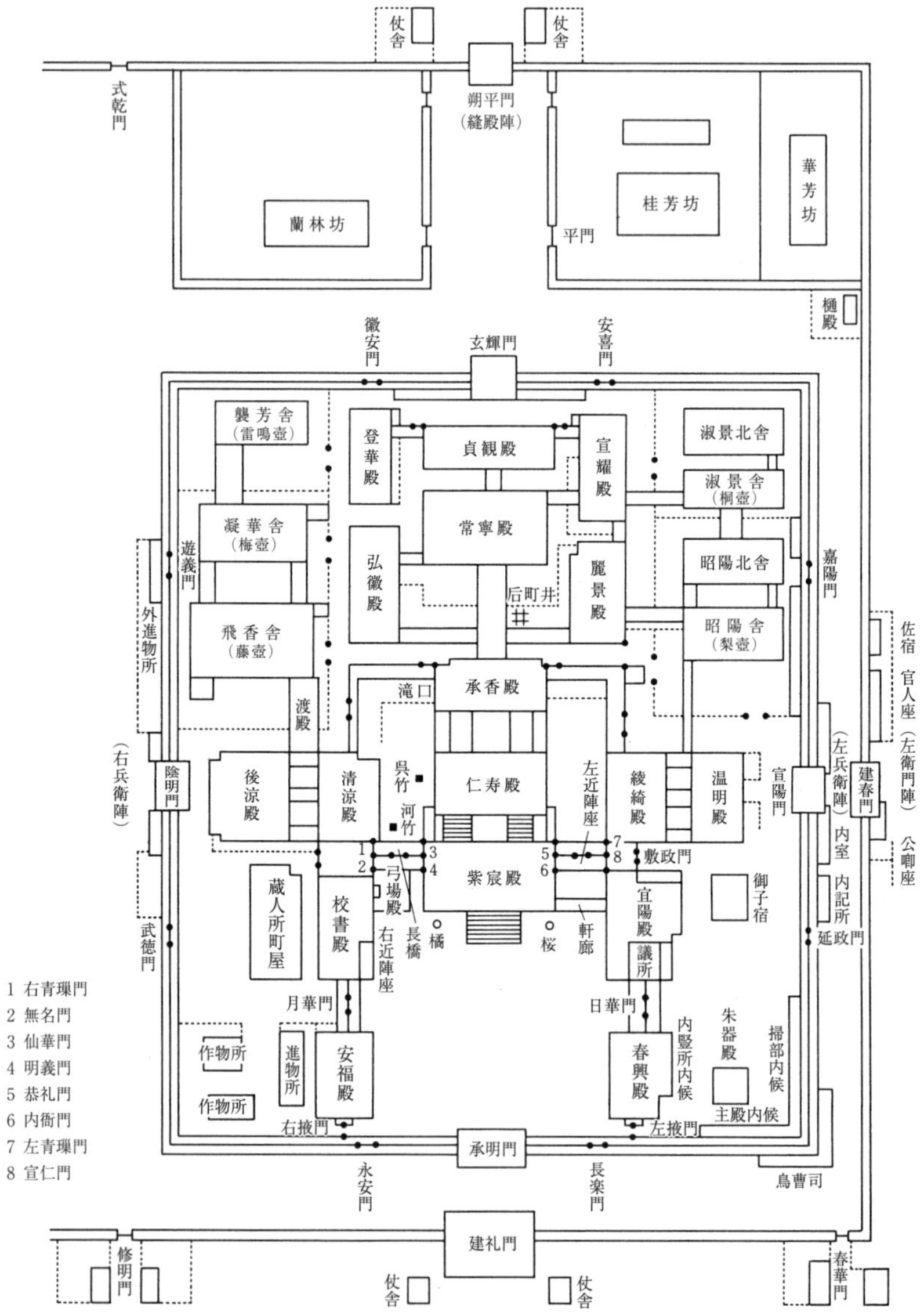

図④　平安宮内裏図　『岩波日本史辞典』岩波書店　1999 年

会式次第を考えるための参考になる。

以上の四書の刊本は、『群書類従』（①）、『故実叢書』（①〜③）、『国史大系』（④）、『神道大系』（①②④）等に収録。また、古写本の影印は、①の宮内庁書陵部蔵九条家本二本と前田育徳会尊経閣文庫《いくとくかいそんけいかく》蔵前田本（『尊経閣文庫影印集成46内裏式』八木書店、二〇一〇年）、④の東京国立博物館蔵九条家本（『東京国立博物館古典籍叢刊九条家本延喜式』思文閣出版、二〇一一〜一五年〈全五巻のうち第四巻まで刊行、第五巻は未刊〉）等が刊行されている。また、④の註釈として、虎尾《とらお》俊哉《としや》（一九二五〜二〇一一）編『訳注日本史料延喜式』上・中（集英社、二〇〇〇・二〇〇七年〈下は未刊〉）がある。

本書では、国家儀礼として完成したと考えられる①と、その前段階として③の節会式次第を分析する。本文はともに『故実叢書』本を使用し、①のみ必要に応じて影印本で校訂する。ただし、影印となった①の古写本のうち節会式次第がみえる上巻が現存するのは後者（前田本）だが、これを『故実叢書』本と比較すると脱字（書写漏）が目立ち、写本として善本とはいえない。

節会式次第を記した儀式書—平安時代—　ついで儀式書に移る。便宜的に平安時代のものと鎌倉時代以降のものに分け、平安時代のものから解説する。

⑤『西宮記』。記主は源高明《たかあきら》（九一四〜八二）。冷泉《れいぜい》天皇（九五〇〜一〇一一）の安和二年（九六九）の安和の変で大宰府《だざいふ》に左遷されたことで著名な人物である。この⑤が現存最古の儀式書であるのは間違いないが成立事情は複雑である。まず編者は何度も稿を改めたようで初稿本・再稿本等が想定されている。いずれも成立時期は不明。巻数も複数の古写本が残るなかで写本によって区々。日記等のほかの文献に

みえる巻数も一定しない。

ただし、写本の系統は、（a）前田育徳会尊経閣文庫蔵前田家巻子本と（b）宮内庁書陵部蔵壬生官務《みぶかんむ》家《け》旧蔵本の二系統に大別できるというが（三系統あるとの別説も）、（a）は平安時代末期から建武元年（一三三四）頃までの複数の古写本が、（b）は室町時代以前の古写本と江戸時代後期の新写本が混ざった取り合わせである。節会式次第は、（a）では巻一（元日節会・白馬節会）・巻二（踏歌節会）に、（b）では巻一（元日節会）・巻二（白馬節会）にみえ、踏歌節会部分は欠損する。

⑥『北山抄』。記主は藤原公任《きんとう》（九六六〜一〇四一）。全十巻。当初から十巻一連で成立したのではなく、各巻個別の事由で別個に成立したという。そのうち巻一・二・五・七〜十の七巻は寛弘末年〜寛仁初年（一〇一一〜一七）前後、巻三・四・六は治安・万寿年間（一〇二一〜二八）頃の成立。記主は全十巻の編成を構想したが未定稿に終わったという。節会式次第は巻一「年中要抄《ねんちゅうようしょう》上」にみえる。なお、巻八「大将要抄」に近衛大将の、巻九「羽林要抄《うりんようしょう》」に近衛次将《しじょう》（中・少将）の節会における故実・作法が記されている。

⑦『江家次第』。『江次第《ごうしだい》』（こちらが古い書名か）とも。記主は大江匡房《おおえのまさふさ》（一〇四一〜一一一一）。古写本・刊本含めて現状は二十巻。ただし、室町時代には二十一巻本も存在。節会式次第は巻一（元日節会）・巻二（白馬節会）・巻三（踏歌節会）にみえる。⑤⑥に比較して、記載は詳細。また、節会の場の設営や各種調度の配置といった準備段階の記載も詳しい。式次第自体は⑤⑥から若干の変化や新たな要素の追加が認められ、かつ鎌倉時代以降の節会式次第はこの⑦の式次第を基礎としていることがわかる。

宮中儀礼としての節会式次第はこの⑦で完成したといえる。

なお、後掲⑩の記主である一条兼良《いちじょうかねよし》（一四〇二～八一）はこの⑦の注釈書として『江次第抄』を執筆した。これは⑦の節会式次第を考えるためには重要な文献である。このような註釈書が成立したのも、節会式次第をはじめとして⑦の内容が室町時代でも参考にされた証左といえる。

以上の三書の刊本は、『故実叢書』『神道大系』（ともに⑤⑥⑦）、『改訂史籍集覧』（⑤）等に収録。また、古写本の影印は、⑤の前田育徳会尊経閣文庫蔵巻子本・大永本（『尊経閣善本影印集成1～6西宮記』全六巻、八木書店、一九九三～九五年）、⑥の前田育徳会尊経閣文庫蔵巻子本・永正本（『尊経閣善本影印集成7～9北山抄』全三巻、八木書店、一九九五・六年）、⑦の前田育徳会尊経閣文庫蔵巻子本・冊子本（『尊経閣善本影印集成10～12江次第』全三巻、八木書店、一九九六・七年）が刊行されている。

本書では、宮中儀礼の式次第として完成した⑦の節会式次第を解説する。本文は『故実叢書』本を使用し、必要に応じて影印本で校訂する。

節会式次第を記した儀式書—鎌倉時代以降—　次に鎌倉時代以降の儀式書に移る。

⑧『四節八座抄』。記主は藤原定能《さだよし》（一一四八～一二〇九）。全一巻。「四節」は正月三節会と豊明節会の四節会。「八座」は参議《さんぎ》。節会における参議の故実・作法に特化した内容で、元日節会・新嘗会での参議の職掌が詳述されると同時に、四節ごとの式次第が記載。特定の公事・官職・職掌・事柄（装束等）等の故実・作法を記載・集成した文献を故実書と総称するが、この⑧は節会における参議の故実書ともいえる。

⑨『建武年中行事』。記主は後醍醐《ごだいご》天皇（一二八八～一三三九）。漢字仮名交文で記載。様々な別称があり、『建武年中行事』は近世以降の書名。巻数は三巻本と一巻本があり（内容は同様）、前者が古態という。編集開始時期は天皇即位の文保二年（一三一八）あるいは嘉暦三年（一三二八）の二説。ともに建武中興が始まる建武元年（一三三四）頃までに成立という。これに対し、天皇皇太子時代（立太子は延慶元年〈一三〇八〉）に来るべき即位後の理想を記した虚構の書という説もある。節会式次第は三巻本の場合、上巻（元日節会・白馬節会）・中巻（踏歌節会）にみえる。虚構の書であったとしても、その節会式次第は⑦のそれを継承しながらも、時代の変化も垣間見られる。

⑩『三節会次第』。全一巻。『群書類従』本によれば、延徳四年（一四九二）四月に「後成恩寺禅閤《ごじょうおんじぜんこう》」（一条兼良）の自筆本を書写した由の奥書があり、これにより、書写者は不明ながら記主は一条兼良であることがわかる。内容は、節会を統括する上卿《しょうけい》である内弁《ないべん》の故実・作法に特化した節会式次第を記載。⑧同様にこの⑩は節会内弁の故実書ともいえる。

また、節会の場が⑤～⑨いずれも平安宮内裏であるのに対し、これは光厳《こうごん》天皇（一三一三～六四）以来、内裏（里内裏《さとだいり》）として定着した土御門《つちみかど》東洞院《ひがしのとういん》内裏（土御門内裏）。そこでの式次第が記されている点が特徴である（土御門内裏については第4章参照）。

ただし、⑩の書誌的な研究はいまだ手つかずである。室町時代の節会は、応仁の乱が勃発した応仁元年（一四六七）まで実施。翌応仁二年～延徳元年（一四八九）は中絶。後土御門《ごつちみかど》天皇（一四四二～一五〇〇）の延徳二年～明応六年（一四九七）に再興したものの以後また中絶。原本成立時期は不明ながら、書写時期はまさに節会再興の最中であり、節会実践のために書写されたのであろう。『国書総目録』等によれば、『三節会次第』という同名の文献は江戸時代のものを中心として多数存在。江戸時代にも宮中儀礼として節会が重視された証左だが、そうした『三節会次第』のなかでこの⑩が現存最古のものである。

以上三書の刊本はいずれも『群書類従』に収録。また、古写本の影印は、⑨の京都御所東山御文庫本（所功編『京都御所東山御文庫本「建武年中行事」』国書刊行会、一九九〇年）が刊行されている。なお、いずれも書誌的研究は今後の課題だが、⑧は早稲田大学古典籍データベースで三写本が公開。⑩は立命館大学図書館蔵西園寺文庫のなかに『群書類従』本と本文・奥書ともにほぼ同様の写本がある。さらに⑨の注釈書として、谷村光義《たにむらみつよし》（?～一七五〇）の『建武年中行事略解』（『故実叢書』所収）や和田英松《ひでまつ》（一八六五～一九三七）の『建武年中行事註解』（明治書院、一九〇三年）があり、後者の修訂版（明治書院、一九三〇年）や新訂版（所功校訂〈講談社、一九八九年〉）も刊行されている。

本書では⑩の節会式次第を分析する。本文は、『群書類従』本（群書本）を使用し、必要に応じて西園寺文庫本（西園寺本）で校訂する。

元日節会と朝賀　次に各節会の特徴をまとめておく。

まず元日節会は文字通り元日に行われる節会。『延喜式』太政官《だじょうかん》に「凡元日朝賀畢、賜㆓宴次侍従以上㆒、大臣侍㆓殿上㆒行㆑事」とあるように、本来は朝賀《ちょうが》に引き続いて実施。『内裏儀式』『内裏式』でも朝賀と元日節会は一連のものとして記され、また、『類聚国史』歳時二でも、「元日節会」の分類項目はなく、「元日朝賀」として分類され、そのなかに元日節会が組み込まれている。

ところで、朝賀は、『延喜式』太政官に「凡元日、天皇受二皇太子及群臣朝賀一」とあるように、皇太子以下の皇族・諸臣（律令官人）が朝堂院《ちょうどういん》（図②③）に集合。その正殿である大極殿《だいごくでん》に出御した天皇に新年の賀礼を行う儀礼である。律令制下の儀礼はその重要度で大儀《たいぎ》・中儀《ちゅうぎ》・小儀《しょうぎ》に分類されるが、朝賀はそのうちの最も重要な大儀に相当した。

これに対し、節会は、摂関期以降の宮中儀礼としての重要度に比べて、本来は白馬節会のみ中儀。元日・踏歌両節会は小儀にすぎない。ただし、六衛府《ろくえふ》の武官にとっては、踏歌節会は小儀だが、元日節会は白馬節会とともに中儀となる（『延喜式』左右近衛府・左右衛門府・左右兵衛府）。

いずれにしろ、律令制下の恒例の行事のうちもっとも重要な儀礼である朝賀に付随した饗宴が元日節会であり、その前身の元日節宴であった。皇太子以下の新年の賀礼に対し、天皇が饗宴でもてなすというのが元日節宴・節会の趣旨であろう。ただし、朝賀中止で節宴・節会だけが実施された例も多い。

元日節会と小朝拝　ところが、この朝賀も摂関期になると徐々に実施されなくなり、一条天皇（九八〇～一〇一一）の正暦四年（九九三）に実施されたのを最後に以後は廃絶。一方、九世紀末頃には新たに小朝拝《こちょうばい》が成立した。その明確な成立時期は不明だが、少なくとも「年中行事御障子」には記されている。

この小朝拝は清涼殿《せいりょうでん》東庭（図④⑤）で皇太子以下皇族と六位蔵人を含む殿上人以上（つまり天皇近臣）が天皇に新年の賀礼をする儀礼。これは醍醐天皇の延喜五年（九〇五）に「私礼」という理由で一旦廃

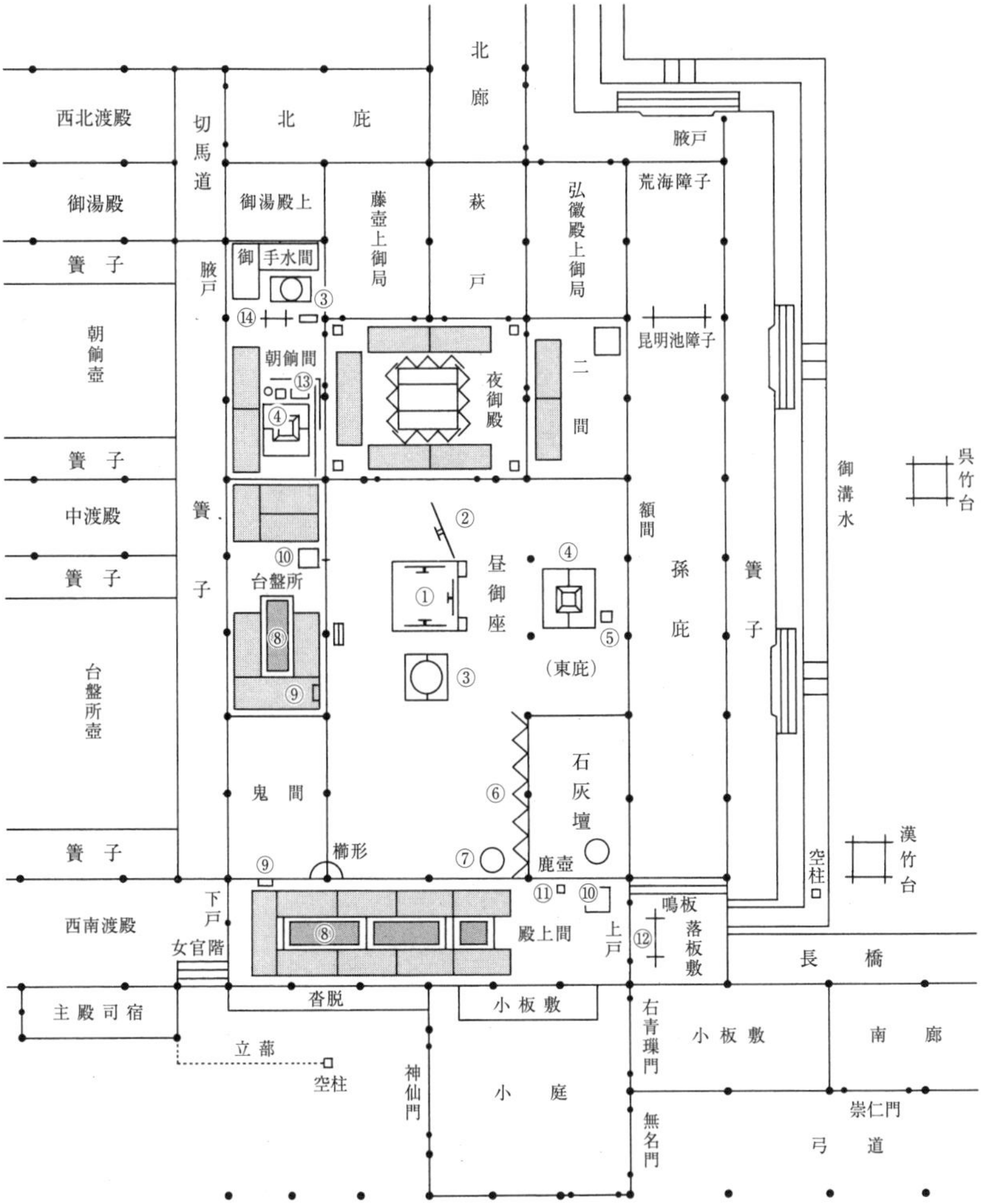

①御帳台　④平敷御座　⑦陪膳円座　⑩御倚子　⑬山水御屏風
②三尺御几帳　⑤御硯筥　⑧台盤　⑪文杖　⑭小障子
③大床子御座　⑥四季御屏風　⑨日給簡　⑫年中行事障子

図⑤　平安宮清涼殿図　『岩波日本史辞典』岩波書店　1999年

止されたが（『西宮記』巻一・正月上・小朝拝）、延喜十九年（九一九）に復活（藤原忠平〈八八〇～九四九〉の『貞信公記《ていしんこうき》』同年正月一日条）。本来は朝賀の後に実施され、朝賀中止の場合は単独で実施された。朝賀廃絶後も小朝拝は継続し、それに引き続いて元日節会が実施された。つまり朝賀廃絶後の元日節会は小朝拝と一連の饗宴となった。

　こうした元日節会を特徴付けるのは、御《ご》暦奏《りやくのそう》・氷《ひ》様奏《ためしのそう》・腹赤奏《はらかのそう》である。これらはのちに諸司《しょし》奏《そう》と総称される。このうち御暦奏は『内裏儀式』にすでにみえ、氷様奏・腹赤奏は『内裏式』からみえる。この諸司奏の詳細は『内裏儀式』『内裏式』の節会式次第を解説するなかでふれる。

白馬節会　元日節会に対し、白馬節会はほかの儀礼に付随せず単独で実施された。この白馬節会を特徴付けるのは叙位《じょい》と白馬引渡《いんと》（天皇の立場では白馬御覧《ぎょらん》）であり、また御弓奏《みたらしのそう》もある。いずれも『内裏儀式』からみえる。

　このうち叙位は官人に位階を授けることをいう。律令制下の位階制は、官位令《かんいりょう》及び衣服令《いぶくりょう》によれば、親王・内親王は一品～四品（品位《ほんい》という）、王・女王は一位～五位、男女諸臣は一位～初位《そい》（九位）の位階が授けられ、一位～八位は各位で正《しょう》・従《じゅ》、初位は大・小、四位～初位はさらに各位で上・下に分かれ、王・女王は全十四階級、諸臣は全三十階級に細分された。このうち品位と五位以上は天皇が授ける勅《ちょく》授《じゅ》、八位以上は太政官が天皇に奏上して授ける奏授《そうじゅ》、初位は太政官の判断で授ける判授《はんじゅ》である。

　白馬節会における叙位は、勅授である五位以上の叙位。『延喜式』太政官にも、

凡正月七日、賜㆓宴於五位已上㆒、若有㆑叙㆓五位以上㆒者、前二日大臣及参議以上於㆓御所㆒撰㆘定応㆓叙

位一人上、即令レ書二位記一仰レ之、

とみえる。『延喜式』にあるように、勅授ではまず白馬節会に先立つ正月五日（あるいは六日）に叙位する者を選定するための公卿会議である叙位儀《じょいぎ》が天皇御前で行われる。それに基づき、いわば辞令に相当する位記《いき》が作成され、その位記が白馬節会で叙位者に手渡された。

なお、『延喜式』では「若有レ叙二五位以上一者」とあり、正月七日に叙位が行われない可能性も示唆する。しかし、『内裏儀式』以下の「儀式」・儀式書では、節会式次第のなかに叙位とそれの関連行事が明確に組み込まれている。

一方、白馬引渡は、節会の場に白馬（当初は青馬と表記）を引き渡し、天皇以下参列者がそれを見物する行事である。ここから白馬節会の通称があり、『延喜式』には記されていないが、叙位とともにまさに白馬節会の大きな特徴となる。

また、御弓奏は白馬節会における諸司奏。白馬引渡と御弓奏の詳細も『内裏儀式』の節会式次第を解説するなかでふれる。

踏歌節会　ついで踏歌節会。これもほかの行事に付随せず単独で実施。諸司奏に匹敵する行事もない。それを特徴付けるのはまさに踏歌。厳密いえば内教坊《ないきょうぼう》の舞妓《ぶぎ》による女踏歌である。踏歌は和訓では「あられはしり」といい、足を踏みしめながら拍子を取って舞う中国伝来の集団舞踏をもとに、性的意図を持って男女が歌を詠み合うわが国古来の歌垣《うたがき》とが融合したものという。当初は漢人（唐人）が行い、男女が入り乱れて舞うものであったらしい。また、延喜三年（九〇三）からは正月十四日に男性による男踏歌が行われた。その式次第は『西宮記』巻二・正月下・踏歌事にみえるが、天元六（永観元）年（九八三）を最後に廃絶。踏歌といえば踏歌節会での女踏歌だけとなる。

なお、『延喜式』太政官によれば、正月十六日節会については、「凡正月十六日、賜二宴於次侍従以上一、大臣侍二殿上一行レ事、如二元日儀一」とあり、元日節会と同様であることが記されているだけで、踏歌のことはみえない。しかし、『延喜式』には、「十六日踏歌妓女」の「禄料」（中宮職）等の個別条文がみえ、正月十六日に女踏歌が行われていたことがわかる。

以上を前提とし、以下、『内裏儀式』『内裏式』『江家次第』『三節会次第』にみえる節会式次第を各章に分けて解説する。

第1章　『内裏儀式』にみえる節会

第1節　元日節会

本章では『内裏儀式』の節会式次第を解説する。体裁は、内容ごとに本文を分割し、それぞれに読み下し・大意・解説を加える。なお、本文には返り点と句読点を施し、本文の割書部分は〈　〉に入れて提示する。それらは次章以降も同様である。では元日節会からみる。

▼本文冒頭（節会の場の鋪設に関する記載）

〔本文〕

皇帝還宮、饗二宴侍臣一、所司預設下応二升殿一者座於殿上上〈旧例中納言已上升殿、延暦年中三位及四位参議始得二升殿一〉、置二賜被及被几一〈旧例賜二中納言已上一、延暦年中始賜二三位已上一〉、設下不二升殿一者座於幄下上〈謂二五位已上一、前一日若当朝、所司樹二幄於殿庭東西一、幄下安二床机一、余節准レ之〉、

〔読み下し〕

皇帝還宮《かんきゅう》す、侍臣《じしん》を饗宴す、所司預め応《まさ》に升殿《しょうでん》すべき者の座を殿上に設く〈旧例中納言《ちゅうなごん》已上升殿す、

延暦年中三位及び四位参議《さんぎ》始めて升殿を得《う》〉、賜被《しひ》及び被几《ひき》を置く〈旧例中納言已上に賜ふ、延暦年中始めて三位已上に賜ふ〉、升殿せざる者の座を幄下《あくか》に設く〈五位已上を謂ふ、前一日若しくは当朝、所司幄を殿庭東西に樹《た》つ、幄下に床机《しょうぎ》を安ず、余節これに准ず〉、

〔大意〕

天皇が還宮。侍臣を饗宴。所司が前もって昇殿者の座を殿上に設置。旧例は中納言以上が昇殿。延暦年中に三位と四位参議が始めて昇殿。賜被と被几を設置。旧例は中納言以上に賜う。延暦年中に始めて三位以上に賜う。不昇殿者の座を幄下に設置。五位以上を言う。前日または当日朝、所司が幄を殿庭東西に設営。幄内に床几を安置。他の節会もこれに準拠。

〔解説〕

○皇帝還宮、饗㆓宴侍臣㆒

「皇帝」は天皇。「還宮」は朝賀が行われた朝堂院（図②③）から内裏（図④）に戻ること。『内裏儀式』の節会（元日節会に限らない）の場は内裏。内裏は天皇の居住空間であると同時に、平安時代以降は天皇日常政務の場。その正殿は紫《し》宸殿《しんでん》（南《な》殿《でん》とも）。ただし、その名称は弘仁九年（八一八）以来。『内裏式』『儀式』以外は節会の場は内裏。そこでその正殿たる紫宸殿の基本構造をここでまとめておく（図⑥参照）。

紫宸殿は屋根が檜皮葺《ひわだぶき》の掘立式《ほったてしき》建物。母屋《もや》は桁行《けたゆき》九間・梁行《はりゆき》三間。その中央北寄に天皇御座となる御《み》帳台《ちょうだい》を置く。なお、梁行三間のうち北一間はほかの二間よりも柱間が狭い小間《こま》。母屋の四方には各一

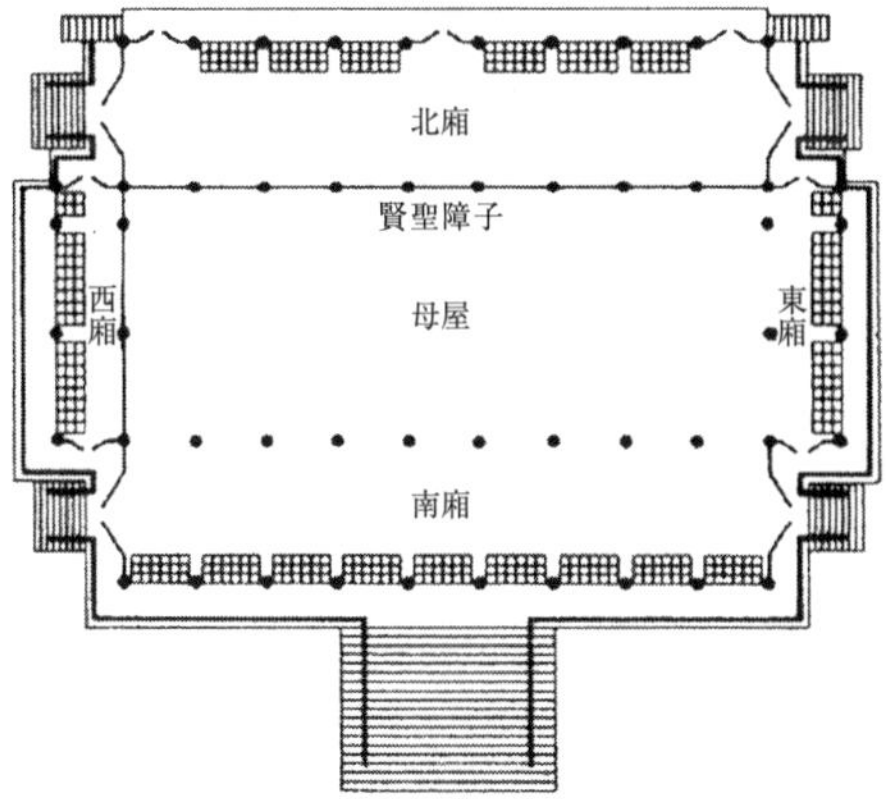

図⑥　平安宮紫宸殿図　『日本大百科全書』小学館（ジャパンナレッジ版）

間の廂《ひさし》とその外側に簀子《すのこ》。北廂は賢聖障子《けんしょうしょうじ》（後述）で仕切られ、西廂は壁で仕切られた塗込《ぬりごめ》。南廂・東廂は母屋との仕切りはない。南面に十八段の南階（正階）。南廂・北廂の東西にともに各九段の東階・西階がある。

「饗宴」は、厳密に区別すると、「饗」は天皇不《ふ》出御《しゅつぎょ》の場で、「宴」は天皇出御の場で酒食を賜うこと。「侍臣」はここは公卿《くぎょう》と次侍従《じじじゅう》。公卿は大臣（太政大臣・左大臣・右大臣・内大臣〈公《こう》と総称〉）・納言（大納言《だいなごん》・中納言）・参議《さんぎ》（納言・参議で卿《きょう》と総称）。国政審議に関わる律令制下の臣下最高の身分。次侍従は中務省《なかつかさしょう》所属の天皇側近。本来の天皇側近である同じく中務省所属の侍従《じじゅう》を補うために設置。初見は『続日本紀』宝亀元年（七七〇）正月辛未（八日）条。公卿を除く四位・五位から選出。定員は百名以下（『延喜式』中務省）。元日節会・踏歌節会・九月九日節会等に参列。また行幸《ぎょうこう》（天皇の内裏からの外出）等に供奉《ぐぶ》。いずれも賜禄《しろく》された。なお、節会には皇太子以下の皇族（親王・王）も参列。

○所司預設㆘応㆓升殿㆒者座於殿上㆖〈旧例中納言已上升殿、延暦年中三位及四位参議始得㆓升殿㆒〉、**置㆓賜被及被几㆒**〈旧例賜㆓中納言已上㆒、延暦年中始賜㆓三位已上㆒〉、**設㆘不㆓升殿㆒者座於幄下㆖**〈謂㆓五位已上㆒、前一日若当朝、

所司樹㆓幄於殿庭東西㆒、幄下安㆓床机㆒、余節准㆑之〉

節会の場の鋪設に関する記載。「所司」は担当官司。ここは大蔵省掃部司《かもんし》あるいは宮内省内掃部司《うちのかもんし》。ともに儀礼の場の座の設営や掃除等を担当。両司の役割分担は不明確。弘仁十一年（八二〇）に合併して宮内省掃部寮《かもんりょう》となる。「応㆓升殿㆒者」は昇殿者。「殿上」はここは紫宸殿殿上。「旧例」は「延暦年中」（七八二～八〇六）以前の例。具体的には直前の宝亀年間（七七〇～八一）頃の例か。「三位」は中納言以外の三位。紫宸殿昇殿者は延暦年間以前は中納言以上。延暦年間に中納言以外の三位と四位参議に拡大。不記載だが皇太子と親王も昇殿者。この昇殿者に天皇出御のもとで酒食を賜るのが「宴」。「賜被」は元日節会に節録として下賜される被《ふすま》。被は寝具（綿入掛布団）。櫃《ひつ》に納める（後述）。「被几」は被を置く机（台）。設置場所は不記載。節禄の賜禄もやはり延暦年間以前は中納言以上。延暦年間に三位以上に拡大。

「不㆓升殿㆒者」は不昇殿者。ここは次侍従。「幄」は四脚柱のテント。「所司」はやはり大蔵省掃部司か宮内省内掃部司。「殿庭」は紫宸殿南庭。「床机」は床几・胡床とも。上面（尻を掛ける部分）に皮革や布帛を張った折りたたみ式座具。次侍従は紫宸殿南庭東西に設置された幄内の床几に着座。この不昇殿者に天皇出御なく酒食を賜るのが「饗」。

以上のように節会参列者を昇殿者と不昇殿者に分け、前者は天皇出御のもと紫宸殿殿上で、後者は天皇出御なく紫宸殿南庭の幄で酒食を賜るという形態は、儀式書にみえる摂関期以降の節会の形態と同様。この形態は節宴の場が内裏（平城宮内裏）に定着する宝亀年間頃に成立か。

ただし、これをさらに遡ると、注目されるのは、『続日本紀』天平五年（七三三）正月庚子朔（一日）条を初例とし、天平年間（七二九～七四九）以降に散見する節宴の形態。つまり侍臣を天皇出御のもとで「中宮」で「宴」し、それ以外の五位以上を「朝堂」で「饗」すという形態。侍臣の身分範囲は不明だが、節宴参列者が身分によって中宮と朝堂という別個の場所で酒食を賜っている。しかも酒食を賜う意の動詞も『続日本紀』では前者は「宴」、後者は「饗」と区別。前者は天皇出御、後者は天皇不出御のもとで酒食を賜うという理解はここからくる。これが宝亀年間以降には、「内裏」で五位以上を「宴」という一元的な記載になるが、実態は内裏内での昇殿者への宴と不昇殿者への饗に分かれた。これは天平年間に成立した節宴の二重構造を矮小的に継承したものか。

▼大臣昇殿・近衛着陣・開門の式次第

〔本文〕

大臣先升殿、両衛服二中儀服一陣二階下一、両衛将曹各一人率二近衛五人一〈開闔之儀、他皆效レ此〉開二南閤一、掃部入、鋪二闈司座於戸内左右一、闈司二人分居〈凡開二南閤一者、闈司必居二戸内一、非二唯此節一〉、

〔読み下し〕

大臣先づ升殿す、両衛《りょうえ》中儀《ちゅうぎ》服《ふく》を服して階下に陣す、両衛将曹《しょうそう》各一人近衛五人を率ひて〈開闔《かいこう》の儀、他皆これに效ふ〉南閤《なんこう》を開く、掃部入り、闈司《みかどのつかさ》の座を戸内左右に鋪く、闈司二人分居す〈凡そ南閤を開かば、闈司必ず戸内に居す、唯この節に非ず〉、

〔大意〕
大臣がまず昇殿。両衛が中儀服で階下に着陣。両衛の将曹各一人が近衛五人を引率して南閤を開門。開閤は、いずれもこれに準じる。掃部が入場し、闈司の座を門内左右に設置。闈司二人が分居。そもそも南閤を開門する時は、闈司は必ず門内に祗候。この節会に限らない。

〔解説〕
○大臣先升殿

大臣昇殿の式次第。「大臣」は左大臣。国家儀礼や政務を行う際の責任者を上卿という。左大臣はその筆頭であるため一上《いちのしょう》とも。ただし、一上は上卿と同義で使用する場合もある。節会でも左大臣が上卿（一上）。左大臣不参の場合は右大臣以下大納言以上が上卿となる。摂関期以降、この節会上卿を内弁という。以下、内弁とする。

なお、『内裏式』『儀式』の式次第では、天皇出御→内弁昇殿・着座→皇太子昇殿・着座の順となる。これに対し、『内裏儀式』では天皇出御と皇太子昇殿・着座については不記載。また、天皇以下の節会参列者は朝堂院での朝賀後に内裏に移動。移動の行程や昇殿・着座までの内弁以下の行動や居場所等についても不記載。さらに節会では天皇以下五位以上は朝賀での礼服《らいふく》から朝服《ちょうふく》に着替える必要がある。その点も不記載。これは『内裏式』『儀式』でも不記載。ただし、『儀式』には元日節会式次第記載に続き、「礼服制」として天皇・皇太子以下男女皇族・男女臣下五位以上の礼服の内容に関する記載がある。なお、天皇は大極殿後殿の小安殿《こあどの》（図③）で礼服から朝服に着替える。なお、『西宮記』巻一・正月上・朝拝に「天皇入御〈撤二礼服一給二内蔵一〉還宮」とある。

ここで礼服・朝服について簡単にまとめると、礼服・朝服さらに制服《せいふく》は、皇太子以下の男女皇族・男女臣下が公務の際に着用しなければならない公服。衣服令に規定。

まず礼服。礼服は漢民族の正装を継承した公服の筆頭。大儀で皇太子以下男女皇族と男女五位以上（文官・武官・内命婦《うちのみょうぶ》）が着用（天皇は後述）。ただし、弘仁十四年（八二三）に礼服着用者は「皇太子及参議・非参議三位以上并預二職掌一人等」（『類聚国史』歳時二・元日朝賀所引同年十二月壬辰〈十二日〉条）に縮小。さらに正暦四年（九九三）を最後に朝賀が廃絶すると、礼服は即位式限定装束となり、弘化四年（一八四七）の孝明《こうめい》天皇（一八三一～六七）即位まで継続。次の明治天皇（一八五二～一九一二）の代で廃止。

次に朝服・制服。朝服は中国で採用された胡服《こふく》という北方騎馬民族の着衣の伝統を継ぐもっとも一般的な公服。男女皇族と男女初位以上（つまり有位者〈武官は無位者も〉）が「朝庭公事《ちょうていくじ》」（中儀・小儀や日常公務）で着用。制服は着衣構成や構造は朝服同様。無位者や庶民が公務に関わる際に着用した。

この男女の朝服が和様化し、九世紀末頃までに、男子は束帯《そくたい》、女子は女房装束《にょうぼうしょうぞく》（裳《も》唐衣《からぎぬ》装束）が成立。特に束帯は男子の正装で、参内《さんだい》装束（朝廷出仕の際の公服）となり、節会でも天皇以下は束帯を着用した。

礼服と朝服・制服には着衣構成等で様々な相違点があり、また男女でも相違するが、男子の礼服と朝服・制服で特に相違する点は被り物と上着。礼服の被り物は礼冠《らいかん》（天皇・皇太子・皇族・文官・武官でそれぞれ特徴がある）、上着は大袖《おおそで》、その下に小袖《こそで》を重ねる。一方、朝服・制服の被り物は頭巾《ときん》（幞頭《ぼくとう》等とも）。

上着は位袍《いほう》。礼服の大袖・小袖と朝服・制服の位袍は身分・位階により位色《いしき》の規定がある。

位色は衣服令規定によれば、黄丹《おうに》（皇太子）・深《ふか》紫（親王・内親王・王・女王一位・男女臣下一位）・浅《あさ》紫（王・女王二位〜五位・男女臣下二・三位）・深緋《あけ》（四位）・浅緋（五位）・深緑（六位）・浅緑（七位）・深縹《はなだ》（八位）・浅縹（初位）・黄（無位）。黄丹はオレンジ、緋はレッド、縹はブルー。

これが時代とともに変化。平安末期以降の位色は、黄丹（皇太子）・黒（皇族・臣下四位以上）・深緋（五位）・深縹（六位）・黄（無位）となる（摂関期以降七位以下は消滅）。これが現在まで継承されている。

ところで、衣服令には天皇・皇后の礼服・朝服と皇太子の朝服に関する規定がない。これらの正式規定は弘仁十一年（八二〇）。天皇の礼服は袞冕十二《こんべんじゅうに》章《しょう》、朝服は黄櫨《こうろ》染衣《ぜんのきぬ》、皇太子の礼服は袞冕九章、朝服は黄丹衣とされた（『日本紀略』同年二月甲戌〈二日〉条）。黄櫨染衣は黄櫨染位袍。黄櫨染は焦茶に近い天皇の位色。皇太子の黄丹とともに現在まで継承。いずれにしろ『内裏儀式』の成立が弘仁九年以前であれば黄櫨染位袍制定以前となり、『内裏儀式』当時、天皇が節会で何を着用していたかは不明である。

○両衛服二中儀服一陣二階下一

近衛着陣の式次第。「両衛」は左右近衛府。天皇側近の武官。大同二年（八〇七）成立。内裏外閤門《がいこうもん》（玄輝門《げんきもん》・宣陽門《せんようもん》・承明門《じょうめいもん》・陰明門《いんみょうもん》等〈図④〉）内の内郭を警固。行幸では輦輿《れんよ》周辺に供奉。大将（長官）・中将・少将（両者を次将と総称）・将監《しょうげん》・将曹・府《ふ》生《しょう》・番長《ばんちょう》・舎人《とねり》の構成。これに弘仁二年（八一一）成立の左右衛門府《えもんふ》と令制以来の左右兵衛府《ひょうえふ》を加えて六衛府という。以後、武官制度はこの六衛府制で定着する。

「中儀服」は中儀着用の武官の朝服。武官にとって元日節会は中儀。『延喜式』左右近衛府・左右衛門府・左右兵衛府いずれも「中儀〈謂三元日宴会・正月七日・十七日大射・十一月新嘗会及饗二賜蕃客二〉」とある。また、『延喜式』左右近衛府によれば、中儀の際の近衛府の朝服は、少将以上（大将・中将・少将）は位《い》襖《おう》・横刀《たち》・靴《かのくつ》に「策二著レ幟殳一」（後述）。将監以下府生以上は皀緌《くりのおいかけ》・位襖・白布帯《しろぬのおび》・横刀・弓箭《きゅうせん》・麻鞋《まかい》。近衛（番長・舎人）は皀緌・緑襖・白布帯・横刀・弓箭・麻鞋とある。

位襖・緑襖は位袍と同じく朝服の上着。ただし、左右両脇にスリットが入った闕腋《けってき》。両脇を縫い込んだ縫腋《ほうえき》の袍に対して襖という。皀緌は黒い緌。緌は武官が冠両側に取り付ける開扇状の装飾。白布帯は白平絹《へいけん》製の腰帯。少将以上は帯が不記載。朝服として通常の革帯《かくたい》（バックル式の革製ベルト）使用のため。靴は革製ブーツ。麻鞋は麻製短沓。武具は少将以上は横刀（大刀）のみ、それ以下は横刀・弓箭。「策二著レ幟殳一」は「幟《ひれ》を著く殳《ほこ》を策《つえつ》く」（「幟」を「ひれ」と読む根拠は『江家次第』元日節会のルビ）と読む。「幟」は細長く丈の短い小型の旗。中将は紫幟、少将は緋幟（『江家次第』）。「殳」は古代の長柄の刀剣。矛・鉾・槍等とも表記。「策く」は立てるの意。つまり「策二著レ幟殳一」は幟付鉾《ひれつきほこ》を立てるの意。着陣の際、次将（左右兵衛府・同衛門府では督・佐）はこの幟付鉾を威儀として立てる。

「階下」は紫宸殿南階左右。左右近衛府は天皇警固のために着陣。天皇出御と近衛着陣は一体。なお、着陣する近衛は中将〜府生の左右各一名。座具は胡床。少将以上はその上に虎皮を敷く（『延喜式』左右近衛府）。

○両衛将曹各一人率二近衛五人一〈開閤之儀、他皆倣レ之〉開二南閤一、掃部入、鋪二闈司座於戸内左右一、闈司二人分居〈凡開二南閤一者闈司必居二戸内一、非二唯此節一〉

開門の式次第。「両衛将曹」は左右将曹。「開閤」は開門の意。「南閤」は承明門。内郭正門。不記載だが、承明門は内弁・皇太子の各昇殿・着座までは閉門。なお、承明門内を内弁、門外を外弁《げべん》という。節会上卿を内弁というのは承明門内の責任者であるため。本書では内弁は節会上卿の意とし、承明門内は庭中、承明門外は外弁とする。「掃部」はここは宮内省内掃部司か。「闈司」は後宮十二司の一。宮《きゅう》門《もん》〈内裏外郭門〈朔平門《さくへいもん》・建春門《けんしゅんもん》・春華門《しゅんかもん》・建礼門《けんれいもん》〈正門〉・修明門《しゅめいもん》・宜秋門《ぎしゅうもん》・式乾門《しきかんもん》〈図②④〉〉と閤門の鍵の管理・出納担当の女官。承明門開門時は闈司は承明門内に祗候。外弁と庭中を取り次ぐ。

▼御《ご》暦奏《りゃくのそう》の式次第

〔本文〕

大舎人詣二南閤一叩門、闈司就レ位奏云、御暦進牟止中務省官・姓名等〈謂二輔已上一〉叩門故爾申、勅曰、令レ申、闈司伝宣云、姓名等乎令レ申、内掃部司入閤敷レ簀、即中務率二陰陽寮一挙二置レ暦机一、令レ立二簀上一退出、中務省奏進、其詞云、中務省奏久、陰陽寮乃供奉礼留七曜御暦進楽久乎申賜止奏〈無二勅答一〉、奏レ事者出、闈司遙挙レ机、升殿安二簀子敷上一、内侍開レ函奏覧、訖闈司退レ机安二簀上一、還居二戸内位一、内豎持レ机出、授二陰陽寮一、掃部寮退レ簀、

〔読み下し〕

大舎人《おおとねり》南閤に詣でて叩門《こうもん》す、闈司位《い》に就きて奏して云ふ、御暦《ごりゃく》進らむと中務省《なかつかさしょう》官・姓名等〈輔《すけ》已上を謂ふ〉叩門する故に申す、勅に曰く、申さしめよ、闈司伝宣して云ふ、姓名等を申さしめよ、内掃部司入閤して簀《す》を敷く、即ち中務 陰陽寮《おんみょうりょう》を率ひて暦を置く机を挙げ、簀上に立たしめて退出す、中務省奏進す、その詞に云ふ、中務省奏すらく、陰陽寮の供に奉れる七曜《しちよう》御暦進らくを申し賜ると奏す〈勅答無し〉、事を奏する者出ず、闈司遙かに机を挙げ、升殿して簀子敷《すのこじき》の上に安ず、内侍《ないし》函《はこ》を開きて奏覧す、訖りて闈司机を退けて簀上に安ず、還りて戸内の位に居す、内豎《ないじゅ》机を持ちて出で、陰陽寮に授く、掃部寮簀を退く、

〔大意〕

大舎人が南閤で叩門。闈司が版位に就いて奏上して言う。御暦を進上したいと輔以上の中務省の官・姓名等が叩門するので申し上げる。勅に言う。奏上させよ。闈司が伝宣して言う。姓名等を申し上げさせよ。内掃部司が入閤して簀を敷く。すぐに中務省が陰陽寮を引率して暦の机を担ぎ、簀の上に置いて退出。中務省が奏進。その言葉に言う。中務省が奏上。陰陽寮献上の七曜御暦を進上したいと申し上げさせていただきたいと奏上。勅答なし。奏上の者が退出。闈司が高く机を担いで昇殿し、簀子敷の上に安置。内侍が箱を開いて奏覧。終わって闈司が机を撤去して簀の上に安置。戻って戸内に着座。内豎が机を持って退出し、陰陽寮に手渡す。掃部寮が簀を撤去。

〔解説〕

「大舎人」は中務省左右大舎人寮所属。宮中の宿直や雑役に従事。節会では外弁と闈司を取り次ぐ。

「叩門」(二箇所)はともに「叫門《きょうもん》」の間違い。承明門内に祗候する闈司に対し、その官名を二度呼びかけること(『延喜式』監物《けんもつ》)。関係諸官人が外弁から庭中へ入閤する場合、大舎人を通じて闈司に伝え、闈司を通じて勅許を得る必要がある。叫門は大舎人が闈司に伝える際の作法。「位」は版位《へんい》。ここは尋《じん》常版《じょうのへん》。政務や儀礼の際に関係諸官人が報告したり、上卿等の命を聞くべき位置を示す標識。紫宸殿では南庭に設置。『江家次第』に「常不レ撤之故、謂二尋常版一」とある。なお、『拾芥抄《じゅうがいしょう》』下(原本は永仁二年〈一二九四〉以前成立。洞院公賢《とういんきんかた》〈一二九一〜一三六〇〉により改編)によれば、「天慶四年(九四一)九月二十五日定《さだむ》」とあるが、その寸法は「長一尺四寸、弘八寸五分、厚七寸」とある。

「御暦」は七曜《しちよう》御暦。太陽・月と水星・金星・火星・木星・土星の五惑星の七曜(現行の曜日とは相違)ごとの一年毎日の位置、一年の季節の目安となる二十四節気、月の満ち欠け(朔《さく》・望《ぼう》・両弦《りょうげん》)、日蝕・月蝕の時刻等を記した天体暦。中務省陰陽寮所属の暦博士《れきはかせ》が作成。毎年元日節会で中務省が天皇に奏上。これを御暦奏という。「中務省」は詔勅文案の審署等にも関わる天皇の秘書官的役所。「官・姓名等」は実際はここに御暦奏担当の中務省官人の官名・姓名が入る。なお、担当の中務省官人は「輔以上」。中務卿(長官)か同大輔・少輔(次官)。実例では中務輔が原則。以下、本文中の「中務」「中務省」はいずれも中務輔。「伝宣」はここは勅命を伝えること。「宣」は天皇を含む上位者の命令。「姓名等乎令レ申」は御暦奏が勅許されたの意。これも大舎人を通じて中務輔に伝えられる。

「入閤」は庭中への参入(入場)。以下、庭中への参入を入閤とする。「簀」は竹等を編んだ敷物。「中務率二陰陽寮一挙二置レ暦机一、令レ立二簀上一退出」は中務輔が陰陽寮を引率して御暦を置いた机を庭中の簀の上に安置し、陰陽寮は退出の意。中務輔は庭中に留まって御暦奏を行う。「中務省奏久、陰陽寮乃供奉礼留七曜御暦進楽久乎申賜止奏」は御暦奏奏上の文言。「奏レ事者」は奏上した中務輔。「簀子敷」は紫宸殿南簀子か。「内侍」は後宮十二司筆頭の内侍司所属の女官。天皇に近侍し、奏上・伝宣の取り次ぎや内廷一切の諸事を管轄。節会でも御座に近侍。奏上・伝宣の取り次ぎや陪膳《ばいぜん》（天皇飲食の世話）を担当。「開レ函」は御暦を収納した箱の蓋を開けること。『内裏式』『儀式』によれば、天皇は御暦のみ手許に留め、空箱は内侍が机に戻す。「内豎《ないじゅ》」は内豎とも。和名「ちひさわらわ」。朝廷内の雑用に従事する主に年少者。

▼親王以下入閤・昇殿・着座の式次第

〔本文〕

大臣喚二舎人再唱一、舎人同音称唯、少納言就二版位一跪、大臣宣、喚二侍従一〈踏歌・九月九日節亦同、余節宣喚二大夫等一〉、少納言称唯出、跪喚二親王以下一、共称唯、親王先入跪、大臣宣、参来、親王称唯、升殿就レ座、王・公以レ次入〈雨泥不レ跪〉、大臣亦宣、侍レ座、群臣称唯、以レ次就レ座、有レ頃大臣喚下参議已上在二最後一者名上云、某以上参来、倶称唯升殿、次喚二非参議三位以上一復如レ之、

〔読み下し〕

大臣舎人を再唱《さいしょう》に喚ぶ、舎人同音に称唯《いしょう》す、少納言版位に就きて跪く、大臣宣す、侍従を喚べ〈踏歌・九月九日節亦同じ、余の節は宣して大夫等を喚べ〉、少納言称唯して出づ、跪きて親王以下を喚ぶ、共に

称唯す、親王先ず入りて跪く、大臣宣す、参り来たれ、親王称唯し、升殿して座に就く、王・公次でを以て入る〈雨泥は跪かず〉、大臣亦宣す、座に侍れ、群臣称唯し、次でを以て座に就く、頃《しばらく》有りて大臣参議已上の最後に在る者の名を喚びて云ふ、某以上参り来たれ、倶に称唯して升殿す、次で非《ひ》参議《さんぎ》三位以上を喚ぶこと復《また》かくの如し、

〔大意〕

内弁が大舎人を再唱に喚ぶ。大舎人が同時に称唯。少納言が版位に就いて跪く。内弁が命じる。侍従を喚べ。踏歌・九月九日節会も同様。その他の節会では命じて大夫等を喚べ。少納言が称唯して退出。跪いて親王以下を喚ぶ。一斉に称唯。親王が先ず入閣して跪く。内弁が命じる。参上せよ。親王が称唯し、昇殿・着座。王・公が順次入閣。雨泥の時は跪かない。内弁がまた命じる。座に就け。群臣が称唯し、順次着座。暫く有って内弁が参議以上の最後の者の名を喚んで言う。某以上参上せよ。一斉に称唯して昇殿。次に非参議三位以上を喚ぶのも同様。

〔解説〕

○大臣喚二舎人再唱一、舎人同音称唯、少納言就二版位一跪、大臣宣、喚二侍従一〈踏歌・九月九日節亦同、余節宣レ喚二大夫等一〉

「舎人」は大舎人。「再唱」は二音・二声とも。朝廷で官人を喚ぶ際の作法。官名を延ばしながら二度繰り返す。叫門同類。「称唯」は「オオ」という返事。節会奉仕の大舎人は四名。内弁の再唱を受け、大舎人四名が同時に称唯。「少納言」は太政官少納言局所属の実務官人。「版位」は尋常版。内弁が大舎

人を通じて少納言を喚ぶ。内弁の再唱に答えた大舎人の称唯が少納言を喚ぶ合図となる。少納言はそれに応じて入閤。尋常版に跪く。

ここで少納言が尋常版に跪くのは跪礼《きれい》の作法。跪礼は弘仁九年（八一八）の唐礼《とうれい》導入以前の儀礼体系。唐礼では尋常版に立つ。『内裏儀式』ではこうした跪礼の作法が散見。これに対し、『内裏式』以降の式次第はすべて唐礼の作法。こうした跪礼の作法がみえる点が、『内裏儀式』が弘仁九年以前に成立したとみる大きな根拠となる。

「侍従」はここは次侍従の意。実質的には親王以下の節会参列者。内弁が命じた内容は少納言本来の職掌ではない。しかし、侍従の定員は八名。そのうち三名は少納言兼官。また、侍従八名はいずれも次侍従となる。こうした関係から少納言は次侍従を束ねる立場にあり、そこで内弁は少納言に命じるか。

なお、「喚二侍従一」の文言は「踏歌・九月九日節亦同」だが、「余節」では「喚二大夫等一」に替わるという。「大夫」は四位・五位（特に五位）の汎称。これは両者の節会参列者の範囲が相違するため。元日節会・踏歌節会・九月九日節会等では次侍従以上、白馬節会等は五位以上。さらには『儀式』によれば、六位以下諸司主典《さかん》以上を含む。

○少納言称唯出、跪喚二親王以下一、共称唯、親王先入跪、大臣宣、参来、親王称唯、升殿就レ座、王・公以レ次入〈雨泥不レ跪〉**、大臣亦宣、侍レ座、群臣称唯、以レ次就レ座、有レ頃大臣喚下参議已上在二最後一者名上云、某以上参来、倶称唯升殿、次喚二非参議三位以上一復如レ之**

「少納言称唯出」は内弁の命を受けた少納言が外弁に出るの意。不記載だが親王以下は外弁で待機。

外弁に出た少納言は「跪喚二親王以下一」。ここも跪礼。以下、ここで記載の式次第はいずれも跪礼。「王・公」は諸王と大臣。「群臣」も同様。「有レ頃」は少し間を置いての意。王・公の昇殿・着座の状況を見定めるためか。「参議已上在二最後一者」は納言・参議で最下位の者。「某」は実際はその最下位者の名。「非参議三位以上」は三位以上ながら参議未任の者。彼等も公卿。なお、親王・諸王・大臣以外は跪かないか。

以上の式次第は『内裏儀式』独自。『内裏式』以降にみえる唐礼の式次第とは大きく相違。『内裏式』以降は、外弁の親王以下節会参列者は一堂に入閤。身分ごとに庭中に列立後に昇殿・着座。昇殿前に内弁・皇太子・親王以下はいずれも謝座、また皇太子と親王以下はさらに謝酒という式次第がある〈次章参照〉。しかし、『内裏儀式』では謝座・謝酒については不記載。親王・諸王・大臣が跪く行為が謝座に相当するか。

▼饗宴の式次第

〔本文〕

所司供二御膳一〈内膳後取儀者、大同年中停〉、上下群臣降座、膳夫引出、即就レ座〈退二御膳一亦降座〉、大臣喚二宮内省輔以上一、在レ幄者一人降座、称唯跪二幄頭一〈輔不二侍従一者、権取二侍従位一〉、大臣宣、大食早速令レ賜、輔称唯出レ自二南閤一、令二大膳職入閤一、賜二饌於群臣一、訖輔復跪二幄頭一、喚二行酒者再唱一、数人共称唯、輔云、賜二大酒一、数人称唯、各把レ盞賜〈三盞之後、酒人不レ待レ命而賜〉、觴両・三行、奏二大歌一〈或有

㆑勅奏㆓立歌㆒〉、

〔読み下し〕

所司御膳を供ず〈内膳後取《ないぜんのちとり》の儀は、大同年中に停む〉、上下群臣降座《こうざ》す、膳夫《かしわでべ》引き出で、即ち座に就く〈御膳を退けて亦降座す〉、大臣宮内省輔以上を喚ぶ、幄に在る者一人降座し、称唯して幄頭に跪く〈輔侍従ならざれば、権《かり》に侍従の位を取る〉、大臣宣す、大食早速賜はらしめよ、輔称唯して南閤自り出で、大膳《だいぜん》職《しき》をして入閤せしめ、饌《せん》を群臣に賜ふ、訖りて輔復幄頭に跪き、行酒者を再唱に喚ぶ、数人共に称唯す、輔云ふ、大酒を賜へ、数人称唯し、各盞《さかづき》を把りて賜ふ〈三盞の後、酒人命を待たずして賜ふ〉、觴《さかづき》両・三行し、大歌《おおうた》を奏す〈或は勅有りて立歌《たちうた》を奏す〉、

〔大意〕

所司が御膳を供える。内膳後取は、大同年間に停止。上下群臣が降座。膳夫が退き、すぐに着座。御膳を下げてまた降座。内弁が宮内省輔以上を喚ぶ。幄中の者一人が降座し、称唯して幄前に跪く。輔が侍従でなければ、仮に侍従とする。内弁が命じる。大食を早く賜え。輔が称唯して南閤から出て、大膳職を入閤させ、饌を群臣に賜ふ。終わって輔がまた幄前に跪き、行酒者を再唱に喚ぶ。数人が一斉に称唯。輔が言う。大酒を賜え。数人が称唯し、それぞれ盞を取って賜う。三盞後は、酒人は命を待たずに賜う。觴が二・三回廻り、大歌を演奏。あるいは勅があって立歌を演奏。

〔解説〕

○所司供㆓御膳㆒〈内膳後取儀者、大同年中停〉、上下群臣降座、膳夫引出、即就㆑座〈退㆓御膳㆒亦降座〉

供饌《ぐせん》（天皇に御膳を供えること）の式次第。「所司」は「膳夫」（後出）。膳部とも。宮内省内膳司《ないぜんし》所属。内膳司は天皇・皇后関係の食膳を調進・給仕。そのうち膳夫（膳部）は調理・給仕を担当。膳部は春宮《とうぐう》坊主膳監《ぼうしゅぜんかん》（皇太子食膳調進）・宮内省大膳職（臣下食膳調進）にも所属。「内膳後取儀」は膳部が天皇の食べ残しを食べること。それは大同年間（八〇六〜一〇）に停止。「上下群臣」は皇太子以下節会参列者。「降座」は下座に同じ。『令集解』儀制令在庁《ざいちょう》座《ざ》条《じょう》引用「古記」によれば、朝堂では五位以上は「牀《しょう》席《せき》」（床席）、六位以下は「座席」を賜る。下座とは「五位以上自レ牀下立、六位以下自レ座避跪」とある。牀席と座席の区別は不明だが、下座は、五位以上の場合は牀座から降りて起立、六位以下は座席を外して跪くことになる。元日節会参列者は次侍従以上（五位以上）のため、御膳給仕の間は起立するか。『内裏式』以降は「起座」とある。なお、御膳の内容等は不記載。

○大臣喚二宮内省輔以上一、在レ幄者一人降座、称唯跪二幄頭一〈輔不二侍従一者、権取二侍従位一〉、大臣宣、大食早速令レ賜、輔称唯出レ自二南閤一、令二大膳職入閤一、賜二饌於群臣一、訖輔復跪二幄頭一、喚二行酒者再唱一、数人共称唯、輔云、賜二大酒一、数人称唯、各把レ盞賜〈三盞之後、酒人不レ待レ命而賜〉、觴両・三行、奏二大歌一〈或有レ勅奏二立歌一〉

賜饌《しせん》・賜酒《ししゅ》（親王以下に酒食を賜うこと）の式次第。皇太子については不記載。「宮内省」は朝廷の食糧関係を管轄。「輔以上」は宮内卿（長官）または宮内大輔・少輔（次官）。本文によれば宮内輔。「在レ幄者一人」は節会参列つまり次侍従の宮内輔。「称唯跪二幄頭一」はこれも跪礼。「輔不二侍従一者、権取二侍従位一」は次侍従でない宮内輔はこの時限定で次侍従に任命するの意。「大食」は豊富な食膳の意か。

「饌」は親王以下への食事。「行酒者」は親王以下への賜酒者。宮内省造酒司《ぞうしゅし》所属の酒部《さかべ》から選抜か。酒部は杜氏《とうじ》に相当。「大酒」は豊富な酒の意か。「盞」は盃。『延喜式』造酒司によれば、天皇用は「銀盞」、五位以上用は「盞」（土器《かわらけ》か）。皇太子用は不記載。「三盞之後、酒人不レ待レ命而賜」は親王以下最初の三名に賜酒の後は、宮内輔の指示を受けず、「酒人」（行酒者か）の判断で賜酒するの意か。「觴両・三行」は盃が節会参列者全員に二・三回廻った後の意。「大歌」「立歌」はともに和楽（日本雅楽）。治部《じぶ》省《しょう》 雅楽寮《ががくりょう》 大歌所《おおうたどころ》 担当。前者は韻文調の古代歌謡。後者は立ったまま演奏する立奏《りっそう》形式の歌謡。ともに舞が伴う場合もある。

以上の式次第は『内裏儀式』独自。『内裏式』以降とは大きく相違する（詳細は次章以降）。

▼賜禄準備・宣命《せんみょう》 宣制《せんせい》・賜禄・退出の式次第

〔本文〕

及二宴将一レ終、内蔵・縫殿両寮入閤、設二納レ被櫃於庭中一、宣命大夫徐歩就レ版、上下群臣降座、即宣制曰、今詔久、今日波正月朔日乃豊楽聞食須日爾在、又時毛寒爾依弖御被賜久止宣〈若雨雪者、時寒之上可レ加二雪毛布流之詞一〉、皇太子先称唯、拍手揚二賀声一、親王以下復然、訖就レ座、中務大・少輔相分、執レ机入閤、跪二櫃前一、内侍賜二御被於皇太子一、皇太子拍手、称唯揚二賀声一、出レ自二東閤一、中務唱名、賜二親王以下一、拍手揚二賀声一、出レ自二南閤一、給二群臣禄一訖、

〔読み下し〕

宴将《まさ》に終らんとするに及び、内蔵《くら》・縫殿《ぬいどの》両寮入閤し、被を納むる櫃を庭中に設く、宣命大夫徐歩《じょほ》して版に就く、上下群臣降座す、即ち宣制して曰く、今詔《のりたまは》く、今日は正月朔日の豊楽《とよのあかり》聞食《きこしめ》す日に在り、又時も寒きに依りて御被賜はくと宣《の》る〈若し雨雪ならば、時も寒きの上に雪もふるの詞を加ふべし〉、皇太子先づ称唯し、拍手して賀声《がせい》を揚ぐ、親王以下復《また》然り、訖りて座に就く、中務大・少輔相分かれ、机を執りて入閤し、櫃前に跪く、内侍御被を皇太子に賜ふ、皇太子拍手し、称唯して賀声を揚げ、東閤自り出づ、中務唱名《しょうみょう》し、親王以下に賜ふ、拍手して賀声を揚げ、南閤自り出づ、群臣に禄を給ひ訖んぬ、

〔大意〕

饗宴が終わろうとする時に、内蔵・縫殿両寮が入閤し、被を納めた櫃を庭中に設置。宣命大夫が徐歩して版位に就く。上下群臣が降座。すぐに宣制して言う。今詔する。今日は正月朔日の豊楽をお召し上がりになる日である。また折しも寒いので御被を賜うと命じる。もし雨雪ならば、「時も寒きに」の前に「雪も降る」の言葉を追加。皇太子がまず称唯し、拍手して賀声を挙げる。親王以下も同様。終わって着座。中務大・少輔が分かれ、机を持って入閤し、櫃の前に跪く。内侍が御被を皇太子に下賜。皇太子が拍手し、称唯して賀声を挙げ、東閤から退出。中務が唱名し、親王以下に下賜。拍手して賀声を挙げ、南閤から退出。群臣に禄を下賜し終わる。

〔解説〕

○及二宴将レ終、内蔵・縫殿両寮入閤、設二納レ被櫃於庭中一

賜禄準備の式次第。「内蔵・縫殿両寮」はともに中務省被管。内蔵寮は宝物の管理・出納、別勅〈臨

時の勅）による物品の調達、天皇・皇后等の御服や内裏殿舎の灯油等の調進といった天皇に関わる財政全般を管轄。縫殿寮は天皇の御服以下の裁縫・調進関係や女官の人事を管轄。元日節会の節録である被は製品。そこで内蔵・縫殿両寮が担当。「櫃」は蓋付きの大形の箱。脚付の唐櫃《からびつ》と無脚の大和櫃《やまとびつ》がある。ここは前者か。また、内蔵寮・縫殿寮がこの被収納の唐櫃を外弁から庭中に運び込んで設置。ただし、櫃設置の位置は不記載。

○宣命大夫徐歩就レ版、上下群臣降座、即宣制曰、今詔久、今日波正月朔日乃豊楽聞食須日爾在、又時毛寒爾依弖御被賜久止宣〈若雨雪者、時寒之上可レ加二雪毛布流之詞一〉、皇太子先称唯、拍手揚二賀声一、親王以下復然、訖就レ座

宣命宣制の式次第。「宣命大夫」は宣命使。天皇に代わって宣命を代読。この代読することを「宣制」という。『内裏式』以降は四位参議が担当。「宣命」は宣命体《せんみょうたい》という特殊な和文体で書かれた詔《みことのり》（天皇の命令）。本来は口頭で発せられた天皇の命を文字で記載。宣命は天皇に代わって宣命使が宣制。各節会でそれに応じた内容の宣命が宣制される。「徐歩」は儀礼での歩き方。重々しくゆっくり歩くこと。これをさらに威儀化した歩き方を練歩《れんぽ》という。宣命使による徐歩の記載は『内裏儀式』のみ。ただし、『建武年中行事』によれば、夜以外は宣命使も練歩するという。

「版」は宣命版。宣命使が宣命を宣制する位置を示す臨時設置の版位。『内裏儀式』白馬節会によれば尋常版の南に設置（具体的な位置は次節参照）。「今詔久、今日波正月朔日乃豊楽聞食須日爾在、又時毛寒爾依弖御被賜久止宣」が宣命本文。元日節会の趣旨を述べる。「豊楽」は豊富な食膳の意か。「聞食」は主語は天皇。「拍手」は柏手とも。手を叩くこと。「揚㆓賀声㆒」は歓喜の声を揚げること。ともに跪礼の作法。ただし、その具体的な内容については後考を俟つ。

なお、宣命宣制の際、『内裏儀式』では下殿するのは宣命使のみ。皇太子・内弁・親王以下は下殿せずその場で降座のみか。『内裏式』以降は、皇太子を除き内弁以下いずれも下殿して庭中に列立。これは白馬節会・踏歌節会の宣命宣制でも同様。

○中務大・少輔相分、執㆑机入閤、跪㆓櫃前㆒、内侍賜㆓御被於皇太子㆒、皇太子拍手、称唯揚㆓賀声㆒、出㆑自㆓東閤㆒、中務唱名、賜㆓親王以下㆒、拍手揚㆓賀声㆒、出㆑自㆓南閤㆒、給㆓群臣禄㆒訖

賜禄・退出の式次第。「執㆑机」は『内裏式』該当部分によれば「執㆑札」。「机」は「札《ふだ》」の間違い。札は賜禄者（本文冒頭によれば三位以上）の名札。見参《げざん》（節会参列者名簿）に基づいて作成。ただし、『内裏儀式』は見参については不記載。「御被」は皇太子の節録。皇太子の節録は殿上に置くか。「東閤」は日《にっ》華門《かもん》（図④）。「唱名」は札に記載の賜禄者の名を読み上げること。節禄は唱名して各人に下賜。

▼補説

〔本文〕

凡宴会之儀余節效㆑此〈按㆓旧記㆒、天応以往、縦雖㆓廃朝㆒元日必会、延暦以来、受㆓朝賀㆒日賜㆑宴、若経㆓三日㆒風雨不㆑止者、雖㆑不㆑受㆓朝賀㆒猶有㆓宴饗㆒〉、

〔読み下し〕

凡そ宴会の儀余の節此に效《なら》ふ〈旧記を按ずるに、天応以往、縦ひ廃朝《はいちょう》と雖も元日必ず会す、延暦以来、朝賀を受くる日宴を賜ふ、若し三日を経て風雨止まずんば、朝賀を受けずと雖も猶ほ宴饗有り〉、

〔大意〕

そもそも宴会は他の節会でもこれに準ずる。旧記によると、天応以前は、例え廃朝でも元日には必ず節会があった。延暦以降は、朝賀を受ける日に宴を賜った。もし三日になっても風雨が止まなければ、朝賀を受けずとも宴饗がある。

〔解説〕

「宴会之儀」は節会のうち饗宴部分か。「余節效ﾚ此」は饗宴部分は各節会で同様の意。「旧記」は『続日本紀』等か。「天応以往」は天応年間（七八一～八二）以前。「廃朝」は天変（日蝕・風雨雪等）・服喪・病気等の理由で天皇が政務につかないこと。「会」「賜ﾚ宴」「宴饗」はいずれも節宴・節会の意。

以上が、『内裏儀式』にみえる元日節会式次第である。

第２節　白馬節会・踏歌節会

次に『内裏儀式』の白馬節会式次第に移る。また、踏歌節会式次第も短文のためここで一括する。なお、すでに解説したことは原則的に繰り返さない。次章以下でも同様である。

◎白馬節会

▼位記《いき》請印《しょういん》の式次第

〔本文〕

所司供張及宴会之儀一同二元日一、群臣未レ入前、大舎人詣二南閤一叩門、闈司奏云、位記印給牟止少納言姓名叩門故爾申、勅曰、令レ奏、闈司伝宣云、姓名乎令レ申、少納言持二位記筥一、率二中務輔一人一、就二版位一奏云、位記若干枚爾請印止申、勅曰、取レ之、少納言称唯、持二位記筥一授二中務輔一、喚二主鈴名一、称唯、少納言退跪二廊前一、主鈴就レ櫃取レ印、少納言引、復二本位一印二位記一、中務輔執二位記一端一、印訖、主鈴少退奏云、捺印都、勅曰、賜レ之、少納言称唯、引就レ櫃蔵レ印、主鈴便退出、

〔読み下し〕

所司供張《ぐちょう》及び宴会の儀一に元日に同じ、群臣未だ入らざる前、大舎人南閤に詣でて叩門す、闈司奏して云ふ、位記に印を給はらむと少納言姓名叩門する故に申す、勅に曰く、奏せしめよ、闈司伝宣して云ふ、姓名を申さしめよ、少納言位記筥《いきばこ》を持ち、中務輔一人を率き、版位に就きて奏して云ふ、位記若干枚に請印《しょういん》せんと申す、勅に曰く、これを取れ、少納言称唯し、位記筥を持ちて中務輔に授け、主鈴《しゅれい》の名を喚ぶ、称唯す、少納言退きて廊前に跪く。主鈴櫃に就きて印を取る、少納言引き、本位に復して位記に印す、中務輔位記の一端を執る、印訖り、主鈴少し退きて奏して云ふ、捺印すと、勅に曰く、之を賜へ、少納言称唯し、引きて櫃に就きて印を蔵《かく》す、主鈴便ち退出す、

〔大意〕

所司の供張と宴会は全く元日同様。群臣入閤以前に、大舎人が南閤で叩門。闈司が奏上して言う。位記に印をいただきたいと少納言姓名が叩門するので申し上げる。勅に言う。奏上させよ。闈司が伝宣して言う。姓名を申し上げさせよ。少納言が位記筥を持ち、中務輔一人を引率し、版位に就いて奏上して言う。位記若干枚に請印したいと申し上げる。勅に言う。これを取れ。少納言が称唯し、位記筥を持って中務輔に預け、主鈴の名を喚ぶ。称唯。少納言が下がって廊前に跪く。主鈴が櫃から印を取り出す。少納言が引率し、元の位置に戻って位記に捺印。中務輔が位記の一端を押さえる。捺印し終わり、主鈴が少し下がって奏上して言う。捺印。勅に言う。これを賜え。少納言が称唯し、引率して櫃に印を納める。主鈴はすぐに退出。

〔解説〕

○所司供張及宴会之儀一同二元日一

「所司供張」は所司による鋪設の意か。

○群臣未レ入前、大舎人詣二南閤一叩門、闈司奏云、位記印給牟止少納言姓名叩門故爾申、勅曰、令レ奏、闈司伝宣云、姓名乎令レ申、少納言持二位記筥一、率二中務輔一人一、就二版位一奏云、位記若干枚爾請印止申、勅曰、取レ之、少納言称唯、持二位記筥一授二中務輔一、喚二主鈴名一、称唯、少納言退跪二廊前一、主鈴就レ櫃取レ印、少納言引、復二本位一印二位記一、中務輔執二位記一端一、印訖、主鈴少退奏云、捺印都、勅曰、賜レ之、少納言称唯、引就レ櫃蔵レ印、主鈴便退出

位記請印の式次第。「位記」は叙位者へ発給される辞令に相当する公文書。その書式は、弘仁九年（八一八）に勅授位記式が「漢様」に改められる（『続日本後紀』承和九年〈八四二〉十月丁丑〈十七日〉条）前後で大きく変化。変化前の書式は公式令《くしきりょう》、変化後の書式は『延喜式』内記に記載。『内裏儀式』が弘仁九年以前の成立とすれば、公式令記載の書式となる。それは「中務省、本位姓名〈年若干〉、今授二其位一、年月日（署名）」となる。「中務省」が冒頭の語句。天皇の意を受けた中務省の責任で内記が位記を作成するため。「本位姓名」は叙位者の叙位前の位階と姓名。「年若干」は叙位者の年齢。「其位」は叙位される新たな位階。署名は具体的には、文官叙位では中務卿・太政大臣（または左・右大臣・大納言のいずれか一名）・式部卿。武官叙位では式部卿が兵部卿となる。この位記には内印《ないいん》（後述）を捺印。その勅許を得るのが位記請印。内印を捺印した位記を叙位者に手渡すのが叙位。なお、弘仁九年以後の位記の書式については次章参照。「印」は内印。「天皇御璽《ぎょじ》」の篆書《てんしょ》四文字を二行に陽刻《ようこく》（文字部分が浮き出す彫り方）した、三寸（約九センチ）四方・鋳銅製の印。少納言が管轄し、中務省所属の主鈴が承明門東廊の長楽門《ちょうらくもん》（承明門東掖門〈図④〉）内で管理・出納。位記には勅許を得て少納言が主鈴監視の許で捺印。「位記筥」は位記を入れた箱。「請印」は内印捺印の勅許を請うこと。「取レ之」は内印を取れの意か。「持二位記筥一授二中務輔一、喚二主鈴名一」の主語は少納言。次の「称唯」の主語は主鈴。長楽門前で称唯。「少納言退跪二廊前一」は少納言が尋常版の位置から南行して「廊前」（長楽門前）に跪くの意。なお、位記筥を持った中務輔は尋常版の位置で待機。「櫃」は内印を納める唐櫃。内印はこの唐櫃のなかに駅鈴《えきれい》〈中央派遣の公使が騎乗を許される公馬〈駅馬〉の匹数を刻んだ鈴〉等とともに収納。「少納言引、復二本位一」

は、少納言が内印を手にした主鈴を引率し、「本位」（尋常版の位置）に戻るの意。なお、不記載だが尋常版の位置に位記に捺印するための机（台）等が設置されたか。「中務輔執㆓位記一端㆒」は少納言が捺印しやすいように中務輔が位記の一端を押さえるの意。「少退」は捺印の場である尋常版の位置から少し下がるの意か。「賜㆑之」は内印を主鈴に返せの意か。「引就㆑櫃蔵㆑印」は少納言が主鈴を引率して廊前に戻り、主鈴が内印を唐櫃に納めるの意。なお、位記請印は開門後の式次第。ただし、天皇出御・近衛着陣・内弁着座・開門等の式次第はすべて不記載。元日節会と同様のため。

▼位記奏覧・位記筥下賜の式次第

〔本文〕

少納言更就㆓版位㆒、取㆓位記筥㆒、輔即退出、少納言捧㆓位記筥㆒升殿、授㆓大臣㆒〈頃年所行、於㆓殿上㆒預、不㆔必用㆓此儀㆒〉、大臣執以奏覧、訖大臣喚㆓内豎㆒、内豎称唯進跪、大臣宣、喚㆓式部・兵部㆒、内豎称唯出喚、二省輔入㆑自㆓東閤㆒跪㆓殿庭㆒、大臣喚㆓式部㆒、称唯、升殿賜㆓位記㆒、復跪㆓本所㆒、次喚㆓兵部㆒如㆑前、訖相列捧㆓位記筥㆒出、

〔読み下し〕

少納言更に版位に就き、位記筥を取る、輔即ち退出す、少納言位記筥を捧げて升殿し、大臣に授く〈頃年《としごろの》所行、殿上に於いて預け、必ずしもこの儀を用ひず〉、大臣執りて以て奏覧す、訖りて大臣内豎を喚ぶ、内豎称唯して進みて跪く、大臣宣す、式部・兵部を喚べ、内豎称唯して出でて喚ぶ、二省輔東閤自り入

りて殿庭に跪く。大臣式部を喚ぶ、称唯し、升殿して位記を賜り、復本所に跪く、次で兵部を喚ぶこと前の如し、訖りて相列びて位記筥を捧げて出づ、

〔大意〕

少納言が改めて版位に就き、位記筥を受け取る。輔がすぐに退出。少納言が位記筥を捧げて昇殿し、大臣に手渡す。近年の所行は、殿上に預け、必ずしもこの方法を取らない。大臣が受け取って奏覧。終わって大臣が内豎を喚ぶ。内豎が称唯して進んで跪く。大臣が命じる。式部・兵部を喚べ。内豎が称唯して出て喚ぶ。二省輔が東閤から入閤して庭中に跪く。大臣が式部を喚ぶ。称唯し、昇殿して位記を受け取り、また元の場所に跪く。次に兵部を喚ぶのは式部同様。終わって並んで位記筥を掲げて退出。

〔解説〕

○少納言更就㆓版位㆒、取㆓位記筥㆒、輔即退出、少納言捧㆓位記筥㆒升殿、授㆓大臣㆒〈頃年所行、於㆓殿上㆒預、不㆔必用㆓此儀㆒〉、大臣執以奏覧

位記奏覧の式次第。「少納言更就㆓版位㆒、取㆓位記筥㆒」は、少納言が内印を返却後に再び尋常版に戻り、位記筥を中務輔から受け取るの意。不記載だが、内印を捺印した位記は位記筥に入れ、少納言が内印を返却している間は、中務輔が尋常版の位置で持って待ち、戻った少納言に手渡す。そして少納言に手渡した後に「輔即退出」。その後、少納言が昇殿して位記筥を内弁に手渡し、内弁が奏覧。不記載だが、奏覧後、位記は内弁に返却される。

以上の位記請印から続く一連の叙位関係式次第は『内裏儀式』独自。『内裏式』『儀式』の各白馬節会

式次第には位記請印と位記奏覧については不記載。この『内裏儀式』独自の式次第は、弘仁九年（八一八）に五位以上位記の在り方が「漢様」に改められた（『続日本後紀』承和九年〈八四二〉十月丁丑〈十七日〉条）ことと密接に関連し、漢様以前の形態を示すか。奈良時代の叙位にも遡れる可能性があろう。これも『内裏儀式』の成立が弘仁九年以前である根拠となる。

しかし、「頃年所行、於二殿上一預、不三必用二此儀一」という状況に変化。「此儀」とは『内裏儀式』独自の式次第。叙位儀の項目部分が現存しない『内裏式』『儀式』からは、位記請印と位記奏覧がいつ実施されたかは不明だが、『西宮記』以降の儀式書によれば、正月五日の叙位儀での位記作成（入眼《じゅがん》という）に引き続いて実施。「於二殿上一預」は『西宮記』以降の式次第と同じく、叙位儀で請印された位記を叙位まで天皇の手許に預ける（留め置く）の意か。これが漢様で、『内裏式』『儀式』でも同様であったか。

○訖大臣喚二内豎一、内豎称唯進跪、大臣宣、喚二式部・兵部一、内豎称唯出喚、二省輔入レ自二東閤一跪二殿庭一、大臣喚二式部一、称唯、升殿賜二位記一、復跪二本所一、次喚二兵部一如レ前、訖相列捧二位記筥一出

位記筥下賜の式次第。この式次第も『内裏儀式』独自。まず内豎と式部・兵部二省輔はいずれも跪礼。ただし、跪く位置は不記載。いずれも尋常版か。また『内裏式』『儀式』では位記筥下賜は叙位宣命奏覧・御弓奏の後。『内裏儀式』では、位記請印と位記奏覧が白馬節会式次第に組み込まれているため、それと連続した式次第となる。さらに『内裏儀式』では式部・兵部は下賜された位記筥を持って退出。『内裏式』『儀式』では、庭中に設置された案（机）に置いて退出する点が相違。ただし、式部・兵部がともに昇殿して内弁から位記筥を手渡される点は『内裏式』『儀式』同様。ちなみに、式部が文官の叙位を担当。兵部が武官の叙位を担当。

なお、昇殿制が成立した摂関期以降、親王・公卿・殿上人（蔵人を含む）以外の紫宸殿昇殿は不勅許。そこで内弁や参議が式次第のなかで何回も下殿することになる（第３章・第４章参照）。ところが、『内裏儀式』では位記奏覧の際の少納言、位記筥下賜の式部・兵部二省輔いずれも紫宸殿昇殿。『内裏儀式』当時は昇殿の在り方が緩やかであったことを示すか。

▼叙位者入閤・叙位宣命宣制の式次第

〔本文〕

群臣座定、中務丞入閤、安二宣命版位於尋常版位南一、式・兵二省引二応レ被レ叙者一入閤跪、五位已上毎レ色重行、宣命大夫進就二版位一、宣制曰、天皇詔旨良麻止勅大命乎衆聞食止宣〈皇太子先称唯、親王以下倶称唯、応レ被レ叙者、不レ称二下名一如レ此云々〉、仕奉人等中爾其仕奉状乃随爾治賜人毛在、又御意愛盛爾治賜布人毛一・二在、故是以冠位上賜治賜波久止詔天皇大御命乎衆聞食止宣、太子已下称唯如レ前、

〔読み下し〕

群臣座を定む、中務丞入閤し、宣命版位を尋常版位南に安ず、式・兵二省応に叙せらるべき者を引きて入閤して跪く、五位已上色毎《いろごと》に重行《じゅうぎょう》す、宣命大夫進みて版位に就き、宣制して曰く、天皇《すめら》が詔旨《みこと》らまと勅《の》る大命《おおみこと》を衆《もろもろ》聞《き》こし食《め》せと宣る〈皇太子先ず称唯す、親王以下倶に称唯す、応に叙せらるべき者、下名《おりな》を

称さざることかくの如しと云々〉、仕へ奉る人等の中に其の仕へ奉る状の随《まに》まに治め賜ふ人も在り、又御意《みこころ》愛しみ盛んに治め賜ふ人も一・二在り、故に是を以て冠位上げ賜ひ治め賜はくと詔る天皇大御命《すめらがおおみこと》を衆聞こし食せと宣る、太子已下称唯すること前の如し、

〔大意〕

群臣が着座。中務丞が入閤し、宣命版位を尋常版位の南に安置。式・兵二省が叙位者を引率して入閤して跪く。五位已上が位色毎に重行。宣命大夫が進んで版位に就き、宣制して言う。天皇が詔する大命を皆お聞きするようにと命じる。皇太子がまず称唯。親王以下が一斉に称唯。叙位者が下名を言わないのはこの通りという。官人等の中にはその仕事ぶりで待遇を与える人もおり、またご寵愛めでたく待遇を与える人も一・二いる。そこで位階を上げて待遇すると詔する天皇の大命を皆お聞きするようにと命じる。皇太子以下が称唯するのは前に同じ。

〔解説〕

○群臣座定、中務丞入閤、安二宣命版位於尋常版位南一、式・兵二省引二応レ被レ叙者一入閤跪、五位已上毎レ色重行

叙位者入閤の式次第。「群臣座定」は「群臣」（親王以下節会参列者）の着座。その入閤・昇殿の式次第は不記載。元日節会と同様のため。「安二宣命版位於尋常版位南一」は『延喜式』中務省や『内裏式』以降と齟齬。『内裏儀式』以外の宣命版設置位置は尋常版北。「式・兵二省」は叙位を行う式部・兵部二省輔。「応レ被レ叙者」は叙位者。「五位已上毎レ色重行」は、叙位者のうち五位以上が「色」（位色）つまり

位階ごとに高位者を前列として跪くの意か。この状態で二省輔とともに宣命を聞くか。ただし、跪く位置については不記載。

○宣命大夫進就二版位一、宣制曰、天皇詔旨良麻止勅大命乎衆聞食止宣〈皇太子先称唯、親王以下倶称唯、応レ被レ叙者、不レ称二下名一如レ此云々〉、**仕奉人等中爾其仕奉状乃随爾治賜人毛在、又御意愛盛爾治賜布人毛一・二在、故是以冠位上賜治賜波久止詔天皇大御命乎衆聞食止宣、太子已下称唯如レ前**

叙位宣命宣制の式次第。「版位」は宣命版。「天皇詔旨良麻止勅大命乎衆聞食止宣」は宣命冒頭の常套句。宣命本文を挟み、「詔天皇大御命乎衆聞食止宣」が宣命末尾の常套句。また、宣命は冒頭と本文・末尾の二段に分けて宣制。なお、『内裏儀式』では三節会ともに節会宣命はこの定形外。また、元日節会の節会宣命では、皇太子以下は宣制後に称唯・拍手・賀声。ここでは宣制各段ごとに称唯のみ。

「応レ被レ叙者、不レ称二下名一如レ此」は後考を俟つ。ちなみに、『西宮記』以降の「下名」は四位以下の叙位者名簿。叙位儀で参議が執筆して奏上。『内裏式』『儀式』では「叙人歴名」とある。『内裏式』以降の白馬節会での叙位関係の式次第は、内弁が内侍から下名（叙人歴名）を下賜され、それを式部・兵部二省輔に手渡す下名下賜から始まる。ところが、『内裏儀式』では下名下賜については不記載。『内裏儀式』段階で下名（叙人歴名）が作成されたかどうかは不明。そもそもこの「下名」は『内裏式』以降の下名とは無関係か。

▼叙位の式次第

〔本文〕

内掃部司入布二簀於殿庭東西一〈若有二三位已上応レ叙者一設レ席〉、式部・兵部丞各擎二位記筥一入、安二簀上一退出、式部輔前叙、兵部如レ之、訖両省丞更入、擎レ筥出、内掃部司撤レ簀、式部・兵部倶退出、被レ叙者少進、異位重行、再拝両段、拍手両段、揚二賀声一退出、更入二掖門一就二大夫座一、若叙二親王一者参入、宣命訖卿前叙品、訖退就二本列一、親王再拝拍手、揚二賀声一退出、卿随二退出一、親王入二東閤一就二殿上座一〈具二叙位式一〉、

〔読み下し〕

内掃部司入りて簀を殿庭東西に布《し》く〈若し三位已上応に叙すべき者有らば席を設く〉、式部・兵部丞各位記筥を擎《かか》げて入り、簀上に安じて退出す、式部輔前《さき》に叙す、兵部かくの如し、訖りて両省丞更に入り、筥を擎げて出づ、内掃部司簀を撤し、式部・兵部倶に退出す、叙せらるる者少し進み、異位《いい》重行す、再拝両段し、拍手両段し、賀声を揚げて退出す、更に掖門《わきもん》に入りて大夫座に就く、若し親王を叙さば参入し、宣命訖りて卿前に叙品す、訖りて退きて本列に就く、親王再拝して拍手し、賀声を揚げて退出す、卿退出するに随ひ、親王東閤に入りて殿上座に就く〈叙位式に具さなり〉、

〔大意〕

内掃部司が入閤して簀を庭中の東西に敷く。もし三位以上を叙位することがあれば席を設置。式部・兵部丞がそれぞれ位記筥を掲げて入閤し、簀の上に安置して退出。式部輔が先に叙位。兵部も同様。終わって両省の丞が改めて入閤し、筥を掲げて退出。内掃部司が簀を撤収し、式部・兵部が一緒に退出。

叙位者が少し進んで、異位重行。再拝両段、拍手両段し、賀声を揚げて退出。改めて掖門から入閤して大夫の座に着座。もし親王を叙品するならば入閤し、宣命が終わって卿が先に叙品。終わって退いて本列に就く。親王が再拝して拍手し、賀声を揚げて退出。卿の退出と入れ替わりに、親王が東閤から入閤して殿上に着座。叙位式に詳しい。

〔解説〕

○内掃部司入布二簀於殿庭東西一〈若有二三位已上応レ叙者一設レ席〉、式部・兵部丞各擎二位記筥一入、安二簀上一退出

叙位関係鋪設の式次第。「内掃部司入布二簀於殿庭東西一」は『内裏儀式』独自。『内裏式』『儀式』では当日早朝に掃部寮が「案」を設置。「簀」と「案」は跪礼（前者）と唐礼（後者）の相違に対応か。「殿庭東西」は馳道《ちどう》（南庭中央をいう）を挟んだ東西か。具体的位置は不記載。『内裏式』『儀式』では、東に式部用、西に兵部用の案を設置。「若有二三位已上応レ叙者一設レ席」の「席」は三位以上の叙位者用の跪礼に応じる特別の敷物か。「式部・兵部丞各擎二位記筥一入、安二簀上一退出」も『内裏儀式』独自。『内裏式』『儀式』では、既述のように、位記筥は下賜に続き、式部・兵部二省輔が案上に安置。

○式部輔前叙、兵部如レ之、訖両省丞更入、擎レ筥出、内掃部司撤レ簀、式部・兵部倶退出、被レ叙者少進、異位重行、再拝両段、拍手両段、揚二賀声一退出、更入二掖門一就二大夫座一

叙位の式次第。「式部・兵部倶退出」の「式部・兵部」は叙位担当の各輔。「異位重行」は唐礼のそれであれば、身分ごとに上位者を前列として列立する（具体例は第3章第1節参照）。跪礼ならば、「毎レ色重行」(前出)と同義か。ただし、列立(跪く)位置は不記載。「再拝両段」は両段再拝や四度拝とも。再拝を二回繰り返すこと。回毎に両膝を突く。『江家次第』白馬節会によれば、再拝の方法として「先突二左膝一、但起時先レ右」とある。「拍手両段」は拍手を二度繰り返すこと。礼のより篤い拍手。再拝両段は『北山抄』巻一・正月・元日拝二天地四方一事によれば「本朝之風」。拍手・賀声とともに日本の伝統的拝礼法。ちなみに『内裏式』以降の叙位者の拝礼法は再拝・拝舞(踏舞)。これは唐礼の拝礼法。『北山抄』同上にも「唐土風」とある。「掖門」はここは承明門東西廊にある長楽門(東掖門)・永安門(西掖門)。「大夫座」は庭中東西に設置された次侍従のための幄。叙位者も節会に参列。なお、叙位者は叙位による位階の上昇で位色が変わる場合もある。その場合、大夫座に着座前に新しい位色の位袍に着替える必要があろうが、そうした点については不記載。これは『内裏式』以下でも同様。

○若叙二親王一者参入、宣命訖卿前叙品、訖退就二本列一、親王再拝拍手、揚二賀声一退出、卿随二退出一、親王入二東閤一就二殿上座一〈具二叙位式一〉

親王叙品の式次第。「参入」は入閤と同義。主語は親王か次の「卿」(式部卿)のどちらとも考えられる。いずれにしろ、ともに式部・兵部二省輔や叙位者とともに叙位宣命前に入閤。親王は「毎レ色重行」の列で、また、式部卿は式部・兵部二省輔とともに宣命を聞くか。「叙品」は親王の叙位。親王は位階ではなく品位のため。親王は式部卿が叙品。なお、親王の叙品は臣下叙位の前。「退就二本列一」の主語も親王と式部卿のどちらとも考えられる。いずれにしろ「本列」は宣命を聞いた位置。親王の拝礼法は「再拝拍手」。臣下のように両段ではない。これが欠字でなければ、親王が皇族のためか。また、式部卿は親王の拝礼・退出後に退出。式部・兵部二省輔は臣下の拝礼前に退出。式部卿は親王に敬意を払うためか。「叙位式」は叙位関係を記載した式か。後考を俟つ。

▼御弓奏の式次第

〔本文〕

大舎人復叩門、闈司就二版位一奏云、御弓事奏賜牟止内舎人位・姓名叩門故爾申、勅曰、令レ奏、闈司伝宣云、姓名乎令レ申、内舎人就レ版奏云、御弓進牟止兵部省官・姓名等〈謂二輔已上一〉候レ門止申、勅曰、喚レ之、内舎人称唯出喚、卿称唯、于レ時内掃部司入閤、敷二簀二枚於殿庭一、兵部録已上及造兵司等安二弓矢櫃於高机上一、共挙入、安二簀上一退出、卿若輔一人便留奏云、兵部省奏久、造兵司乃供奉礼留正月七日乃御弓又種々矢献久乎奏給久止奏〈無二勅答一〉、即退出、大臣喚内豎、称唯出跪、大臣宣、喚二内蔵寮一、内豎称唯出喚、允已上一人跪、大臣宣、御弓収レ之、内蔵寮称唯、率二数人一、共挙レ机退出、

〔読み下し〕

大舎人復叩門す、闈司版位に就きて奏して云ふ、御弓の事奏し賜はむと内舎人《うどねり》位・姓名叩門する故に申す、勅に曰く、奏さしめよ、闈司伝宣して云ふ、姓名を申さしめよ、内舎人版に就きて奏して云ふ、御弓進らむと兵部省官・姓名等〈輔已上を謂ふ〉門に候ふと申す、勅に曰く、之を喚べ、内舎人称唯して出でて喚ぶ、卿称唯す、時に内掃部司入閤し、簀二枚を殿庭に敷く、兵部録《さかん》已上及び造兵司《ぞうへいし》等弓矢の櫃を高机の上に安じ、共に挙げて入る。簀の上に安じて退出す、卿若しくは輔一人便ち留まりて奏し

て云ふ、兵部省奏すらく、造兵司の供に奉れる正月七日の御弓又種々《くさぐさ》の矢を献らくを奏し給はくと奏す〈勅答無し〉、即ち退出す、大臣内豎を喚ぶ、称唯して出でて跪く、大臣宣す、内蔵寮を喚べ、内豎称唯して出でて喚ぶ、允已上一人跪く、大臣宣す、御弓これを収めよ、内蔵寮称唯し、数人を率ひ、共に机を挙げて退出す、

〔大意〕

大舎人がまた叩門。闈司が版位に就いて奏上して言う。御弓の事を奏上させていただきたいと内舎人位・姓名が叩門するので申し上げる。勅に言う。奏上させよ。闈司が伝宣して言う。姓名を申し上げさせよ。内舎人が版位に就いて奏上して言う。御弓を進上したいと輔以上の兵部省官・姓名等が門に祗候と申し上げる。勅に言う。喚べ。内舎人が称唯して出て喚ぶ。卿が称唯。同時に内掃部司が入閤し、簀二枚を庭中に敷く。兵部録以上と造兵司等が弓矢の櫃を高机の上に安置し、一緒に掲げて入閤。簀の上に安置して退出。卿あるいは輔一人がそのまま留まって奏上して言う。兵部省が奏上する。造兵司の献上する正月七日の御弓または様々な矢を献上したいと奏上させていただきたいと奏上。勅答なし。すぐに退出。内弁が内豎を喚ぶ。称唯して出て跪く。内弁が命じる。内蔵寮を喚べ。内豎が称唯して出て喚ぶ。允以上が一人跪く。内弁が命じる。御弓を収蔵せよ。内蔵寮が称唯し、数人を引率し、一緒に机を掲げて退出。

〔解説〕

○大舎人復叩門、闈司就二版位一奏云、御弓事奏賜牟止内舎人位・姓名叩門故爾申、勅曰、令レ奏、闈司伝

宣云、姓名乎令レ申、内舎人就レ版奏云、御弓進牟止兵部省官・姓名等〈謂二輔已上一〉候レ門止申、勅曰、喚レ之

「叩門」（二ヵ所）は叫門の間違い。「内舎人」は中務省所属。武官的性格を有する下級文官。大同二年（八〇七）に闈司に代わって奏事を担当。しかし、弘仁二年（八一一）に旧に復す（『類聚国史』職官十二・内舎人）。『内裏儀式』は闈司が奏事を担当。弘仁二年以降の状況を示すか。以上の式次第は、担当官人と奏上の内容以外は、元日節会御暦奏・白馬節会位記請印等の式次第と基本的に同様。

○内舎人称唯出喚、卿称唯、于レ時内掃部司入閤、敷二簀一枚於殿庭一、兵部録已上及造兵司等安二弓矢櫃於高机上一、共挙入、安二簀上一退出、卿若輔一人便留奏云、兵部省奏久、造兵司乃供奉礼留正月七日乃御弓又種々矢献久乎奏給久止奏〈無二勅答一〉、即退出、大臣喚内豎、称唯出跪、大臣宣、喚二内蔵寮一、内豎称唯出喚、允已上一人跪、大臣宣、御弓収レ之、内蔵寮称唯、率二数人一、共挙レ机退出

「卿」は兵部卿（兵部省長官）。「造兵司」は兵部省被管。武具調進と同司所属の武具工人集団である雑《ざっ》工戸《こうこ》を管理。寛平八年（八九六）に左右兵庫司・鼓吹《くすい》司と合併して兵庫寮となる。「弓矢櫃」は奏上する弓箭を納める櫃（唐櫃か）。納める弓箭は、『延喜式』兵庫寮によれば、梓《あずさ》弓一張、角太《つのふと》伊《い》多《た》都《つ》伎《き》・角細《つのほそ》伊多都伎・木太《きふと》伊多都伎・麻《ま》麻《ま》伎《き》各五十隻《せき》と鞆《とも》一枚。三種の伊多都伎と麻麻伎は歩射競技用の的矢《まとや》。鞆は弓射の際に弓を持つ左手首に取り付ける具。これらを一括して櫃に収納。いずれも兵庫寮（当時は造兵司）が調進。

以上の御弓奏は元日節会の御暦奏に相当。御暦奏で奏上する御暦は天皇手許に留め、御弓奏で奏上する弓箭は内蔵寮に収納。ちなみに御弓奏で奏上する弓箭は天皇御料。承和元年（八三四）に校書殿《きょうしょでん》東庇北端に天皇が正月十八日の賭弓《のりゆみ》を見るための弓場殿《ゆばどの》が成立すると（図④）、この弓箭は弓場殿南側の調度として使用。弓場殿成立以前の弓箭の扱いは不明。なお、叙位後の御弓奏の実施は『内裏儀式』独自。『内裏式』『儀式』では開門直後に実施。

▼青馬引渡の式次第

〔本文〕

次左右馬寮引㆓青馬㆒、入㆓東閤㆒度㆓殿庭㆒、近衛分㆓配前後㆒、毎㆓七匹㆒前後寮官分陣、

〔読み下し〕

次いで左右馬寮青馬を引き、東閤に入りて殿庭を度る、近衛前後に分配し、七匹毎に前後を寮官分陣す、

〔大意〕

次に左右馬寮が青馬を引き、東閤から入って庭中を渡る。近衛が前後に分かれ、七匹毎に前後を寮官が分陣。

〔解説〕

「左右馬寮」は官馬の飼育・調教を管轄。「青馬」は摂関期以降は「白馬」と表記。その点については様々な議論があるが、光線の加減で毛並《けなみ》が青にも白にもみえる葦毛《あしげ》馬のことか。なお、大伴家持《おおとものやかもち》（?

〜七八五）が天平宝字二年（七五八）の正月七日節宴のために詠んだ歌に「青馬を今日見る人は」とみえ（『万葉集』巻二十〈四四九四〉）、それが七日節宴（七日節会）での青馬の初見。「近衛分二配前後一、毎二七匹前後一寮官分陣」は青馬引渡の行列構成。『儀式』によれば、前列から左近衛左右各五人・左右馬頭・青馬七匹・左右馬允左右各一人・青馬七匹・左右馬属左右各一人・青馬七匹・左右馬助左右各一人・右近衛左右各五人。なお、東閤から入閤した青馬は庭中を西に渡り、不記載だが、西閤（月華門《げっかもん》）から退出か。

▼舞台設営・饗宴・禄奏・宣命宣制・賜禄の式次第

〔本文〕

木工等諸司構二餝舞台於庭中一〈延暦庭広大、青馬未レ度之前建二舞台一〉、内膳司進二御膳一、大膳職給二群臣饌一、觴行三周、妓楽出レ自二殿西一、大夫二人分在二楽前一、至二西幄前一跪、楽人就レ肆、訖大夫就二幄下座一、奏レ楽、畢引帰如レ初、皇太子先進レ座揚二賀声一、親王已下復共揚二賀声一〈大歌・立歌等者、日暮不二必奏一〉、大蔵省積二禄於殿庭一、弁官前奏曰、絹若干匹・綿若干屯進止申〈無二勅答一〉、宣命大夫前出二殿庭一、即宣制曰、今詔久、今日波正月七日乃豊楽聞食須日爾在、故是以御酒食閉恵良岐、常毛見青馬見多万閉、退止為氐奈毛酒幣乃大物給久止宣、皇太子以下拍手揚二賀声一、式部大・少輔相分執レ札、入レ自二閤門一、唱名賜レ禄、唯皇太子不レ在二唱賜之限一、

〔読み下し〕

木工等諸司舞台を庭中に構へ餝る〈延暦庭広大、青馬未だ度《わた》らざるの前に舞台を建つ〉。内膳司御膳を進め、大膳職群臣に饌を給ふ、觴行《しょうぎょう》三周す、妓楽《ぎがく》殿西自り出づ、大夫二人分かれて楽前に在り、西幄前に至りて跪く、楽人肆《いち》に就く、訖りて大夫幄下座に就く、楽を奏す、畢りて引き帰ること初めの如し、皇太子先づ座に進みて賀声を揚げ、親王已下復共に賀声を揚ぐ〈大歌・立歌等は、日暮るれば必ずしも奏さず〉、大蔵省禄を殿庭に積む、弁官前に奏して曰く、絹若干匹・綿若干屯《とん》進らんと申す〈勅答無し〉、宣命大夫前に殿庭に出で、即ち宣制して曰く、今詔く、今日は正月七日の豊楽聞こし食す日に在り、故に是を以て御酒食をえらぎ、常も見る青馬見たまふ、退くと為《し》てなも酒幣の大物を給はくと宣る、皇太子以下拍手して賀声を揚ぐ、式部大・少輔相分かれて札を執り、閤門自り入り、唱名して禄を賜ふ、唯皇太子唱賜の限りに在らず、

〔大意〕

木工等の諸司が舞台を庭中に設営。延暦は庭が広大。青馬引渡の前に舞台を設営。内膳司が御膳を進上し、大膳職が群臣に饌を用意。觴行三周。妓楽が殿の西から出現。大夫二人が分かれて楽人を先導し、西の幄前に来て跪く。楽人が位置に就く。終わって大夫が幄内に着座。演奏。終わって引率して引き上げるのは最初同様。皇太子がまず座に進んで賀声を揚げ、親王以下も一斉に賀声を揚げる。大歌・立歌等は、日が暮れれば必ずしも演奏しない。大蔵省が録を殿庭に積む。弁官が先に奏上して言う。絹若干匹・綿若干屯を進上したいと申し上げる。勅答なし。宣命大夫が先に庭中に立ち、すぐに宣制して言う。今詔する。今日は正月七日の豊楽をお召し上がりになる日である。そのために御酒食を賜い、いつも見

る青馬をご覧になる。退く時に酒幣の大物を下賜すると命じる。皇太子以下が拍手して賀声を揚げる。式部大・少輔が別々に札を手に、閤門から入閤。唱名して賜禄。皇太子だけは唱禄の対象ではない。

〔解説〕

○木工等諸司構二餝舞台於庭中一〈延暦庭広大、青馬未レ度之前建二舞台一〉

舞台設営の式次第。「木工等諸司」は舞台設営に関わる木工寮を中心とする関係諸司（内掃部司等）。木工寮は宮内省被管。宮城内造営と木材調達、木製品・銅鉄雑器の製作等を管轄。「舞台」は舞妓（後述）が舞うための舞台。「延暦庭広大」は、延暦十三年（七九四）遷都の平安宮内裏の庭中は広いの意。そこで青馬引渡以前に舞台を設営。青馬引渡後の舞台設営は平安京遷都以前の旧態を示すか。

○内膳司進二御膳一、大膳職給二群臣饌一、觴行三周、妓楽出レ自二殿西一、大夫二人分在二楽前一、至二西幄前一跪、楽人就レ肆、訖大夫就二幄下座一、奏レ楽、畢引帰如レ初、皇太子先進レ座揚二賀声一、親王已下復共揚二賀声一
〈大歌・立歌等者、日暮不二必奏一〉

饗宴の式次第。元日節会との相違は楽が女楽となる点。「妓楽」は女楽の舞妓と楽人。ともに治部省雅楽寮内教坊《ないきょうぼう》所属。内教坊は女楽の伝習を管轄。「殿西」は紫宸殿西廊（後の弓場殿辺り）。「大夫」は楽前《がくぜん》大夫。妓楽の入閤を先導する五位。『内裏式』『儀式』によれば、節会参列者の五位のうち容姿端正の帯劔者を選抜。「西幄」は庭中設置の西側の幄。「肆」は所定の位置の意。「畢引帰如レ初」は、女楽演奏後は入閤時と同様に楽前大夫が妓楽を引率して退出するの意。「進レ座」の「座」は賀声を揚げるための位置の意か。具体的には不記載。皇太子以下の「揚二賀声一」は『内裏式』以降の舞妓拝《ぶぎはい》（次章参照）

に相当か。「大歌・立歌等者、日暮不㆓必奏㆒」は、大歌・立歌は女楽後に実施することを示すか。ちなみに『内裏式』では女楽前に実施。『儀式』は女楽のみ。大歌・立歌は不記載。

○大蔵省積㆓禄於殿庭㆒、弁官前奏曰、絹若干疋・綿若干屯進止申〈無㆓勅答㆒〉

禄奏の式次第。禄奏は賜禄の内容を弁官が奏上すること。元日節会には不記載。「大蔵省」は諸国の調の収納・管理、朝廷行事に必要な諸物品の製作、度量衡や売買価格管理等を管轄。白馬節会の節禄は絹（絁《あしぎぬ》〈平絹《へいけん》〉）と綿（蘊綿《まわた》）。『延喜式』大蔵省には皇太子以下身分毎の具体的な数量が記載。この絹・綿は調物のために大蔵省が担当。なお、絁と綿は元日節会の節禄である被の材料に相当。「弁官」は太政官左右弁官局所属。太政官の庶務の中枢。左弁官局は中務・式部・治部・民部の四省、右弁官は兵部・刑部・大蔵・宮内の四省を管轄。左右共に大弁（長官）・中弁（次官）・少弁（三等官）・大史・少史（共に四等官）・史生・官掌《かじょう》・使部《しぶ》の構成。なお、大弁は参議兼官が原則。禄奏は中弁が担当。

○宣命大夫前出㆓殿庭㆒、即宣制曰、今詔久、今日波正月七日乃豊楽聞食須日爾在、故是以御酒食閉恵良岐、常毛見青馬見多万閉、退止為氏奈毛酒幣乃大物給久止宣、皇太子以下拍手揚㆓賀声㆒

宣命宣制の式次第。宣命の文言以外は元日節会宣命宣制と同様。ただし、元日節会は宣命宣制後の皇太子以下は称唯・拍手・賀声。白馬節会は称唯が不記載。

○式部大・少輔相分執㆑札、入㆑自㆓閤門㆒、唱名賜㆑禄、唯皇太子不㆑在㆓唱賜之限㆒

賜禄の式次第。「式部大・少輔」は賜禄担当者。元日節会では中務大・少輔。元日節会の節禄である被が中務省被官の内蔵寮・縫殿寮の調進のため。「札」は賜禄対象者の名札。元日節会では不記載。『延喜式』式部上に「凡正月七日并新嘗会等、禄召名札令二大蔵省写取一」と「禄召名札《ろくのめしなのふだ》」とある。それに基づいて唱名。元日節会では札については不記載。「唯皇太子不レ在二唱賜之限一」は皇太子だけは賜禄の際に名前を喚ばないの意。その他は不記載だが、元日節会同様か。

以後、式次第は皇太子以下退出・天皇還御となるが、その点については元日節会同様のために不記載。

▼蕃客《ばんきゃく》入朝時の式次第

続いて『内裏儀式』の記載は、蕃客（渤海使《ぼっかいし》）入朝時の白馬節会式次第に移る。本書では紙数の関係でその詳しい式次第は割愛。通常との相違点を指摘するに留めるが、蕃客入朝時は『内裏儀式』でも節会の場は豊楽院。また、式次第自体は『内裏式』と同様といえる。そこで、蕃客入場時の式次第については次章で解説する。

◎踏歌節会

次いで『内裏儀式』の踏歌節会式次第に移る。短文のため全部一括で提示する。

▼踏歌節会式次第

〔本文〕

天皇賜二宴侍臣一、供設・儀式一同二元日会一、三盞之後、宮人踏歌、出レ自二殿西一、五位二人相分在レ前、踏歌訖、上下群臣避座歓賀、大蔵省安二禄於殿庭一、弁官進奏二禄数一、宣命大夫就レ版宣制云、今詔久、今日波正月望日乃豊楽聞食須日爾在、故是以踏歌見、御酒食閉恵良岐、退止為氏奈毛大物給久止宣、中務省唱名、賜レ綿各有レ差〈延暦以往、踏歌訖、縫殿寮賜二榛摺衣一、群臣著二摺衣一踏歌、訖共跪二庭中一、賜二酒一杯・綿一連一、即夕令二近臣糸引一、至二于大同年中一、此節停廃、弘仁年中更中興、但糸引・榛摺衣・群臣踏歌並停レ之〉、

〔読み下し〕

天皇宴を侍臣に賜ふ、供設・儀式一に元日会に同じ、三盞の後、宮人踏歌す、殿西自り出で、五位二人相分かれて前に在り、踏歌訖り、上下群臣避座して歓賀す、大蔵省録を殿庭に安ず、弁官進みて禄数を奏す、宣命大夫版に就きて宣制して云ふ、今詔く、今日は正月望日の豊楽聞こし食す日に在り、故に是を以て踏歌を見、御酒食をえらぎ、退くと為てなも大物給はくと宣る、中務省唱名し、綿を賜ふこと各差有り〈延暦以往、踏歌訖り、縫殿寮榛摺《はしばみずりのきぬ》衣を賜ふ、群臣摺衣を著して踏歌す、訖りて共に庭中に跪き、酒一杯・綿一連を賜ふ、即ち夕に近臣をして糸引《いとびき》せしむ、大同年中に至り、此の節停廃し、弘仁年中更に中興す、但し糸引・榛摺衣・群臣踏歌並びにこれを停む〉、

〔大意〕

天皇が侍臣に賜宴。供設・儀式は全く元日節会同様。三盞後、宮人が踏歌。殿西から出現し、五位二人が分かれて先導。踏歌が終わり、上下群臣が避座して歓賀。大蔵省が録を庭中に安置。弁官が前に出て禄数を奏上。宣命大夫が版位に就いて宣制して言う。今詔する。今日は正月望月の豊楽を召し上がる日である。そのために踏歌を見、御酒食を賜い、退くときに大物を与えようと命じる。中務省が唱名し、

綿を下賜するのはそれぞれ差がある。延暦以前は、踏歌が終わり、縫殿寮が榛摺衣を下賜。群臣が摺衣を着て踏歌。終わって一斉に庭中に跪き、酒一杯・綿一連を賜る。夕方には近臣に糸引をさせる。大同年中に、この節会が停止になり、弘仁年中に改めて中興。ただし糸引・榛摺衣・群臣踏歌はいずれも停止。

○天皇賜二宴侍臣一、供設・儀式一同二元日会一

「侍臣」は次侍従以上。踏歌節会の参列者は次侍従以上（『延喜式』太政官）。「供設」は白馬節会式次第の「供張」と同義か。「儀式」はここは式次第。踏歌節会式次第の元日節会式次第との相違点は、諸司奏がない点と饗宴後の女踏歌。その場も『内裏儀式』では内裏。そこで元日節会と重複する式次第は不記載のため短文となる。

○三盞之後、宮人踏歌、出レ自二殿西一、五位二人相分在レ前、踏歌訖、上下群臣避座歓賀

女踏歌の式次第。「宮人」は宮中奉仕の女性の総称。ここは踏歌を行う内教坊の舞妓。「五位」は楽前大夫。「避座」は降座（下座）と同義か。「歓賀」は拍手・賀声と同義か。

なお、正月十六日節宴での踏歌の初見は『日本書紀』持統《じとう》天皇七年（六九三）正月丙午（十六日）条。踏歌を行うのは「漢人等」。内教坊による女踏歌の初見は『続日本紀』天平宝字三年（七五九）正月乙酉（十八日）条。日程はずれるが正月十六日節宴。

○大蔵省安二禄於殿庭一、弁官進奏二禄数一

禄奏の式次第。なお、踏歌節会の節禄は綿のみ（『延喜式』大蔵省）。

○宣命大夫就レ版宣制云、今詔久、今日波正月望日乃豊楽聞食須日爾在、故是以踏歌見、御酒食閉恵良岐、退止為氏奈毛大物給久止宣

宣命宣制の式次第。宣命の文言以外は白馬節会同様。

○中務省唱名、賜レ綿各有レ差

賜禄の式次第。担当は元日節会同様に中務省。

○〈延暦以往、踏歌訖、縫殿寮賜二榛摺衣一、群臣著二摺衣一踏歌、訖共跪二庭中一、賜二酒一杯・綿一連一、即夕令二近臣糸引一、至二于大同年中一、此節停廃、弘仁年中更中興、但糸引・榛摺衣・群臣踏歌並停レ之〉

踏歌節会（節宴）の変遷を記載。「踏歌訖」の「踏歌」は踏歌節会（節宴）。「榛摺衣」は榛（榛木〈カバノキ科落葉樹〉）の樹液を染料に文様を描いたり木型で押した着衣。材質・構造等は不明。朝服の位袍の上に着用か。「群臣」は男子官人達か。身分範囲は不明。「摺衣」は榛摺衣。「踏歌」は踏歌節会の女踏歌とは別の群臣踏歌。本来の集団舞踏に近いか。『日本後紀』延暦十八年（七九九）正月辛酉（十六日）条によれば、踏歌節会後に「賜二蕃客以上蓁（榛）摺衣一、並列レ庭踏歌」とある。「庭中」は紫宸殿南庭。ここも跪礼。「近臣」の身分範囲は不明。「糸引」は糸を付けて引く籤。『続日本紀』天平二年（七三〇）正月辛丑（十六日）条に「天皇御二大安殿一宴二五位已上一、晩頭移二幸皇后宮一、百官主典已上陪従踏歌、且奏且行、引二入宮裏一、以賜二酒食一、因令レ探二短籍一、書以二仁義礼智信五字一、随二其字一而賜レ物、得レ仁者絁也、義者糸也、礼者綿也、智者布也、信者段常布也」とある。「短籍」が糸引に相当。「至二于大同年中一、此節停廃」は、『類聚国史』歳時二・白馬節会所引大同二年（八〇七）十一月丙申〈七日〉条に「停二正月七日・十六日二節一」とあるのに対応。「弘仁年中更中興」は『日本後紀』弘仁三年（八一二）正月乙亥（十六日）条に「宴二侍臣一、賜レ禄有レ差」とあるのに対応か。その時に「糸引・榛摺衣・群臣踏歌」が廃止。女踏歌だけとなる。

以上が『内裏儀式』の節会式次第。そこには跪礼以外にも『内裏式』『儀式』との相違点が散見。しかも『内裏式』の式次第は、節会の場が豊楽院から内裏に移っても摂関期以降に継承されるのに対し（次章参照）、『内裏儀式』の式次第は同じく内裏ながら摂関期以降に必ずしもつながらない。また、元日・踏歌両節会では延暦以前の状況が記載され、奈良時代の節宴からのつながりが示唆される。そうした意味でも、『内裏儀式』の式次第は『内裏式』以前の式次第といえ、『内裏式』に先行する弘仁九年（八一八）以前成立説を首肯させる。

第2章　『内裏式』にみえる節会

第1節　元日節会

本章では『内裏式』の節会式次第を解説する。序章で既述したように、『内裏式』の式次第は国家儀礼として完成された式次第である。それは次の『儀式』に継承され、さらに『西宮記』以降の宮中儀礼の式次第も基本的には『内裏式』の式次第を継承する。その意味では、国家儀礼・宮中儀礼のいわば原点となるのが『内裏式』の式次第である。

最初にその式次第の『内裏儀式』との大きな相違点をまとめておけば、まず節会の場。『内裏儀式』が内裏に対し、『内裏式』は豊楽院となる。また、儀礼体系が『内裏儀式』が日本伝統の跪礼であるのに対し、『内裏式』は中国唐から導入した唐礼となる。この跪礼と唐礼の大きな相違点は、簡略にいえば、上位者に対し跪礼は文字通り跪く礼に対し、唐礼は立ったままの礼ということになる。そこで、唐礼を立礼《りゅうれい》ともいう。また、もっとも礼の篤い拝礼法は、跪礼が両段再拝・両段拍手・賀声に対し、唐礼は拝舞（再拝・踏舞）となる。総体的にみれば唐礼のほうが跪礼よりも拝礼方法が簡略となる。

なお、以下、『内裏式』の節会の場が豊楽院、儀礼体系が唐礼であり、その点が『内裏儀式』と相違することは、個々の解説の中で必ずしも指摘しない。では、まずは元日節会からみる。

▼本文冒頭（節会の場の鋪設に関する記載）

〔本文〕

皇帝受二群臣賀一、訖遷二御豊楽殿一、饗二宴侍臣一、其儀、南面鋪二御座一、御座西第二間設二皇后御座一〈南面〉、東第二間設二皇太子座一〈西面〉、次第三・四間差南去設二親王以下参議以上座一〈南北面西上〉、顕陽・承歓両堂〈若有二蕃客一総設二顕陽堂一〉設二不升殿者座一〈東西面北上〉、皇帝・皇后御酒器并皇太子酒器安置之処具二所司式一、東廊第二・三間安二升殿者酒器一、顕陽堂西柱北第五間安二不升殿者酒器一、承歓堂与レ此相対、先レ是所司預弁二供皇帝・皇后御饌・皇太子饌〈謂二菓子・雑餅等一、弘仁五年以往、御坐後供レ之、始レ自二六年一預供二置之一、但御飯并燔炙・和羹等御坐後供レ之〉及升殿・不升殿者饌一〈竝謂二肴・菓子等一、但飯・羹等与二供御一供給〉、中務置二尋常版位於殿前一、北去一許丈置二宣命位一、

〔読み下し〕

皇帝群臣の賀を受く、訖りて豊楽殿《ぶらくでん》に遷御し、侍臣を饗宴す、其の儀、南面に御座を鋪《し》く、御座の西第二間に皇后御座を設け〈南面〉、東第二間に皇太子座を設く〈西面〉、次で第三・四間に差《やや》南に去りて親王以下参議以上座を設く〈南北面西上〉、顕陽《けんよう》・承歓《しょうかん》両堂〈若し蕃客有らば総じて顕陽堂に設く〉に不升殿者座を設く〈東西面北上〉、皇帝・皇后御酒器并びに皇太子酒器安置の処は所司式に具《つぶ》さなり、東廊第二・三間に升殿者酒器を安じ、顕陽堂西柱北第五間に不升殿者酒器を安ず、承歓堂此れと相対す、是よ

り先所司預め皇帝・皇后御饌・皇太子饌〈菓子・雑餅《ざっぺい》等を謂ふ、弘仁五年以往、御座後に之を供ふ、六年自り始めて預め之を供へ置く、但し御飯并びに燔炙《はんしゃ》・和羹《わこう》等は御坐後之を供ふ〉及び升殿・不升殿者饌〈竝に肴《さかな》・菓子等を謂ふ、但し飯・羹《あつもの》等は供御と供に給ふ〉を弁へ供ふ、中務尋常版位を殿前に置き、北に去ること一許丈に宣命位を置く、

〔大意〕

天皇が群臣から賀を受ける。終わって豊楽殿に遷御し、侍臣を饗宴。その儀は、南面に御座を設置。御座の西第二間に皇后の御座を南面に設置し、東第二間に皇太子の座を西面に設置。次に第三・四間に少し南に下がって親王以下参議以上の座を南北面西上に設置。顕陽・承歓両堂に不昇殿者の座を東西面北上に設置。もし蕃客があればすべて顕陽堂に設置。皇帝・皇后の御酒器と皇太子の酒器を安置する場所は所司式に詳しい。東廊第二・三間に昇殿者の酒器を安置し、顕陽堂西柱の北第五間に不昇殿者の酒器を安置。承歓堂はこれと対になる。これ以前に所司が前もって皇帝・皇后の御饌・皇太子の饌と昇殿・不昇殿者の饌を供える。前者は菓子や雑餅等を言う。弘仁五年以前は、御座後に供えた。六年以降は前もって供える。但し御飯と燔炙・和羹等は御座後に供える。後者はどちらも肴・菓子等を言う。但し飯・羹等は供御と同時に賜う。中務省が尋常版位を殿前に置き、その北一丈程に宣命版位を置く。

〔解説〕

○皇帝受二群臣賀一、訖遷二御豊楽殿一、饗二宴侍臣一

「受二群臣賀一」は朝賀の意。「豊楽殿」は豊楽院正殿（図②③）。発掘成果によれば、桁行九間・梁行四

間（南北一間は廂）の基壇式建物。豊楽院は平安宮独自施設。節会等国家的饗宴の場。『西宮記』巻八・所々事に「天子宴会所」とある。『内裏式』『儀式』での節会は豊楽院で実施。『内裏儀式』でも蕃客入朝時の白馬節会は豊楽院（後述）。ただし、『類聚国史』歳時二・元日朝賀によれば、豊楽院での元日節会の実施は、弘仁十一（八二〇）・十三・十四年のみ（弘仁十二年は朝賀のみで節会の記事なし）。弘仁十五年（天長元年）以降は内裏に定着。「侍臣」は次侍従以上。

なお、『儀式』によれば、天皇はまず豊楽殿後殿の清暑堂《せいしょどう》（図③）に入御。その後豊楽殿に遷御。清暑堂は桁行九間・梁行二間の基壇式建物。天皇・皇后控えの殿舎。豊楽殿と九間の軒廊《こんろう》で繋がる。

○其儀、南面鋪二御座一、御座西第二間設二皇后御座一〈南面〉、東第二間設二皇太子座一〈西面〉、次第三・四間差南去設二親王以下参議以上座一〈南北面西上〉、顕陽・承歓両堂〈若有二蕃客一総設二顕陽堂一〉設二不升殿者座一〈東西面北上〉、皇帝・皇后御酒器并皇太子酒器安置之処具二所司式一、東廊第二・三間安二升殿者酒器一、顕陽堂西柱北第五間安二不升殿者酒器一、承歓堂与レ此相対

「御座」は天皇の座。ここは『儀式』・『延喜式』掃部寮等によれば高御座《たかみくら》。高座《こうざ》とも（『内裏式』上・元正受群臣朝賀式）。北・東・西の三方に階段を設けた方形基壇の上に八角屋蓋《やがい》付の屋形を組み、屋蓋八角各角と中央に金銅製鳳凰を置く施設。八面に帳《とばり》を掛ける。大極殿に常置。豊楽殿では中央（東西第五間）に南面に設置。「御座西第二間」は豊楽殿西第三間。御座西から一間空けた位置。なお、皇后の節会参列は『内裏儀式』では不記載。『内裏式』『儀式』のみ記載。「東第二間」は御座東第二間の意。豊楽殿東第三間。御座東から一間空けた位置。「西面」は天皇側を向く位置。「第三・四間差南去」は皇太子の座の東側から南東に延びる位置。『延喜式』掃部寮に「第三・四間東南行参議已上座」とある。「南北面西上」は北西を上位者に南北に対面する位置。『延喜式』掃部寮に「相対以二乾角一為レ上」とある。

「顕陽・承歓両堂」は豊楽院内の殿舎（図③）。ともに桁行十九間・梁行二間。「不升殿者」は次侍従。「東西面北上」は顕陽・承歓両堂それぞれで北を上位者に東西に対面する位置。『延喜式』掃部寮に「顕陽・承歓両堂侍従座、以レ北為レ上」とある。なお、「若有二蕃客一総設二顕陽堂一」は蕃客入朝時は顕陽堂が蕃客の座となるの意。この場合、次侍従の座はすべて承歓堂となる。

「皇帝・皇后御酒器」は、『延喜式』造酒司によれば、「諸節供御酒器〈中宮准レ此〉」として、銀盞・金銅酒海《しゅかい》・金銅杓《しゃく》・金銅胡瓶《こへい》・白銅風爐《ふうろ》・白銅鎗子《そうし》・朱漆台盤・鳥形鎮子《とりがたちんし》・朱漆大盤・同中盤・朱漆韓《から》櫃《びつ》・炭取桶《すみとりおけ》（各数量は割愛）。また、「升殿者酒器」「不升殿者酒器」は、同じく『延喜式』造酒司に「五位已上料」の「諸節雑給酒器」として、四尺台盤・朱漆酒海・朱漆腕・盞・八寸盤・金銀杓・白銅提《てい》壺《こ》・白銅瓶子《へいし》・平文《ひょうもん》胡瓶・大酒樽・中酒樽・鎗子・鉄火爐《かろ》・八尺毯《たん》・布画《が》毯代《たんだい》・納レ炭画櫃《がびつ》（各数量は割愛）がみえる。これらの詳細は割愛するが、「盞」は土器か。また、風爐・火爐・炭関係等から酒は燗《かん》にしたか。なお、『延喜式』造酒司には他に酒器として「内命婦料」がみえるが、皇太子料は不記載。「五位已上料」に含むか。

各酒器の設置場所は、天皇・皇后・皇太子は「具二所司式一」とあって不記載。「所司式」は『弘仁式』記載の関係諸司式か。升殿者は「東廊第二・三間」。『儀式』には「東廊南二・三間」とある。「東廊」は豊楽殿東側から栖霞楼《せいかろう》に続く軒廊。中央に青綺門《せいきもん》がある（図③）。不升殿者は「顕陽堂西柱北第五間」

または「承歓堂与レ此相対」する位置。後者は承歓堂東柱北第五間。つまり顕陽堂西面・承歓堂東面のそれぞれ北から五間目の位置。

○先レ是所司預弁二供皇帝・皇后御饌、皇太子饌〈謂二菓子・雑餅等一、弘仁五年以往、御坐後供レ之、始レ自二六年一預供二置之一、但御飯并燔炙・和羹等御坐後供レ之〉及升殿・不升殿者饌一〈竝謂二肴・菓子等一、但飯・羹等与二供御一供給〉

「所司」は内膳司（天皇・皇后担当）・主膳監（皇太子担当）・大膳職（臣下担当）等。「饌」は食膳。「菓子・雑餅等」は、「菓子」が木菓子《きがし》（果物）、「雑餅」が後の唐菓子《からがし》（現在の餅菓子の類）か。主食前の副食。「御坐後」は天皇等着座後、つまり食べる直前にの意か。「御飯并燔炙・和羹等」は主食。「燔炙」は焼いた肉と炙った肉。ここは焼き物をいうか。御飯に対する菜《な》（おかず）。「和羹」は具入りの温かい吸い物。「竝」は升殿者饌・不升殿者饌ともにの意。「肴」は酒菜か。酒に充てる副食。ここは菜同義か。「供御」は天皇の食膳。御饌同義。ここは御飯・燔炙・和羹等。

節会での天皇以下の食膳の内容は次章で詳述するが、それが『内裏式』『儀式』段階の内容と、共通性はみられるが同一かどうかは不明。いずれにしろ、「謂二菓子・雑餅等一、弘仁五年以往、御坐後供レ之、始レ自二六年一予供二置之一、但御飯并燔炙・和羹等御坐後供レ之」は、弘仁五年（八一四）以前はすべての御饌・皇太子饌を天皇以下が食べる直前に供えたが、同六年以降は菓子・雑餅等は事前に供え、御飯・燔炙・和羹等つまり温かいうちに食べるべき物は食べる直前に供えるようになったの意。「竝謂二肴・菓子等一、但飯・羹等与二供御一供給」は、升殿者・不升殿者の饌も弘仁五年以前は食べる直前に並べていたが、同六年以降は肴・菓子等は事前に並べ、飯・羹等は食べる直前に並べるようになったの意か。

なお、『内裏儀式』は明確には不記載だが弘仁五年以前の状況を記載している感がある（前章第1節参照）。そうであれば、その成立年代は弘仁五年以前にさらに絞れるか。

○中務置二尋常版位於殿前一、北去一許丈置二宣命位一

「殿前」は豊楽殿前。豊楽院では尋常版といえどもその都度設置。「北去一許丈」は尋常版より一丈（十尺〈約三メートル〉）程豊楽殿側に寄った位置。「宣命位」は宣命版。『儀式』によれば、宣命版は豊楽殿より七丈七尺（約二十三・三メートル）の位置に設置。また尋常版はそれより南一丈（豊楽殿より八丈七尺）の位置に設置。この尋常版北一丈という宣命版の設置位置は、『延喜式』中務省・『北山抄』『江家次第』（次章参照）等に継承。ところが、『内裏儀式』白馬節会では「安二宣命版位於尋常版南一」とある（前章第2節）。この「南」が「北」の間違いでなければ、尋常版と宣命版の位置関係は『内裏儀式』のみ相違。

▼天皇出御・諸衛着陣・内弁謝座・着座・皇太子謝座・謝酒・着座・開門の式次第

〔本文〕

供設已訖、皇帝出二清暑堂一、御二豊楽殿一、皇后出御亦如二常儀一、近仗服二上儀一陣二殿下一、少将以上仗槍、左右兵衛佐以上亦同、諸衛亦服二上儀一〈皆不レ樹二器仗一〉、御坐定、内侍臨二東檻一、喚二大臣一〈若無二大臣一者、参議以上得〉、大臣称唯、到二左近陣西頭一謝座、訖登レ自二東階一〈凡升殿人皆用二此階一〉着座、次皇太子登レ自二同階一、到二座東一而西面謝座〈凡毎レ拝随二座宜一〉、謝酒着座、所司開二豊楽・儀鸞両門一、未レ開先掃部鋪二闈司座於逢春門左右一〈毎レ有二奏事一必用二此儀一、若無二奏事一不レ須、他皆效レ此〉、両門開、訖闈司二人出レ自二青綺門一、分二坐逢春門南北一、

〔読み下し〕

供設已に訖り、皇帝清暑堂を出で、豊楽殿に御す、皇后出御亦常儀の如し、近仗上儀を服して殿下に陣す、少将以上仗槍《じょうそう》、左右兵衛佐以上亦同じ、諸衛亦上儀を服す〈皆器仗《きじょう》を樹《た》てず〉、御坐定まり、内侍東檻《とうかん》に臨み、大臣を喚ぶ〈若し大臣無くんば、参議以上も得〉、大臣称唯す、左近陣西頭に到りて謝座す、訖りて東階自り登りて〈凡そ升殿人皆此の階を用ふ〉着座す、次で皇太子同階自り登り、座東に到りて西面に謝座す〈凡そ拝毎に座宜に随ふ〉、謝酒して着座す、所司豊楽・儀鸞《ぎらん》両門を開く、未だ開かざる先に掃部闈司座を逢春門《おうしゅんもん》左右に鋪く〈奏事有る毎に必ず此の儀を用ふ、若し奏事無くんば須《す》べからず、他皆此に效ふ〉、両門開く、訖りて闈司二人青綺門自り出で、逢春門南北に分坐す、

〔大意〕

供設が整い、天皇が清暑堂を出て、豊楽殿に出御。皇后の出御もいつも通り。近仗が上儀を着用して殿下に着陣。少将以上が仗槍。左右兵衛佐以上も同様。諸衛も上儀を着用。いずれも器仗は立てない。御座が定まり、内侍が東檻に出て、大臣を喚ぶ。もし大臣がいなければ、参議以上でもよい。大臣が称唯。左近陣西側に来て謝座。終わって東階から登って着座。そもそも昇殿者はみなこの階を使用。次に皇太子が同階から登り、座の東で西面に謝座。そもそも拝する毎に座宜に随う。謝酒して着座。所司が

豊楽・儀鸞両門を開門。開門する前に掃部が闈司の座を逢春門の左右に設置。奏事ある毎に必ずこうする。もし奏事がなければそうしない。他はみなこれに準拠。両門が開門。終わって闈司二人が青綺門から出て、逢春門の南北に分かれて着座。

〔解説〕

○供設已訖、皇帝出二清暑堂一、御二豊楽殿一、皇后出御亦如二常儀一

天皇・皇后出御の式次第。

○近仗服二上儀一陣二殿下一、少将以上仗槍、左右兵衛佐以上亦同、諸衛亦服二上儀一〈皆不レ樹二器仗一〉

諸衛着陣の式次第。「近仗」は左右近衛府。「上儀」は中儀服と同義か。「殿下」は豊楽殿前。「少将以上仗槍」は中将・少将（次将）は幟付鉾を立てるの意。「左右兵衛佐以上亦同」は左右兵衛督・佐も次将と同じく幟付鉾を立てるの意。『延喜式』左右兵衛府によれば、中儀の際の左右兵衛督・佐の朝服は「位襖・金装横刀・靴、策二著レ幟殳一」とある。「諸衛」は左右衛門府を含む左右近衛次将・左右兵衛督・佐以外の武官か。「器仗」は武具を著す古代の用語。ここは幟付鉾か。「皆不レ樹二器仗一」は諸衛は幟付鉾を立てないの意か。ただし、『延喜式』左右衛門府によれば、左右衛門督・佐の中儀の朝服に「策二著レ幟殳一」がみえる。なお、左右兵衛府・左右衛門府の豊楽院での着陣場所は不記載。ただし、左右近衛府は儀鸞門《ぎらんもん》内、左右兵衛府は儀鸞門外・豊楽門内、左右衛門府は豊楽門外を警固か（図③参照）。

○御坐定、内侍臨二東檻一、喚二大臣一〈若無二大臣一者、参議以上得〉、大臣称唯、到二左近陣西頭一謝座、訖登レ自二東階一〈凡升殿人皆用二此階一〉着座

内弁謝座・着座の式次第。「御坐定」は天皇の準備が整ったの意。「内侍臨二東檻一」は天皇の準備が整ったことを知らせる合図。「東檻」は豊楽殿南東部分か。具体的には不明。「若無二大臣一者、参議以上得」は参議以上は内弁を務められるの意。なお、摂関期以降は内弁は大納言以上。「謝座」は『江家次第』に「堂上着座ヲ謝スル拝也」とある。「東階」は豊楽院南面三階のうち東側の階。なお、内侍が東檻に臨むまでの内弁の待機場所や謝座の具体的な拝礼法等については不記載。ただし、『西宮記』等によれば、謝座の拝礼法は再拝。唐礼の作法。

○次皇太子登レ自二同階一、到二座東一而西面謝座〈凡毎レ拝随二座宜一〉、**謝酒着座**

皇太子謝座・謝酒・着座の式次第。「同階」は東階。「座東」は皇太子の座は西面のため座の背後。『西宮記』によれば、「謝座」は皇太子の場合も再拝。「凡毎レ拝」は再拝であることを示すか。ただし、「随二座宜一」は後考を俟つ。「謝酒」は『江家次第』に「飲酒謝スル拝也」とある。皇太子の謝酒の作法は『西宮記』にも不記載だがやはり再拝を基調としたものか。

○所司開二豊楽・儀鸞両門一、未レ開先掃部鋪二闈司座於逢春門左右一〈毎レ有二奏事一必用二此儀一、若無二奏事一不レ須、他皆效レ此〉、**両門開、訖闈司二人出レ自二青綺門一、分二坐逢春門南北一**

開門の式次第。「所司」は近衛府・兵衛府か。「豊楽・儀鸞両門」は豊楽門と儀鸞門（図③）。豊楽門は豊楽院外閤南正門。内裏の建礼門に相当（図④）。儀鸞門は豊楽院内閤南正門。内裏の承明門に相当。豊楽院では儀鸞門内が内弁、門外が外弁。「逢春門左右」は「逢春門南北」と同義。「逢春門」は豊楽院内閤北東門（図③）。闈司の座は豊楽院では逢春門内に設置。逢春門は東面の門のため、左右は方向としては南北。「毎レ有二奏事一必用二此儀一、若無二奏事一不レ須」は、天皇に「奏事」があれば、必ず闈司の座を逢春門内に設置し、なければ設置しないの意。なお、内裏では闈司の座は承明門内。関係諸司も承明門で叫門。豊楽院では逢春門内。関係諸司も逢春門で叫門（後述）。豊楽院で承明門に対応する門は儀鸞門。闈司の座が儀鸞門ではなく逢春門であるのは、御座に近く豊楽院の通用門のため。また、豊楽院では闈司入閤の門は青綺門。内裏では弓場殿（図④）。

▼御暦奏の式次第

〔本文〕

大舎人詣二門外一叩門曰、御暦進牟止中務省官・姓名等〈謂二輔以上一〉候レ門止申〈闈司辞以二叩門故一替レ之、他皆效レ此〉、闈司就レ位奏〈他皆效レ此〉、勅曰、令レ申、闈司復座伝宣云、姓名等乎令レ申与、大舎人称唯〈他皆效レ此〉、中務省率二陰陽寮一舁二置レ暦之机一、入レ自二逢春門一〈他皆效レ此〉、立二庭中一退出、輔以上一人留奏進、其詞曰、中務省奏久、陰陽寮乃供奉礼留其年七曜御暦進礼楽久乎恐美毛申賜止奏〈無二勅答一、若親王任レ卿者、以二進礼楽久乎恐美毛詞一替二進楽久乎一、他皆效レ此〉、奏事者出、闈司共進舁レ机、升二殿東階一安二南栄一、即降二立階下西一、内侍持レ函奏覧、訖返二置机上一〈暦留二御所一〉、闈司升却レ机安二本所一、還就二戸内位一、内豎入レ自二逢春門一、持レ机出、授二陰陽寮一、

〔読み下し〕

大舎人門外に詣でて叩門して曰く、御暦進らむと中務省官・姓名等〈輔以上を謂ふ〉門に候ふと申す

〈闈司の辞《ことば》は叩門する故にを以てこれに替ゆ、他皆此に効ふ〉、闈司位に就きて奏す〈他皆此に効ふ〉、勅に曰く、申さしめよ、闈司復座して伝宣して云ふ、姓名等を申さしめよ、大舎人称唯す〈他皆此に効ふ〉、中務省陰陽寮を率ひて暦を置くの机を舁き、逢春門自り入る〈他皆此に効ふ〉、庭中に立てて退出す、輔以上一人留まりて奏進す、其詞に曰く、中務省奏すらく、陰陽寮の供に奉れる其年の七曜御暦進《たてまつ》れらくを恐《かしこ》みも申し賜ふと奏す〈勅答無し、若し親王卿に任ぜば、進れらくを恐みもの詞を以て進らくをに替ふ、他皆此に効ふ〉、奏事者出づ、闈司共に進みて机を舁き、殿東階を升りて南栄《なんえい》に安ず、即ち階下の西に降り立つ、内侍函を持ちて奏覧す、訖りて机の上に返し置く〈暦御所に留む〉、闈司升りて机を却けて本所に安ず、還りて戸内の位に就く、内豎逢春門自り入り、机を持ちて出で、陰陽寮に授く、

〔大意〕

大舎人が門外に参上して叩門して言う。御暦を進上したいと輔以上の中務省官・姓名等が門に祇候と申し上げる。闈司の言葉は「叫門するので」に替える。他もみなこれに準拠。勅に言う。奏上させよ。闈司が復座して伝宣して言う。姓名等を申し上げさせよ。大舎人が称唯。他もみなこれに準拠。中務省が陰陽寮を引率して暦を置く机を担ぎ、逢春門から入閤〈他もみなこれに準拠〉。庭中に安置して退出。輔以上が一人留まって奏進。その言葉に言う。中務省が奏上する。陰陽寮が献上する本年の七曜御暦を進上したいと畏れ多くも申し上げさせていただきたいと奏上。勅答なし。もし親王が卿であれば、「進上したいと畏れ多くも」の言葉を「進上したい」に替える。他もみなこれに準拠。奏事者が退出。闈司と一緒に進んで机を担ぎ、殿の東階を登って南廂に安置。すぐに階下の西側に降り立つ。内侍は箱を

持って奏覧。終わって机の上に戻し置く。暦は御所に留める。闈司が昇殿して机を片付けて元の場所に安置。戻って門内に着座。内豎が逢春門から入閤し、机を持って退出し、陰陽寮に手渡す。

〔解説〕

場が豊楽院である以外は基本的に『内裏儀式』同様。「門外」は逢春門外。「叩門」は叫門の間違い。ここで大舎人は「御暦進牟止」と中務省の言葉を闈司に伝え、それを闈司が天皇に奏上。「闈司辞以二叩門故一替レ之」は、大舎人が闈司に伝えた言葉のうち、闈司は「候レ門」を「叩門故」（「叩門」は「叫門」の間違い）に替えて天皇に奏上するの意。『内裏儀式』ではここは闈司の言葉を記載。「若親王任レ卿者」は、御暦奏の奏上者が中務卿の親王であればの意。「以二進礼楽久乎恐美毛詞一替二進楽久乎一」は、奏上者が親王の場合は天皇に対する奏上の言葉も敬語の程度が軽くなるの意。親王は皇族（皇兄弟・皇子）のためか。なお、『内裏儀式』での奏上の言葉は親王用の言葉と同様。

▼氷様奏《ひためしのそう》・腹赤奏《はらかのそう》の式次第

〔本文〕

次大舎人叩門、闈司就二版位一奏云、氷様進牟止宮内省官・姓名叩門故爾申、勅曰、令レ申与、闈司伝宣、省丞以下史生以上相分、与二主水司官人以下一共執二氷様一、又与二太宰使一同執二腹赤御贄一、省輔相扶入レ自二同門一、共安二庭中一退出、輔一人留、就レ位奏曰、宮内省申久、主水司乃今年収氷合若干室、厚若干寸以下若干寸以上、益レ自二去年一若干室、減レ自二去年一若干室供奉礼留事、又太宰府乃進礼留腹赤乃御贄長若干

尺進楽久乎申賜等申〈無二勅答一〉、訖退出、即膳部・水部等入レ自二承秋門一、取二氷様・腹赤御贄一退出、

〔読み下し〕

次いで大舎人叩門す、闈司版位に就きて奏して云ふ、氷様《ひためし》進らむと宮内省官・姓名叩門する故に申す、勅に曰く、申さしめよ、闈司伝宣す、省丞以下史生以上相分かれ、主水司《もいとりのつかさ》の官人以下と共に氷様を執る、又太宰使と同じく腹赤の御贄《おんにえ》を執る、省輔相扶けて同門自り入り、共に庭中に安じて退出す、輔一人留まり、位に就きて奏して曰く、宮内省申らく、主水司の今年収むる氷合はせて若干室、厚さ若干寸以下若干寸以上、去年自り益《ま》す若干室、去年自り減る若干室を供に奉れる事、又太宰府の進れる腹赤の御贄長さ若干尺を進らくを申し賜ふと申す〈勅答無し〉、訖りて退出す、即ち膳部・水部《もいとりべ》等承秋門《じょうしゅうもん》自り入り、氷様・腹赤の御贄を取りて退出す、

〔大意〕

次に大舎人が叩門。闈司が版位に就いて奏上して言う。氷様を進上したいと宮内省官・姓名が叩門するので申し上げる。勅に言う。申し上げさせよ。闈司が伝宣。省丞以下史生以上が手分けし、主水司の官人等とともに氷様を取る。また大宰使と同じく腹赤の御贄を取る。省輔が補佐して同門から入閤。どちらも庭中に安置して退出。輔一人が残り、版位に就いて奏上して言う。宮内省が申し上げる。主水司が今年収蔵した氷は合わせて若干室、厚さは若干寸以下若干寸以上、去年より増加の若干室、去年より減少の若干室を献上する事、また大宰府の献上する腹赤の御贄の長さ若干尺を進上したいと申し上げさせていただくと申し上げる。勅答なし。終わって退出。すぐに膳部・水部等が承秋門から入閤し、氷

様・腹赤の御贄を持って退出。

〔解説〕

氷様奏・腹赤奏は後に御暦奏とともに諸司《しょし》奏《そう》と総称。その式次第は基本的に御暦奏同様。なお、氷様奏・腹赤奏は『内裏儀式』に不記載。『内裏式』より追加。「叩門」は叫門の間違い。叫門の場は逢春門。「氷様」は氷様。朝廷の氷室《ひむろ》に貯蔵する氷の見本。『西宮記』によれば、数は「四荷」（四塊あるいは二塊一荷で八塊か）。『江家次第』に「以レ石為二寸法一」。『江次第抄』正月・元日節会に「以二瓦石一為二其様一奏レ之」とある。これによれば実際の氷ではなく氷の状態を摸した「瓦石《がせき》」（煉瓦《れんが》か）。ただし、これがいつまで遡れるかは不明。なお、氷室は冬季に池に張った氷を夏季まで貯蔵する施設。『延喜式』主水司によれば、朝廷の氷室は山城国に六ヶ所、大和国・河内国・近江国・丹波国に各一ヶ所。「省丞」は宮内省丞。「主水司」は宮内省被管。朝廷の飲料水・氷・粥等を管理・調進。「太宰使」は大宰府からの使者。大宰府は筑紫国に設置された特別な権限を持つ地方官庁。「腹赤」は鱒《ます》（鮸《にべ》〈鰵《いしもち》〉とも）。「御贄」は地方から朝廷に献上される特産品。『江次第抄』同上によれば、腹赤献上の初見は天平十五年（七四三）正月十四日（『続日本紀』に当該条なし）。「省輔」は宮内省輔。「同門」は逢春門。「水部」は主水司所属。飲料水担当。「承秋門」は逢春門と東西で対になる西側の門（図③）。

▼親王以下入閤・謝座の式次第

〔本文〕

大臣喚二舎人一〈再唱〉、舎人称唯〈候二逢春門外一〉、少納言替入レ自二逢春門一、就レ位立、大臣宣、喚二侍従一〈踏歌・九月九日等亦同、余節宣レ喚二大夫等一〉、少納言称唯、出レ自二儀鸞門一喚レ之〈他皆效レ此〉、親王先称唯〈他節效レ此〉、参議・非参議・三位以下・五位以上称唯、親王以下参議・非参議・三位以上一列入レ自二同門東扉一、五位以上東西分頭入レ自二東西扉一〈参議以上後レ自二親王一五許丈、四位後レ自二参議一七許丈、五位与四位連属、五位最後者比レ到二明義堂北頭一、六位以下参入、但参議以上列行之間三許丈〉、比二入門一、衛仗共興〈他皆效レ此〉、而親王以下五位以上東西分頭立二庭中一、去レ版南一許丈、異位重行〈挟二馳道一、立レ東者以レ西為レ上、立レ西者以レ東為レ上〉立定、大臣宣、侍レ座、共称唯謝座、

〔読み下し〕

大臣舎人を喚ぶ〈再唱〉、舎人称唯す〈逢春門外に候す〉、少納言替はりて逢春門自り入り、位に就きて立つ、大臣宣す、侍従を喚べ〈踏歌・九月九日等亦同じ、余の節は大夫等を喚べと宣す〉、少納言称唯す、儀鸞門自り出でてこれを喚ぶ〈他皆此に効ふ〉、親王先づ称唯す〈他節此に効ふ〉、参議・非参議・三位以下・五位以上称唯す、親王以下参議・非参議・三位以上一列に同門東扉自り入る、五位以上東西に分頭して東西扉自り入る〈参議以上親王自り後《おく》るること五許丈、四位参議自り後るること七許丈、五位四位と連属す、五位最後の者明義堂《みょうぎどう》北頭に到る比、六位以下参入す、但し参議以上列立の間と三許丈〉、入門の比、衛仗共に興つ〈他皆此に効ふ〉、而して親王以下五位以上東西に分頭して庭中に立つ、版を去ること南一許丈に、異位重行に〈馳道を挟み、東に立つ者は西を以て上と為し、西に立つ者は東を以て上と為す〉立ち定む、大臣宣す、座に侍れ、共に称唯して謝座す、

〔大意〕

大臣が舎人を喚ぶ。再唱。舎人が称唯。逢春門外に待機。少納言が入れ替わって逢春門から入閤し、版位に就いて立つ。大臣が命じる。侍従を喚べ。踏歌・九月九日等も同様。他の節会は大夫達を喚べと命じる。少納言が称唯。儀鸞門から出て喚ぶ。他もみなこれに準拠。親王がまず称唯。他の節会もこれに準拠。参議・非参議・三位以下・五位以上が称唯。親王以下参議・非参議・三位以上が一列に同門東扉から入閤。五位以上が東西に分かれて東西扉から入閤。参議以上は親王に遅れること五丈程。四位は参議に遅れること七丈程。五位は四位と連続。五位最後の者が明義堂北側に着く頃、六位以下が入閤。ただし参議以上の列立から三丈程。入門の頃に、衛仗が一斉に起立。他はみなこれに準拠。そして親王以下五位以上が東西に分かれて庭中に立つ。版位から南一丈程に、異位重行に立ち定める。馳道を挟み、東側に立つ者は西を上位、西側に立つ者は東を上位とする。大臣が命じる。着座せよ。一斉に称唯して謝座。

〔解説〕

「舎人」は大舎人。「就㆑位立」は唐礼の作法。「位」は尋常版。「参議・非参議・三位以下・五位以上称唯」の「三位以下」は「三位以上」の間違い。「同門東扉」は儀鸞門東扉。儀鸞門は五間。中央とその東・西に扉。「参議以上後㆑自㆓親王㆒五許丈、四位後㆑自㆓参議㆒七許丈、五位与四位連属」は入閤の行列順。「五位最後者比㆑到㆓明義堂北頭㆒、六位以下参入」は白馬節会式次第の混入。元日節会の参列者は次侍従以上。六位以下は不参列。「但参議以上列行之間三許丈」は四位・五位の「列行」（列立）位置。

参議以上から三丈程離れた位置。ただし、参議以上の具体的な列立位置は不記載。なお、『儀式』に「四位・五位行列之間一許丈」とある。これによれば、四位の列立位置が参議以上から三丈程離れた位置。五位は四位から一丈程離れた位置となる。「衛仗」は近衛府等武官。「去レ版南一許丈、異位重行〈挟二馳道一、立レ東者以レ西為レ上、立レ西者以レ東為レ上〉立定」は、節会参列者（親王以下五位以上）の庭中列立法。節会参列者は尋常版の南一丈程（約三メートル）の位置に馳道を挟み、東側の列立者は西側（馳道側）を上位、西側の列立者は東側（馳道側）を上位にそれぞれ異位重行に北面。「馳道」は天皇等貴人が通る路。庭中中央（ここは豊楽院庭中中央）。なお、『儀式』によれば、東側に列立するのは親王以下参議以上。これによれば、四位・五位は西側に列立。親王以下が庭中に列立するのは唐礼の作法。「謝座」は『西宮記』等によればやはり再拝。

▼親王以下謝酒・着座の式次第

〔本文〕

訖造酒正把二空盞一〈便用二升殿者酒盞一〉、来授二第一人一〈共跪受授〉、訖更還二却二・三位許一、北面立、群臣謝酒〈謝座亦同〉、訖受還〈他皆效レ此〉、以レ次升就レ座、五位以上見二参議以上両三人升殿一〈不三必待二参議之升畢一〉、共東西分頭着座訖〈凡親王以下五位以上参入儀、他皆效レ此〉、諸仗共坐、

〔読み下し〕

訖りて造酒正《みきのかみ》空盞《こうざん》を把る〈便に升殿者の酒盞《しゅさん》を用ふ〉、来りて第一人に授く〈共に跪きて受授す〉、訖りて

更に二・三仗許り還却し、北面に立つ、群臣謝酒す〈謝座亦同じ〉、訖りて受けて還る〈他皆此に効ふ〉、次でを以て升りて座に就く、五位以上参議以上両三人升殿するを見〈必ずしも参議の升り畢るを待たず〉、共に東西に分頭して着座し訖んぬ〈凡そ親王以下五位以上参入するの儀、他皆此に効ふ〉、諸仗共に坐す、

〔大意〕

終わって造酒正が空盞を取る。便宜的に昇殿者の酒盞を使用。やって来て第一人に手渡す。互いに跪いて受授。終わって改めて二・三仗程退き、北面に立つ。群臣が謝酒。謝座と同様。終わって受け取って還る。他はみなこれに準拠。順次昇殿して着座。五位以上は参議以上二・三人が昇殿するのを確認し、必ずしも参議が昇殿し終わるのを待たずに、互いに東西に分かれて着座。そもそも親王以下五位以上が入閤の際は、他はみなこれに準拠。諸仗が一斉に着座。

〔解説〕

○訖造酒正把㆓空盞㆒〈便用㆓升殿者酒盞㆒〉、来授㆓第一人㆒〈共跪受授〉、訖更還㆓却二・三仗許㆒、北面立、群臣謝酒〈謝座亦同〉、訖受還〈他皆効㆑此〉

親王以下謝酒の式次第。『内裏儀式』には不記載。『内裏式』より追加。『延喜式』雑式《ざっしき》にも記載。「造酒正」は造酒司長官。造酒司は宮内省被管。朝廷の造酒担当。「空盞」は空の盃。「升殿者酒盞」は公卿用盃（土器か）。「来授㆓第一人㆒」の主語は造酒正。「第一人」は、『儀式』は「貫首者《かんじゅしゃ》」。『西宮記』以降は「貫首人」。節会では外弁上卿（原則は右大臣）。「共跪受授」は造酒司・第一人ともに跪いて空盞を受け渡しするの意。「更還㆓却二・三仗許㆒、北面立」は、造酒正は親王以下が謝酒の間、来た方角（北）に

戻り、親王以下から少し離れた位置で北面に（親王以下の側を向いて）待機の意。「謝酒」は、『西宮記』等によれば、謝座と同じく再拝。「受還」は造酒正が再び第一人の許へ行き、空盞を受け取って退出の意。

○以レ次升就レ座、五位以上見二参議以上両三人升殿一〈不三必待二参議之升畢一〉、共東西分頭着座訖〈凡親王以下五位以上参入儀、他皆效レ此〉、諸仗共坐

親王以下着座の式次第。「以レ次升就レ座」の主語は親王以下参議以上。

▼供饌・賜饌・賜酒の式次第

〔本文〕

少時所司〈各着二当色一〉益二供御饌一〈一度十人、左右各五人用二西階一〉、近仗共興〈供饌訖共坐、他皆效レ此〉、皇太子及上下群臣起座〈他皆效レ此〉、供饌訖大膳職益二賜五位以上饌一〈各入レ自二堂後一給レ之、但升殿者膳部・酒部等入レ自二東廊一〉、先レ是酒部八人各趨二立酒鐏下一〈此皆選下内豎着二当色一者上而充レ之、又宮内・大膳・大炊・造酒等主典以上同得二上殿一、他皆效レ此〉、賜二群臣饌一、訖行酒者把レ盞賜二升殿者一、相続賜二不升殿者一〈賜レ自二座後一〉、

〔読み下し〕

少時所司〈各当色《とうじき》を着す〉御饌を益供《えきぐ》す〈一度に十人、左右各五人西階を用ふ〉、近仗共に興つ〈供饌訖りて共に坐す、他皆此に效ふ〉、皇太子及び上下群臣起座す〈他皆此に效ふ〉、供饌訖りて大膳職五位以上饌を益賜《えきし》す〈各堂後自り入れて之を給ふ、但し升殿者の膳部・酒部等東廊自り入る〉、是より先酒部八人各趨《すみや》かに酒

樽下に立つ〈此れ皆内豎当色を着する者を選びて之に充つ、又宮内・大膳・大炊・造酒等主典以上同じく上殿を得る、他皆此に效ふ〉、群臣に饌を賜ふ、訖りて行酒者盞を把りて升殿者に賜ふ、相続きて不升殿者に賜ふ〈座の後自り賜ふ〉、

〔大意〕

暫くして当色着用の所司が御饌を取り次ぐ。一度に十人。左右各五人が西階を使用。近仗が一斉に起立。供饌が終って一斉に着座。他はみなこれに準拠。皇太子及び上下群臣が起立。他はみなこれに準拠。供饌が終わって大膳職が五位以上の饌を取り次ぐ。それぞれ堂後から入閤して賜饌。ただし昇殿者の膳部・酒部等は東廊から入閤。これ以前に酒部八人がそれぞれすぐに酒樽の許に立つ。いずれも内豎のうち当色着用者を選別して充当。また宮内・大膳・大炊・造酒等の主典以上を同じく升殿させる。他はみなこれに準拠。群臣に賜饌。終わって行酒者が盞を手に昇殿者に賜酒。続いて不昇殿者に賜酒。座の背後から賜酒。

〔解説〕

○少時所司〈各着二当色一〉益二供御饌一〈一度十人、左右各五人用二西階一〉、近仗共興〈供饌訖共坐、他皆效レ此〉、皇太子及上下群臣起座〈他皆效レ此〉

供饌の式次第。「所司」は内膳司所属膳部。「当色」は職掌相当の公服。『延喜式』内膳司によれば、膳部の当色は「紺布衫《こんのふさん》」（藍染布製一重の上着）。「益供」は順に手渡すこと。「一度十人、左右各五人用二西階一」は膳部十人が「西階」（豊楽殿南階西側階）に左右五人ずつ並んで御饌を順に手渡すの意。なお、

皇后・皇太子への供饌については不記載。『儀式』には「皇太子及上下群臣起座」に続き、「主膳監益二供皇太子饌一」とある。

○供饌訖大膳職益二賜五位以上饌一〈各入レ自二堂後一給レ之、但升殿者膳部・酒部等入レ自二東廊一〉、先レ是酒部八人各趨立二酒罇下一〈此皆選下内豎着二当色一者上而充レ之、又宮内・大膳・大炊・造酒等主典以上同得二上殿一、他皆效レ此〉、賜二群臣饌一、訖行酒者把レ盞賜二升殿者一、相続賜二不升殿者一〈賜レ自二座後一〉

賜饌・賜酒の式次第。「大膳職」は大膳職所属膳部。「益賜」は「益供」同義。「供」「賜」の相違は天皇・臣下の差。「五位以上」はここは昇殿者（公卿）と不昇殿者（次侍従）か。「各入レ自二堂後一給レ之」の主語は不昇殿者担当の膳部・酒部。「堂後」は顕陽・承歓両堂の背後。「東廊」は青綺門。膳部・酒部は昇殿者担当と不昇殿者担当で入閤場所がそれぞれ相違。「先レ是」は賜饌以前。「酒部八人」は不昇殿者担当の酒部。酒樽の設置位置は不記載。なお、元日節会で必要な酒量は、『延喜式』造酒司によれば一石八斗（約三二四リットル）。「此皆選下内豎着二当色一者上而充レ之」は酒部八人は当色着用の内豎が代行の意。『延喜式』造酒司によれば、酒部の当色は「紺調布衫《ちょうふのさん》」。紺布衫（膳部当色）同様。「宮内・大膳・大炊・造酒等主典以上」はいずれも昇殿者の賜饌・賜酒に関わる関係官人か。「同」は昇殿者担当の膳部・酒部に同様の意。「得二上殿一」は昇殿勅許の意。「上殿」は「殿上」の間違いか。『儀式』の該当部分は「得二升殿一」。ただし、具体的役割は不記載。「行酒者」は酒部。

▼国栖《くず》奏《そう》・大歌・立歌演奏の式次第

〔本文〕

觴行一周、吉野国栖於二儀鸞門外一奏二歌笛一、献二御贄一〈若有二蕃客一不レ奏、他皆效レ之〉、訖大歌別当一人奉レ勅下二殿東階一、出レ自二儀鸞門一喚二歌者一、歌者共称唯、即別当率二歌者一相分入〈或時有レ勅止レ之、立歌亦同〉、未レ入間、鐘鼓台依レ次建二之於庭中一〈内豎・大舎人相執而入レ自二儀鸞門一、又歌者相続入建レ之、撃却亦同〉、掃部分入レ自二同門一、安二座於鐘台南一、歌者立定、撞レ鐘三下、搥レ鼓三下、然後就レ座奏レ歌、訖退出〈或時喚二別当一侍二殿上一、不三必待二歌畢一〉、掃部入レ自二同門一却レ座〈下亦同〉、少時復入、安二立歌座一、訖治部・雅楽率二工人等一参入、奏レ歌〈若有二蕃客一不レ奏レ之〉、訖退出、

〔読み下し〕

觴行一周す、吉野国栖儀鸞門外に於いて歌笛を奏し、御贄を献ず〈若し蕃客有らば奏さず、他皆此に效ふ〉、訖りて大歌別当一人勅を奉りて東階を下殿し、儀鸞門自り出でて歌者を喚ぶ、歌者共に称唯す、即ち別当歌者を率きて相分かれて入る〈或る時は勅有りて之を止む、立歌亦同じ〉、未だ入らざる間、鐘鼓《しょうこ》台《だい》次いでに依りて之を庭中に建つ〈内豎・大舎人相執りて儀鸞門自り入り、又歌者相続きて入りて之を建つ、撃却亦同じ〉、掃部分かれて同門自り入り、座を鐘台《しょうだい》南に安ず、歌者立ち定め、鐘《かね》を撞《つ》くこと三下、鼓《つづみ》を搥《う》つこと三下、然る後に座に就きて歌を奏す、訖りて退出す〈或る時は別当を喚びて殿上に侍す、必ずしも歌畢るを待たず〉、掃部同門自り入りて座を却《さ》く〈下亦同じ〉、少時復入り、立歌座を安ず、訖りて治部・雅楽工人等を率ひて参入し、歌を奏す〈若し蕃客有らばこれを奏さず〉、訖りて退出す、

〔大意〕

盃が一周。吉野国栖が儀鸞門外で歌笛を演奏し、御贄を献上。蕃客がいれば演奏しない。他はみなこれに準拠。終わって大歌所別当一人が勅により東階を下殿し、儀鸞門を出て歌者を喚ぶ。歌者が一斉に称唯。すぐに別当が歌者を引率して分かれて入閤。場合によっては勅で停止。立歌も同様。入閤以前に、鐘鼓台を適宜庭中に設営。内豎と大舎人が一緒に持って儀鸞門から入閤し、また歌者も続いて入閤して設営。撤去も同様。掃部寮が分かれて同門から入閤し、座を鐘台の南に安置。歌者が立ち並び、鐘を撞くこと三回。鼓を打つこと三回。その後に着座して歌を演奏。終わって退出。場合によっては別当を喚んで殿上に戻す。必ずしも歌が終わるのを待たない。掃部寮が同門から入閤して座を撤去。次も同様。暫くして再入閤し、立歌の座を安置。終わって治部省・雅楽寮が工人等を引率して入閤し、歌を演奏。蕃客がいれば演奏しない。終わって退出。

〔解説〕

○觴行一周、吉野国栖於二儀鸞門外一奏二歌笛一、献二御贄一〈若有二蕃客一不レ奏、他皆效レ之〉

国栖奏の式次第。『内裏儀式』には不記載。『内裏式』より追加。「觴行一周」は盃が一周回った後の意。一献後と同様。「吉野国栖」は、『日本書紀』応神《おうじん》天皇十九年十月戊戌朔（一日）条によれば、大和国吉野川上流の先住民。吉野宮に行幸した応神天皇に醴酒《れいしゅ》（甘酒の類）を献上して歌を奏上。以後、朝廷に赴いて「土毛《くにつもの》」（御贄）を献上したという。『延喜式』宮内省によれば、国栖奏の人数は十七名（国栖十二名・笛工《ふえふき》五名）。そのうち笛工二名は山城国綴喜郡《つづきぐん》の者。「若有二蕃客一不レ奏」は元日節会への蕃客の参列が想定されていることを示す。

○訖大歌別当一人奉レ勅下二殿東階一、出レ自二儀鸞門一喚二歌者一、歌者共称唯、即別当率二歌者一相分入〈或時有レ勅止レ之、立歌亦同〉、**未レ入間、鐘鼓台依レ次建二之於庭中一**〈内豎・大舎人相執而入レ自二儀鸞門一、又歌者相続入建レ之、撃却亦同〉、**掃部分入レ自二同門一、安二座於鐘台南一、歌者立定、撞レ鐘三下、搥レ鼓三下、然後就レ座奏レ歌、訖退出**〈或時喚二別当一侍二殿上一、不三必待二歌畢一〉、**掃部入レ自二同門一却レ座**〈下亦同〉

　大歌演奏の式次第。「大歌別当」は大歌所長官。中納言以上が兼官。「歌者」は歌手を含む大歌演奏者。「相分入」は儀鸞門東西の扉に分かれて入閤の意。「未レ入間」の主語は歌者。「鐘鼓台」は演奏台。具体的な設営位置は不記載。「内豎・大舎人相執」は内豎・大舎人が鐘鼓台を持つの意。「又歌者相続入建レ之」は歌者も台設営に参加の意か。「撃却亦同」は台の撤去も内豎・大舎人・歌者で行うの意。「同門」は儀鸞門。「座」は歌者の座。「鐘台」は鐘鼓台。「鼓」が欠字か。台の設営は内豎・大舎人・歌者。座の設置は掃部寮。なお、座の種類は不記載。「歌者立定、撞レ鐘三下、搥レ鼓三下、然後就レ座奏レ歌」は、大歌は最初に歌者が立ったまま鐘を「三下」（三回の意か）撞き、鼓を「三下」打ち、その後着座して演奏の意。「訖退出」の主語は歌者。「或時喚二別当一侍二殿上一、不三必待二歌畢一」は、大歌終了前であっても内弁が別当を殿上に呼び戻すこともあるの意。これによれば、別当は大歌（あるいは立歌も含むか）終了まで庭中に待機が原則か。「下亦同」は次の立歌座も掃部寮が撤去の意か。

○少時復入、安二立歌座一、訖治部・雅楽率二工人等一参入、奏レ歌〈若有二蕃客一不レ奏レ之〉、**訖退出**

　立歌演奏の式次第。「少時復入、安二立歌座一」は、大歌の座を撤去した掃部寮が再入閤して立歌の座を設置の意。立歌の座は大歌の座とは相違するか。「工人」は立歌演奏者。歌者（大歌演奏者）は大歌別当が引率して入閤。工人（立歌演奏者）は治部省・雅楽寮が引率して入閤。なお、鐘鼓台は大歌・立歌で共通か。

▼賜禄準備・宣命・見参奏覧の式次第

〔本文〕

及二宴将一レ終、内蔵・縫殿両寮分入二延明門一、置二納レ被櫃於庭中一、内記授二宣命文於大臣若中納言以上一〈他皆效レ此〉、外記進二見参・侍従夾名一〈他皆效レ此〉、大臣進二宣命文及見参・侍従夾名一、内侍伝取奏覧、訖簡下堪二宣命一之参議以上一人上、授二宣命文一、即受復二本座一、

〔読み下し〕

宴将《まさ》に終らむとするに及び、内蔵・縫殿両寮分かれて延明門《えんめいもん》に入り、被を納むる櫃を庭中に置く、内記宣命文を大臣若しくは中納言以上に授く〈他皆此に效ふ〉、外記見参・侍従夾名《きょうみょう》を進む〈他皆此に效ふ〉、大臣宣命文及び見参・侍従夾名を進む、内侍伝へ取りて奏覧す、訖りて宣命に堪ふるの参議一人以上を簡《えら》び、宣命文を授く、即ち受けて本座に復す、

〔大意〕

饗宴がまさに終わろうとする時に、内蔵・縫殿両寮が分かれて延明門から入閤し、被を納めた櫃を庭中に設置。内記が宣命文を大臣または中納言以上に手渡す。他はみなこれに準拠。外記が見参と侍従交名を進上。他はみなこれに準拠。大臣が宣命文と見参・侍従交名を進上。内侍が受け取って奏覧。終

わって宣命に相応しい参議一人以上を選び、宣命文を手渡す。すぐに受け取って復座。

〔解説〕

○及二宴将レ終、内蔵・縫殿両寮分入二延明門一、置二納レ被櫃於庭中一

賜禄準備の式次第。「延明門」は豊楽院外郭東門（図③）。北・中央・南に各扉。なお、櫃を置く位置は不記載。

○内記授二宣命文於大臣若中納言以上一〈他皆效レ此〉、外記進二見参・侍従夾名一〈他皆效レ此〉、大臣進二宣命文及見参・侍従夾名一、内侍伝取奏覧、訖簡下堪二宣命一之参議以上一人上、授二宣命文一、即受復二本座一

宣命・見参奏覧の式次第。『内裏儀式』には不記載。「内記」は中務省内記局所属の書記官。詔勅・宣命の草案や位記等の天皇関係の文書を執筆。「外記」は太政官外記局所属の書記官。太政官関係の文書全般を執筆。また朝儀・公事の奉行・記録、先例の調査・上申等を担当。「見参」は昇殿者（公卿以上）の参列者名簿。「侍従夾名」は次侍従の参列者名簿。ともに外記が作成。昇殿者には前者に基づいて賜禄。「堪二宣命一之参議以上一人」は宣命大夫（宣命使）。「受二復本座一」の主語は宣命大夫。

▼親王以下下殿・列立・節会宣命宣制の式次第

〔本文〕

即皇太子起座、次親王以下下二殿東階一、自二左近陣一南去三丈、更西折一丈、西面北上、不升殿者、見下侍二殿上一者両三人下殿上、則相応倶下〈復升亦同、他皆效レ此〉、各立二堂前一〈東西面、進レ自二堂前一各二丈、他皆効レ此〉、即宣命大夫降レ自二同階一、就二版位一宣制云、天皇我詔旨良万止宣大命乎衆諸聞食与止宣、皇太子先称唯、次親王以下共称唯、皇太子先再拝、次親王以下再拝〈他皆効レ此〉、訖更宣云、今日波正月朔日乃豊楽聞食須日爾在、又時毛寒爾依氐御被賜久止宣〈若雨雪者、時寒之上可レ加二雪毛布流之詞一〉、皇太子先称唯、次親王以下倶称唯、訖皇太子先拝舞、次親王以下復然〈他皆効レ此〉、訖着座、

〔読み下し〕

即ち皇太子起座す、次いで親王以下東階を下殿す、左近陣自り南に去ること三丈、更に西に折れること一丈、西面北上す、不升殿者は、殿上に侍る者両三人下殿するを見、則ち相応じて倶に下る〈復升亦同じ、他皆此に効ふ〉、各堂前に立つ〈東西面、堂前自り進むこと各二丈、他皆此に効ふ〉、即ち宣命大夫同階自り降り、版位に就きて宣制して云ふ、天皇が詔旨らまと宣る大命を衆諸聞こし食せと宣る、皇太子先づ称唯す、次いで親王以下共に称唯す、皇太子先づ再拝す、次いで親王以下再拝す〈他皆此に効ふ〉、訖りて更に宣して云ふ、今日は正月朔日の豊楽聞こし食す日に在り、又時も寒きに依りて御被賜はくと宣る〈若し風雪ならば、時も寒きにの上に雪もふるの詞を加ふべし〉、皇太子先づ称唯す、次いで親王以下倶に称唯す、訖りて皇太子先づ拝舞す、次いで親王以下復然り〈他皆此に効ふ〉、訖りて着座す、

〔大意〕

すぐに皇太子が起座。次に親王以下が東階を下殿。左近陣から南に三丈、さらに西に折れて一丈に、西面北上。不昇殿者は、昇殿者二・三人が下殿するのを確認し、すぐに呼応して一斉に降座。復昇も同様。他はみなこれに準拠。それぞれ堂前に立つ。東西面。堂前から進んでそれぞれ二丈。他はみなこれ

に準拠。すぐに宣命大夫が同階から下殿し、版位に就いて宣制して言う。天皇が詔する大命を皆お聞きするようにと命じる。皇太子がまず称唯。つぎに親王以下が一斉に称唯。皇太子がまず再拝。つぎに親王以下が再拝。他はみなこれに準拠。終わって更に宣制して言う。今日は正月朔日の豊楽をお召し上がりになる日である。また折しも寒いので御被を下賜すると命じる。もし雨雪ならば、「時も寒きに」の前に「雪も降る」の言葉を追加。皇太子がまず称唯。つぎに親王以下が一斉に称唯。終わって皇太子がまず拝舞。つぎに親王以下も同様。他はみなこれに準拠。終わって着座。

〔解説〕

○即皇太子起座、次親王以下下二殿東階一、自二左近陣一南去三丈、更西折一丈、西面北上、不升殿者、見下侍二殿上一者両三人下殿上、則相応倶下〈復升亦同、他皆效㆑此〉、各立二堂前一〈東西面、進㆑自二堂前一各二丈、他皆效㆑此〉

親王以下下殿・列立の式次第。宣命宣制時、『内裏儀式』では親王以下の下殿・列立はなく殿上で降座。皇太子が殿上で起座するのは同様。この下殿・列立はまさに唐礼の式次第。「侍二殿上一者」は昇殿者。「復升亦同」は不昇殿者は宣命宣制後も昇殿者二・三人が昇殿するのを確認して復座の意。「各立二堂前一〈東西面、進㆑自二堂前一各二丈〉」は、不昇殿者はそれぞれ「堂前」〈顕陽・承歓両堂前〉から二丈離れた位置に東西に対面して立つの意。

○即宣命大夫降㆑自二同階一、就二版位一宣制云、天皇我詔旨良万止宣大命乎衆諸聞食与止宣、皇太子先称唯、次親王以下共称唯、皇太子先再拝、次親王以下再拝〈他皆效㆑此〉、訖更宣云、今日波正月朔日乃豊楽聞食

須日爾在、又時毛寒爾依氏御被賜久止宣〈若雨雪者、時寒之上可レ加二雪毛布流之詞一〉、**皇太子先称唯、次親王以下倶称唯、訖皇太子先拝舞、次親王以下復然**〈他皆效レ此〉、**訖着座**

節会宣命宣制の式次第。「同階」は東階。「版位」は宣命版。「拝舞」は再拝・踏舞《とうぶ》（舞踏《ぶとう》とも）。唐礼最高の拝礼法。その作法は、近世のものだが、山科忠言《やましなただとき》（一七六二〜一八三三）の『忠言卿記』安永八年（一七七九）五月二十二日条（『古事類苑』禮式部一所収）によれば、「先二拝〈正レ笏〉、次起左右左〈置レ笏〉、次居左右左〈同前〉、次乍レ居一拝〈取レ笏、正レ笏〉、次起二拝〈如レ初〉」とある。「左右左」は、その順に束帯の位袍の袖を振り、同時に頭も向けることという。宣命は冒頭慣用句に本文。慣用句宣制後に称唯・再拝。本文宣制後に拝舞の二段。『内裏儀式』の節会宣命は冒頭文言が相違。本文は同様。本文宣制後に称唯・拍手・賀声の一段。

▼賜禄・退出の式次第

〔本文〕

中務大・少輔相分、執レ札入二同門一〈大輔北扉、少輔南扉〉、各立二櫃東西頭一、内侍先取二御被一、賜二皇太子一、皇太子先再拝〈今唯稽顙、下亦同レ之〉、下レ自二東階一、中務唱名、賜二親王以下一、一一再拝、経二顕陽堂南一出レ自二延明門一、賜二群臣禄一訖、所司献二余物於内侍一、即於二殿上一女史唱名、賜二内命婦等一〈賜二見参人一〉、

〔読み下し〕

中務大・少輔相分れ、札を執りて同門に入る〈大輔北扉、少輔南扉〉、各櫃東西頭に立つ、内侍先づ御被を取り、皇太子に賜ふ、皇太子先づ再拝す〈今は唯《ただ》稽穎《けいそう》す、下亦之に同じ〉、東階自り下る、中務唱名し、親王以下に賜ふ、一一再拝す、顕陽堂南を経て延明門自り出づ、群臣に禄を賜ひ訖り、所司余物を内侍に献ず、即ち殿上に於いて女史唱名し、内命婦等に賜ふ〈見参人に賜ふ〉、

〔大意〕

中務大・少輔が分かれ、札を取って同門から入閤。大輔は北扉。少輔は南扉。それぞれ櫃の東西に立つ。内侍がまず御被を取り、皇太子に賜う。皇太子がまず再拝。今は稽穎するのみ。以下も同様。東階から下殿。中務が唱名し、親王以下に賜う。一人一人が再拝。顕陽堂の南を通って延明門から退出。群臣に禄を賜い終わり、所司が余りを内侍に献上。すぐに殿上で女史が唱名し、内命婦等に賜う。見参人に賜う。

〔解説〕

「同門」は延明門。「大輔北扉、少輔南扉」は大輔は延明門北扉、少輔は同南扉から入閤の意。「今唯稽穎」は皇太子は賜禄後に再拝が本来だが、「今」（『内裏式』当時か）は「稽穎」のみとなったの意。「稽穎」は深々と礼をすること。「下亦同レ之」は親王以下も同様の意。なお、『内裏儀式』では賜禄後の拝礼は拍手・賀声。再拝は唐礼。「経二顕陽堂南一出レ自二延明門一」は親王以下退出の経路。親王以下は逢春門から顕陽堂の背後を通り、顕陽堂南辺に至り、延明門から退出の意か（図③）。「所司」は内蔵寮・縫殿寮か。「余物」は節禄（被）の余り。「女史」は内侍司所属。文書を司る女官。「内命婦」は五位以上

の女子。ここは内侍等の五位以上の天皇付女官か。「見参人」は見参記載の女官。女官の見参もあったか。あったとすれば女史が執筆。そこで女史が賜禄に関わるか。なお、『内裏儀式』は女子への賜禄については不記載。

▼本文末尾

〔本文〕

凡宴会之儀、余節皆效レ此〈按二旧記一、天応以往、縦雖二廃朝一元日必宴、延暦以来、受二朝賀一日賜レ宴、若経二三日一風雨不レ止者、雖レ不レ受レ朝、猶有二宴饗一〉、若此日当二上卯一、未レ召二群臣一之前、令レ献二御杖一〈他節效レ此〉、此日、大膳職於二殿上一賜二命婦等饌一、訖廻二御本宮一、

〔読み下し〕

凡そ宴会の儀、余の節皆此に效ふ〈旧記を按ずるに、天応以往、縦ひ廃朝と雖も元日は必ず宴す、延暦以来、朝賀を受くる日に宴を賜ふ、若し三日を経て風雨止まずんば、朝を受けずと雖も、猶ほ宴饗有り〉、若し此の日上《かみ》卯《のう》に当らば、未だ群臣を召さざるの前に、御杖《おんつえ》を献ぜしむ〈他節此に效ふ〉、此の日、大膳職殿上に於いて命婦等に饌を賜ふ、訖りて本宮に廻御す、

〔大意〕

そもそも宴会は、他の節会もこれに準拠。旧記によると、天応以前は、例え廃朝でも元日節会は必ずあった。延暦以降、朝賀を受ける日に宴を賜った。もし三日になっても風雨が止まなければ、朝賀を受

けずとも、それでも宴饗がある。もし当日が上卯であれば、群臣を喚ぶ前に、御杖を献上させる。他の節会もこれに準拠。当日、大膳職が殿上で命婦達に賜饌。終わって本宮に還御。

〔解説〕

「凡宴会之儀、余節皆效レ此〈按二旧記一、天応以往、縦雖二廃朝一元日必宴、延暦以来、受二朝賀一日賜レ宴、若経二三日一風雨不レ止者、雖レ不レ受レ朝、猶有二宴饗一〉」は『内裏儀式』同文。

「上卯」は月内最初の卯の日。「未レ召二群臣一之前」は氷様・腹赤奏の後。「令レ献二御杖一」は卯《う》杖《づえ》奏《そう》の意。『内裏儀式』には不記載。卯杖は邪気を祓う辟邪《へきじゃ》の杖。正月上卯日に東宮坊・大舎人寮・左右兵衛府より天皇に献上。その式次第は『内裏式』上・『儀式』巻六等に記載。通常は内裏で実施。上卯日が元日や白馬の節会当日に当たればその場で実施。なお、『儀式』巻六・『延喜式』東宮坊・大舎人寮・左右兵衛府各条には、献上する杖木の樹名が記載。「命婦等」は内命婦等の意か。命婦等への賜饌は『内裏儀式』には不記載。節会終了後に実施されたか。「廻二御本宮一」は内裏に還御の意。これによれば、天皇は命婦等への賜饌後に還御か。

以上が、『内裏式』の元日節会式次第である。

第2節　白馬節会

次に『内裏式』の白馬節会式次第に移る。

▼本文冒頭（節会の場の鋪設に関する記載）。

〔本文〕

前一日、所司弁二備豊楽殿一、構二舞台於殿前一〈自二殿南階一南去十一丈七尺、舞台高三尺、方六丈〉、設二楽人幄於舞台東南角一〈南去八許丈、東去二許丈〉、舞台北四丈、中務置二宣命版位一、南去一許丈置二尋常版位一、四位・五位座於顕陽・承歓両堂、六位以下座於明義・観徳両堂、其日平明、左右衛門樹二梅・柳於舞台之四角及三面一、内蔵寮以二縹帯一結着、即置二舞台鎮子一〈寮官人少数者、用二内豎・大舎人等一〉、掃部寮立二位記案於版位東西一〈自二尋常版位一南去四尺、東折一丈、安二親王位記案一、又南去七許尺、安二三位以上案一、又南去七許尺、安二四位以下案一、兵部亦同〉、所司預弁二供御饌并群臣座饌等一一如二元日一〈但元日不レ召二非侍従一〉、

〔読み下し〕

前一日、所司豊楽殿を弁備す、舞台を殿前に構ふ〈殿南階自り南に去ること十一丈七尺、舞台高三尺、方六丈〉、楽人幄を舞台東南角に設く〈南に去ること八許丈、東に去ること二許丈〉、舞台北四丈、中務宣命版位を置き、南に去ること一許丈に尋常版位を置く、四位・五位座を顕陽・承歓両堂。六位以下座を明《みょ》義《うぎ》・観徳《かんとく》両堂。其の日平明、左右衛門梅・柳を舞台の四角及び三面に樹《た》つ、内蔵寮縹《はなだ》帯を以て結び着け、即ち舞台に鎮子《ちんし》を置く〈寮官人少数ならば、内豎・大舎人等を用ふ〉、掃部寮位記案を版位東西に立つ〈尋常版位自り南に去ること四尺、東に折れること一丈、親王位記案を安ず、又南に去ること七許尺、三位以上案を安ず、又南に去ること七許尺、四位以下案を安ず、兵部亦同じ〉、所司預め御饌并びに群臣座の饌等を弁供すること一に元日の如し〈但し元日は非侍従を召さず〉、

〔大意〕

前日、所司が豊楽殿を準備。舞台を殿前に設置。殿の南階から南に十一丈七尺。舞台の高さは三尺。六丈四方。楽人の幄を舞台の東南に設置。南に八丈程。東に二丈程。舞台の北四丈に、中務省が宣命版位を置き、南に一丈程に尋常版位を置く。四位・五位の座を顕陽・承歓両堂。六位以下の座を明義・観徳両堂。当日早朝、左右衛門が梅と柳を舞台の四角と三面に植える。内蔵寮が縹の帯を結び付け、すぐに舞台に鎮子を置く。寮の官人が少数ならば、内豎や大舎人を使用。掃部寮が位記案を版位の東西に設置。尋常版位から南に四尺、東に折れて一丈に、親王の位記案を安置。また南に七尺程に、三位以上の案を安置。また南に七尺程に、四位以下の案を安置。兵部も同様。所司が前もって御饌と群臣の座の饌等を準備するのは全く元日同様。ただし元日は非侍従を喚ばない。

〔解説〕

○前一日、所司弁二備豊楽殿一、構二舞台於殿前一〈自二殿南階一南去十一丈七尺、舞台高三尺、方六丈〉、**設二楽人幄於舞台東南角一**〈南去八許丈、東去二許丈〉、**舞台北四丈、中務置二宣命版位一、南去一許丈置二尋常版位一、四位・五位座於顕陽・承歓両堂、六位以下座於明義・観徳両堂**

節会前日に実施の鋪設に関する記載。「舞台」は女楽の舞妓が舞う舞台。「殿南階」は豊楽殿南面中央階。なお、『内裏儀式』では舞台の設営は白馬引渡後にその場で実施。「六位以下」は『儀式』よれば「六位以下所司主典以上」。白馬節会の参列者は元日節会より拡大。ただし、『延喜式』太政官によれば白馬節会参列者は「五位已上」。ここには次侍従でない四位・五位を含むが、六位以下の参列は不記載。

『内裏式』『儀式』が旧例か。「明義・観徳両堂」はそれぞれ承歓・顕陽両堂の南で相対する殿舎（図③）。

『内裏式』では白馬節会の場も豊楽院。なお、『類聚国史』歳時二・七日節会によれば、豊楽院での白馬節会実施の初見は弘仁四年（八一三）。ただし、延暦十八年（七九九）には豊楽院が未完成のために朝堂院大極殿前の龍尾《りゅうび》道《どう》上に仮殿を構えて実施。その時には豊楽院で実施の意志があった。ちなみに豊楽院の完成は平城天皇の大同三年（八〇八）以前。その後、弘仁五年（八一四）から九年（八一八）は内裏。その間に『内裏儀式』が成立。同十年（八一九）から貞観三年（八六一）まではほぼ豊楽院。そのうち承和六年（八三九）・七年・十一年・十四年・十五年・嘉祥二年（八四九）は内裏。翌三年は内裏で実施のはずが不出御。その後、仁寿四年（八五四）は梨下院《なしもとのいん》。翌斉衡二年（八五五）・三年は内裏。そして貞観四年（八六二）以降は内裏に定着。元日節会よりもはるかに豊楽院で実施されている。

○其日平明、左右衛門樹㆓梅・柳於舞台之四角及三面㆒、内蔵寮以㆓縹帯㆒結着、即置㆓舞台鎮子㆒〈寮官人少数者、用㆓内豎・大舎人等㆒〉、掃部寮立㆓位記案於版位東西㆒〈自㆓尋常版位㆒南去四尺、東折一丈、安㆓親王位記案㆒、又南去七許尺、安㆓三位以上案㆒、又南去七許尺、安㆓四位以下案㆒、兵部亦同〉、所司預弁㆓供御饌并群臣座饌等㆒、一如㆓元日㆒〈但元日不㆑召㆓非侍従㆒〉

節会当日早朝に実施の鋪設に関する記載。「左右衛門樹㆓梅・柳於舞台之四角及三面㆒、内蔵寮以㆓縹帯㆒結着、即置㆓舞台鎮子㆒」の『儀式』該当部分は、「左右衛門樹㆓梅・柳於舞台之四角及三面㆒、掃部寮敷㆓調薦於台上㆒、内蔵寮以㆓縹帯㆒、結㆓着梅・柳枝㆒、剪㆑綿為㆓花形㆒、以㆓両面㆒敷㆓薦上㆒、以㆑鉄為㆓鎮子㆒」とある。これによれば、左右衛門府が舞台の四隅・三面（東・南・西か）に梅樹・柳樹を植え、内蔵寮がそれに綿（繭綿）を剪《き》って作った「花形」を取り付けた「縹帯」（藍染めの布帛による太紐）を掛けて飾る。また、舞台の上には薦《こも》（真《ま》菰《こも》で編んだ筵《むしろ》）と両面錦（表裏両面に文様を織り出した錦）を敷き、それが捲れないように鉄製鎮子（重り）を置く（おそらく両面四隅に）、ということになる。「位記案」は位記筥を置く机。式部省・兵部省別個。「自二尋常版位一南去四尺、東折一丈、安二親王位記案一、又南去七許尺、安二三位以上案一、又南去七許尺、安二四位以下案一」は式部省位記案の位置。兵部省位記案は、『儀式』によれば、式部省位記案に東西相対する位置。「非侍従」は侍従・次侍従の欠を補う中務省所属の臨時官人。ただし、ここは次侍従以外の四位・五位の意。

ここで弘仁九年（八一八）以後の漢様の位記の書式をまとめる。『延喜式』内記及び三《み》善為康《よしためやす》（一〇四九～一一三九）の『朝《ちょうや》野群載《ぐんさい》』巻十二・内記に記載の実例によれば、それは長文で複雑。『延喜式』によれば、「某位姓名、右可二某位一、中務云云、可レ依二前件一、主者施行、年月日、（中務卿・中務大輔・中務少輔各署名）、（全大中納言連署）等言、制書如レ右、請、奉レ制付レ外施行、謹言、年月日、制可、（年）月日辰時、（大外記・左中弁各署名）、（左右大臣・式部卿・式部大輔・左大弁連名）告二某位姓名一奉、制書如レ右、符到奉行、（式部少輔・大属・少録各署名）、年月日」となる。「某位姓名」は叙位者の位階・姓名。「某位」は叙位される新たな位階。「中務云云」の「云云」部分は叙位者を称揚する美辞麗句。『朝野群載』同右によれば、叙位者の身分や立場で定型句がある。「可レ依二前件一、主者施行」は以上の理由で関係諸司が処理せよの意。「（中務卿・中務大輔・中務少輔各署名）」までが勅命を記した「制書」（勅書）。署名する「中務卿」等はその奉行者。「（全大中納言連署）等言、制書如レ右、請、奉レ制付レ外施行、謹言、年月日」

は、太政官（大・中納言）による制書の内容を実行に移してよいかの天皇への確認。「制可」はそれに対する勅許。「（年）月日辰時」の「（年）」は『延喜式』では欠字。「辰時」は『朝野群載』同右にも記載。定型として入れるか。「（大外記・左中弁各署名）」は「制可」の奉行者。「（左右大臣・式部卿・式部大輔・左大弁連名）告二某位姓名一奉、制書如レ右、符到奉行」は叙位者への指示。「（左右大臣・式部卿・式部大輔・左大弁連名）」は叙位者への指示者。「告二某位姓名一奉、制書如レ右、符到奉行」は叙位者への指示内容（「某位」に叙位されたの意）。「（式部少輔・大属・少録各署名）」は位記の奉行者。なお、年月日はいずれも同日。原則は叙位当日の正月七日。なお、『朝野群載』同右では「寛治三年（一〇八九）正月十一日」であるのは臨時叙位のためか。

▼遷御・下名下賜・諸衛着陣・出御の式次第

〔本文〕

乗輿幸二豊楽院後堂一、賜下可レ叙人歴名於内侍上、内侍臨二東檻一授二大臣一、大臣喚二内豎一宣、喚二式・兵二省一、二省丞各一人参入、大臣賜二歴名一令二召計一、近仗服二上儀一〈少将以上仗槍、左右兵衛佐以上亦同、諸衛同服二上儀一、但不レ樹二器仗等一〉、陣二殿下一、既而皇帝御二豊楽殿一、

〔読み下し〕

乗輿豊楽殿後堂に幸す、叙すべき人の歴名を内侍に賜ふ、内侍東檻に臨みて大臣に授く、大臣内豎を喚びて宣す、式・兵二省を喚べ、二省丞各一人参入す、大臣歴名を賜ひて召し計らしむ、近仗上儀を服

し〈少将以上仗槍す、左右兵衛佐以上亦同じ、諸衛同じく上儀を服す、但し器仗等を樹てず〉、殿下に陣す、既にして皇帝豊楽殿に御す、

〔大意〕

乗輿が豊楽殿後堂に行幸。叙位者の歴名《れきみょう》を内侍に賜う。内侍が東檻に出て内弁に手渡す。内弁は内豎を喚んで命じる。式・兵二省を喚べ。二省丞各一名が入閤。内弁が歴名を手渡して召喚させる。近仗が上儀を着用し、殿下に着陣。少将以上は杖槍。左右兵衛佐以上も同様。諸衛も同じく上儀を着用。ただし器仗等を立てない。時に天皇が豊楽殿に出御。

〔解説〕

「乗輿」はここは鳳輦《ほうれん》。行幸での正式の乗り物。屋蓋に鳳凰の造型を設置。駕輿丁《がよちょう》が奉舁《たいかく》。「豊楽院後堂」は清暑堂。「可レ叙人歴名」は下名。「式・兵二省」は式部省と兵部省。それぞれ文官叙位と武官叙位を担当。「令二召計一」は歴名（下名）に基づいて式・兵二省丞に文・武官の叙位者を召喚させるの意。なお、ここに皇后出御は不記載。白馬節会は皇后は不参列か。

▼内弁謝座・着座・皇太子謝座・謝酒・着座・開門の式次第

〔本文〕

内侍置二位記筥於大臣之座前一、即臨二東檻一喚二大臣一〈若無二大臣一者参議亦得〉、大臣到二左近陣西頭一謝座、訖登レ自二東階一〈凡升殿人皆用二此階一〉着座、次皇太子登レ自二同階一、到二座東一而西面謝座、謝酒〈凡毎レ拝

随二座宜一〉着座、所司開二豊楽・儀鸞両門一、闈司二人出レ自二青綺門一、分二坐逢春門南北一〈掃部預設レ座〉、

〔読み下し〕

内侍位記筥を大臣の座前に置く、即ち東檻に臨みて大臣を喚ぶ〈若し大臣無くんば参議亦得〉、大臣左近陣西頭に到りて謝座す、訖りて東階自り登りて〈凡そ升殿人皆此の階を用ふ〉着座す、次いで皇太子同階自り登り、座東に到りて西面に謝座し、謝酒して〈凡そ拝毎に座宜に随ふ〉着座す、所司豊楽・儀鸞両門を開く、闈司二人青綺門自り出で、逢春門南北に分坐す〈掃部預め座を設く〉、

〔大意〕

内侍が位記筥を内弁の座の前に設置。すぐに東檻に出て内弁を喚ぶ。もし大臣がいなければ参議以上でもよい。内弁が左近陣西側に来て謝座。終わって東階を登って着座。そもそも昇殿者はみなこの階を使用。次に皇太子が同階から登り、座の東で西面して謝座し、謝酒して着座。そもそも拝毎に座宜に随う。所司が豊楽・儀鸞両門を開門。闈司二人が青綺門から出て、逢春門の南北に分かれて着座。掃部が前もって座を設置。

〔解説〕

内侍が内弁の座の前に位記筥を置く以外、元日節会式次第と同様。

▼御弓奏の式次第

〔本文〕

大舎人叩門如レ常、闈司進レ自二左近陣東南一、就レ版奏云、御弓事奏賜牟止内舎人姓名叩門故爾申、勅曰、令レ奏、闈司伝宣云、姓名乎令レ申、大舎人称唯、訖内舎人入レ自二逢春門一、経二左近陣南一、就レ版奏云、御弓進牟止兵部省官・姓名等〈謂二大輔以上一〉候レ門止申、勅曰、喚レ之、内舎人称唯出喚、卿称唯、録以上及造兵司等安二弓矢櫃於高机上一、共舁入レ自二逢春門一、尋常版北一許丈、東去五許尺立置退出〈両机間一許丈〉、卿若大輔一人留〈進立二両机中央一〉奏云、兵部省奏久、造兵司乃供奉礼留正月七日乃御弓又種種矢献良久乎奏給波久止奏〈無二勅答一〉、即退出、内蔵寮允以下史生以上〈寮官人少数者、用二内豎・大舎人等一〉共舁レ机退出〈旧例、大臣先喚二内豎一、令レ喚二内蔵寮允以上一得〉、

〔読み下し〕

大舎人叩門すること常の如し、闈司左近陣東南自り進み、版に就きて奏して云ふ、御弓の事奏し賜はむと内舎人姓名叩門する故に申す、勅に曰く、奏さしめよ、闈司伝宣して云ふ、姓名を申さしめよ、大舎人称唯す、訖りて内舎人逢春門自り入り、左近陣南を経、版に就きて奏して云ふ、御弓進らむと兵部省官・姓名等〈大輔以上を謂ふ〉門に候ふと申す、勅に曰く、これを喚べ、内舎人称唯して出でて喚ぶ、卿称唯す、録以上及び造兵司等弓矢櫃を高机の上に安じ、共に舁きて逢春門自り入る、尋常版北一許丈、東に去ること五許尺に立て置きて退出す〈両机間一許丈〉、卿若しくは大輔一人留まりて〈進みて両机の中央に立つ〉奏して云ふ、兵部省奏すらく、造兵司の供に奉れる正月七日の御弓又種種《くさぐさ》の矢献れるを奏し給はむと奏す〈勅答無し〉、即ち退出す、内蔵寮允以下史生以上〈寮官人少数ならば、内豎・大舎人等を使用〉共に机を舁きて退出す〈旧例、大臣先づ内豎を喚び、内蔵寮允以上を喚ばしむを得〉、

〔大意〕

大舎人が叩門するのはいつも通り。闡司が左近陣の東南から進み、版位に就いて奏上して言う。御弓の事を奏上させていただきたいと内舎人姓名が叩門するので申し上げる。勅に言う。奏上させよ。闡司が伝宣して言う。姓名を申し上げさせよ。大舎人が称唯。終わって内舎人が逢春門から入閤し、左近陣の南を通って版位に就いて奏上して言う。御弓を進上したいと大輔以上の兵部省官・姓名等が門に祗候と申し上げる。勅に言う。喚べ。内舎人が称唯して出て喚ぶ。卿が称唯。録以上と造兵司等が弓矢の櫃を高机の上に安置し、一緒に掲げて逢春門から入閤。尋常版の北一丈程、東に五尺程に安置して退出。両机の間隔は一丈程。卿または大輔一人が留まり、進んで両机の中央に立ち、奏上して言う。兵部省が奏上する。造兵司の献上する正月七日の御弓と様々な矢を献上したいと奏上させていただきたいと奏上。勅答なし。すぐに退出。内蔵寮允以下史生以上が一緒に机を掲げて退出。寮の官人が少数ならば、内豎・大舎人等を使用。旧例は、内弁がまず内豎を喚び、内蔵寮允以上を召喚させる。

〔解説〕

「叩門」（二箇所）は「叫門」の間違い。基本的に『内裏儀式』の式次第同様。ただし、『内裏儀式』では御弓奏は叙位後に実施。なお、「旧例」は『内裏儀式』の式次第。その点も相違。

▼叙位宣命奏覧・位記筥下賜の式次第

〔本文〕

内記授二宣命文於大臣若中納言以上一、大臣令二内侍奏覧一、訖返給〈待二宣命時一而授二宣命者一〉、大臣喚二内豎一、称唯、内豎大夫趨立二左近陣西頭一、大臣宣、喚二式部・兵部一、称唯出喚、二省輔称唯〈若多二位記筥一丞等随〉、入レ自二逢春門一立二左近陣西頭一、大臣宣、喚二式部一、称唯、升殿賜二位記筥一、復二本所一、兵部亦同、訖各捧二位記筥一趨置二案上一〈兵部度二馳道一置レ之〉、相引退出、

〔読み下し〕

内記宣命文を大臣若しくは中納言以上に授く、大臣内侍をして奏覧せしむ、訖りて返給す〈宣命の時を待ちて宣命者に授く〉、大臣内豎を喚ぶ、称唯す、内豎大夫趨かに左近陣西頭に立つ、大臣宣す、式部・兵部を喚べ、称唯して出でて喚ぶ、二省輔称唯す〈若し位記筥多きは丞等随ふ〉、逢春門自り入りて左近陣西頭に立つ、大臣宣す、式部を喚べ、称唯し、升殿して位記筥を賜ひ、本所に復す、兵部亦同じ、訖りて各位記筥を捧げて趨かに案上に置く〈兵部馳道を度りてこれを置く〉、相引きて退出す、

〔大意〕

内記が宣命文を大臣または中納言以上に授ける。内弁が内侍に奏覧させる。終わってお返しになる。宣命の時を待って宣命者に授ける。内弁が内豎を喚ぶ。称唯。内豎大夫がすぐに左近陣の西側に立つ。内弁が命じる。式部・兵部を喚べ。称唯して退出して喚ぶ。二省輔が称唯。位記筥が多い時は允等が従う。逢春門から入閤して左近陣西側に立つ。内弁が命じる。式部を喚べ。称唯し、昇殿して位記筥を賜り、本所に戻る。兵部も同様。終わってそれぞれが位記筥を捧げ持ってすぐに案上に置く。兵部は馳道を横切って置く。一緒に退出。

〔解釈〕

○内記授二宣命文於大臣若中納言以上一、大臣令二内侍奏覧一、訖返給〈待二宣命時一而授二宣命者一〉

叙位宣命奏覧の式次第。『内裏儀式』には不記載。「宣命」は叙位宣命。「若中納言以上」は大臣不参の場合は内弁となる中納言以上の意。「待二宣命時一而授二宣命者一」は、宣命は内弁が保持し、宣命宣制時に宣命使に手渡すの意。なお、内記が宣命を内弁に手渡す場所は不記載。内記が昇殿して手渡すか。

○大臣喚二内豎一、称唯、内豎大夫趨立二左近陣西頭一、大臣宣、喚二式部・兵部一、称唯出喚、二省輔称唯〈若多二位記筥一丞等随〉、**入レ自二逢春門一立二左近陣西頭一、大臣宣、喚二式部一、称唯、升殿賜二位記筥一、復二本所一、兵部亦同、訖各捧二位記筥一趨置二案上一**〈兵部度二馳道一置レ之〉、**相引退出**

位記筥下賜の式次第。「内豎大夫」は内豎を経た五位か。『儀式』に「元為二内豎一者」とある。ここで内豎大夫とあるのは『内裏式』『儀式』のみ。他はすべて内豎。「二省輔」は式部・兵部二省輔。「若多二位記筥一丞等随」は式部省のみ対象。親王叙品があって式部省の位記筥が三筥になる場合は式部丞を伴うの意。「本所」は左近陣西頭。「兵部亦同」までは基本的に『内裏儀式』同様。「訖各捧二位記筥一趨置二案上一」が『内裏儀式』と相違。『内裏儀式』の対応する箇所は「訖相列捧二位記筥一出」。式部・兵部二省輔は位記筥を、『内裏式』では位記案に置き、『内裏儀式』ではそのまま持って退出。「兵部度二馳道一置レ之」は、兵部省の位記案は尋常版西側に設置のため、兵部輔は位記筥を案に置くために馳道を横切るの意。

▼親王以下入閤・列立・謝座・謝酒・着座の式次第

〔本文〕

大臣喚二舎人二声一、舎人候二逢春門外一称唯、少納言替入レ自二逢春門一就二版位一、大臣宣、喚二大夫等一、称唯、出レ自二儀鸞門一喚レ之、親王以下五位以上称唯、親王以下参議・非参議・三位以上一列入レ自二儀鸞門東扉一、比二入門一、諸仗共興、次五位以上東西分頭参入〈竝用二東西扉一〉、式部録正二容儀一、相次六位以下参入、省掌正二容儀一〈参議以上後レ自二親王一五許丈、四位後レ自二参議一七許丈、五位与二四位一連属、五位最後者比レ到二明義堂北頭一、六位以下参入、但参議以上列行之間三許丈〉、親王以下六位以上、東西分頭立二庭中一、去二舞台一南二許丈東西立定〈未レ入前、酒部等各立二酒樽下一〉、大臣宣、侍座、共称唯謝座、訖造酒正把二空盞一〈便用二升殿者酒盞一〉、来授二第一人一〈共跪受授〉、更還二却二・三許丈一北面立、親王以下謝酒、訖造酒正受還〈他皆効レ此〉、参議以上・非参議・三位以上以レ次升就レ座、次五位以上六位以下東西相分着座〈見二参議以上両三人升殿一、則五位以上六位以下相共着焉、不三必待二参議之升竟一、他皆効レ之〉、

〔読み下し〕

大臣舎人を二声に喚ぶ、舎人逢春門外に候じて称唯す、少納言替はりて逢春門自り入りて版位に就く、大臣宣す、大夫等を喚べ、称唯す、儀鸞門自り出でてこれを喚ぶ、親王以下五位以上称唯す、親王以下参議・非参議・三位以上一列に儀鸞門東扉自り入る、入門の比、諸仗共に興つ、次で五位以上東西に分頭して参入す〈竝びに東西の扉を用ふ〉、式部録容儀を正す、相次ぎて六位以下参入す、省掌《しょうじょう》容儀を正す〈参議以上親王自り後るること五許丈、四位参議自り後るること七許丈、五位四位と連属す、五位最後者明義堂

北頭に到る比、六位以下参入す、但し参議以上列行の間三許丈〉、親王以下六位以上、東西に分頭して庭中に立つ、舞台を去ること南二許丈に東西に立ち定む〈未だ入らざる前に、酒部等各酒樽下に立つ〉、大臣宣す、座に侍れ、共に称唯して謝座す、訖りて造酒正空盞を把る〈便に升殿者の酒盞を用ふ〉、来たりて第一人に授く〈共に跪きて受授す〉、更に二・三許丈還却して北面に立つ、親王以下謝酒す、訖りて造酒正受けて還る〈他皆此に效ふ〉、参議以上・非参議・三位以上次でを以て升りて座に就く、次で五位以上六位以下東西に相分かれて着座す〈参議以上両三人升殿するを見、則ち五位以上六位以下相共に着く、必ずしも参議の升り竟《おへ》るを待たず、他皆此に效ふ〉、

〔大意〕

内弁が舎人を二声に喚ぶ。舎人が逢春門外に控えて称唯。少納言が入れ替わって逢春門から入閤して版位に就く。内弁が命じる。大夫等を喚べ。称唯。儀鸞門から出て喚ぶ。親王以下五位以上が称唯。親王以下参議・非参議・三位以上が一列に儀鸞門東扉から入閤。入門の頃に、諸仗が一斉に起立。次に五位以上が東西に分かれて入閤。いずれも東西の扉を使用。式部録が容儀を正す。続いて六位以下が入閤。省掌が容儀を正す。参議以上は親王から遅れること五丈程、四位は参議から遅れること七丈程、五位は四位と連続。五位の最後の者が明義堂北側に着く頃、六位以下が入閤。ただし参議以上の行列との間隔は三丈程。親王以下六位以上が、東西に分かれて庭中に立つ。舞台から南に二丈程に東西に立ち並ぶ。入閤以前に、酒部等がそれぞれ酒樽の許に立つ。内弁が命じる。座に就け。一斉に称唯して謝座。終わって造酒正が空盞を取る。便宜的に昇殿者の酒盞を使用。やって来て第一人に手渡す。互いに跪いて

受授。改めて二・三仗程退いて北面に立つ。親王以下が謝酒。終わって造酒正が受け取って還る。他はみなこれに準拠。参議以上・非参議・三位以上が順次昇殿して着座。次に五位以上六位以下が東西に分かれて着座。参議以上二・三人の昇殿を確認し、すぐに五位以上六位以下が一緒に着座。必ずしも参議が昇殿し終わるのを待たない。他はみなこれに準拠。

〔解説〕

親王以下入閤・列立・謝座・謝酒・着座の各式次第いずれも基本的に元日節会同様。ただし、相違点もある。

まず全体に関わる相違点としては、節会参列者が元日節会は次侍従以上。白馬節会は非侍従（次侍従以外の四位・五位）さらに六位以下に拡大。個別では、入閤の式次第で、まず内弁の言葉が「喚二大夫等一」となる。この点は元日節会式次第本文に記載。次いで「式部録正二容儀一、相次六位以下参入、省掌正二容儀一」は元日節会には不記載。「容儀」は礼儀に叶った身なりと振る舞い。「省掌」は各省に二名ずつ配置された下級官人。ここは式部省掌。式部録が五位以上（四位・五位）、式部省掌が六位以下の各容儀を正す。『儀式』にも「式部録進立二屏内左右一互称二容止一」「省掌称二容止一」とある。「容止」は容儀同義。「称」は指摘するの意か。公卿や次侍従を除く白馬節会参列者は儀礼参列の機会が少ないため、入閤時に式部省による容儀の点検が必要となるか。『延喜式』式部上に「凡五位以上侍レ宴、衣冠不レ正、容儀違レ礼者、遣レ録糺レ之、但殿上侍臣不レ在二此限一」とある。

次いで列立位置が元日節会とは相違。白馬節会は舞台設置のために「親王以下六位以上、東西分頭立二庭中一、去二舞台一南二許丈東西立定」となり、元日節会では「親王以下五位以上東西分頭立二庭中一、去レ版南一許丈、異位重行〈挟二馳道一、立レ東者以レ西為レ上、立レ西者以レ東為レ上〉立定」となる。ただし、参列者の拡大と列立位置が舞台南になる以外は、白馬節会でも異位重行の列立方法は元日節会同様か。なお、「親王以下六位以上」は「親王以下・六位以下」の間違いか。本文のままであれば六位以下の列立位置が不記載となる。

ちなみに、『儀式』によると、五位以上列立の標《しるし》（後述）の設置位置は「自二顕陽堂北第四柱一西去十五丈、南折二仗一親王標、次太政大臣標、次左右大臣標、次大納言標、次中納言標、次三位参議・非参議三位・（王）四位参議少退在二此列一、次臣四位参議標、次王四位・五位標、次臣四位標、次五位標、並以二一丈三尺一為レ間」とある（「四位参議少退在二此列一」は「四位参議」のまえに「王」が欠字か）。「自二顕陽堂北第四柱一西去十五丈、南折二仗」の位置と「去二舞台一南二許丈」の位置関係は舞台と顕陽堂の位置関係が分からないために不明だが、六位以下が不記載の点や「東西分頭」ではない点で、『内裏式』の列立法とは大きく相違か。

▼叙位者入閤・叙位宣命宣制の式次第

〔本文〕

六位以下最後者比レ到二堂下一、式部・兵部率二可レ叙人一東西分頭入、立二舞台南一〈自二台東南角一東去三許丈、南折三許丈、立二四位以下行立標一、兵部亦同〉、大臣喚下堪二宣命一参議以上一人上、授二宣命文一、受即復二本座一、皇太子立二座東一而西面、次親王以下下二殿東階一〈若大臣預二叙位一者、便往就レ列〉、自二左近衛陣一南去三丈、西面北上立、不升殿者見下在二殿上一者両三人下殿上、則相応倶下〈復升亦同、他皆效レ此〉、各立二堂前一〈東西面、進レ自二堂前一各二丈、他皆效レ此〉、宣命大夫降レ自二同階一、就レ版宣制云、天皇我詔旨良麻止勅大命乎衆聞食止宣、皇太子先称唯、次上下称唯、訖皇太子再拝、次上下再拝、更宣云、仕奉人等中爾其仕奉状乃随爾治賜人毛在、又御意愛盛爾治賜人毛一・二在、故是以冠位上賜治賜波久止詔天皇大命乎衆聞食止宣、皇太子先称唯、次上下称唯、訖皇太子再拝、次上下再拝〈不升殿者各当二堂前一東西面、他皆效レ此〉、各復着座、

〔読み下し〕

六位以下最後者堂下に到る比、式部・兵部叙すべき人を率きひ東西分頭に入り、舞台南に立つ〈台東南角自り東に去ること三許丈、南に折れること三許丈、四位以下行立の標を立つ、兵部亦同じ〉、大臣宣命に堪ふる参議以上一人を喚び、宣命文を授く、受けて即ち本座に復す、皇太子座東に立ちて西面す、次で親王以下東階を下殿す〈若し大臣叙位に預からば、便ち往きて列に就く〉、左近衛陣自り南に去ること三丈、西面北上に立つ、不升殿者は殿上に在る者両三人下殿するを見、則ち相応じて倶に下る〈復升亦同じ、他皆此に效ふ〉、各堂前に立つ〈東西面、堂前自り進むこと各二丈、他皆此に效ふ〉、宣命大夫同階自り降り、版に就きて宣制して云ふ、天皇が詔旨らまと勅《の》る大命を衆聞こし食せと宣る、皇太子先ず称唯す、次いで上下称唯す、訖りて皇太子再拝す、上下再拝す、更に宣して云ふ、仕へ奉る人等の中に其の仕へ奉る状の随まに治め賜ふ人も在り、又御意愛しみ盛んに治め賜ふ人も一・二在り、故に是を以て冠位上げ賜ひ治

め賜はくと詔る天皇大命を衆聞こし食せと宣る、皇太子先づ称唯す、次いで上下称唯す、訖りて皇太子再拝す、次いで上下再拝す〈不升殿者は各堂前に当たりて東西面、他皆此に效ふ〉、各復着座す、

〔大意〕

六位以下最後の者が堂下に着く頃、式部・兵部が叙位者を引率して東西に分かれて入閤し、舞台の南に立つ。台の東南角から東に三丈程、南に三丈程に、四位以下列立の標を設置。兵部も同様。内弁が宣命に相応しい参議以上一人を喚び、宣命文を手渡す。受け取ってすぐに復座。皇太子が座の東に起立して西面。次に親王以下が東階を下殿。もし内弁が叙位されるならば、すぐに行って列に就く。左近陣から南三丈に、西面北上に立つ。不昇殿者は昇殿者二・三人の下殿を確認し、すぐに呼応して一斉に降座。復昇も同様。他はみなこれに準拠。それぞれ堂前に立つ。東西面。堂前から進んでそれぞれ二丈。他はみなこれに準拠。宣命大夫が同階から下殿し、版に就いて宣制して言う。天皇が詔する大命を皆お聞きするようにと命じる。皇太子がまず称唯。次に上下が称唯。終わって皇太子が再拝。上下が再拝。更に宣制して言う。官人等の中にはその仕事ぶりで待遇を与える人もおり、またご寵愛めでたく待遇を与える人も一・二いる。そこで位階を上げて待遇すると詔する天皇の大命を皆お聞きするようにと命じる。皇太子がまず称唯。次に上下が称唯。終わって皇太子が再拝。次に上下が再拝。不昇殿者はそれぞれ堂前に東西面。他はみなこれに準拠。それぞれ復座。

〔解説〕

○六位以下最後者比㆑到㆓堂下㆒、式部・兵部率㆓可㆑叙人㆒東西分頭入、立㆓舞台南㆒〈自㆓台東南角㆒東去三許

丈、南折三許丈、立二四位以下行立標一、兵部亦同〉

叙位者入閤の式次第。『内裏儀式』は「式・兵二省引二応レ被レ叙者一入閤跪、五位已上毎レ色重行」とある。「行立標」は官人列立の位置を示す臨時設置の版位。儀制令によれば、皇太子以下それぞれ方七寸（約二十一センチ）・厚五寸（約十五センチ）の立方体。木製らしく、その品位を漆（焼印とも）で記載。ここは四位以下の叙位者列立の標。「自二台東南角一東去三許丈、南折三許丈」がその設置位置。「台」は舞台。ただし、これは文官つまり式部省側の標。武官は「兵部亦同」とある。『儀式』によれば、式部の標は「自二舞台東南角一東去二丈、更南折一丈」の位置から、親王―一位―二位―三位―王四位・五位―臣四位―（臣欠カ）五位―六位の順に各六尺間隔で設置。兵部の標は「自二舞台西南角一西去二丈、南折一丈」の位置から、それぞれ式部に東西に相対する位置に設置。これによれば、『内裏式』でも兵部は式部に東西で相対する位置に設置か。ただし、『内裏式』『儀式』で設置位置が相違。また、『内裏式』は三位以上の標は不記載だが、『儀式』は親王の標から記載という相違がある。さらに『儀式』は兵部側も親王以下三位以上の各標を記載。武官の叙位は四位以下。特に親王に対する武官叙位はない。兵部側は式部側と東西相対するかたちに合わせるために親王以下四位以上の標も記載か。

○大臣喚下堪二宣命一参議以上一人上、授二宣命文一、受即復二本座一、皇太子立二座東一而西面、次親王以下下二殿東階一〈若大臣預二叙位一者、便往就レ列〉、自二左近衛陣一南去三丈、西面北上立、不升殿者見下在二殿上一者両三人下殿上、則相応倶下〈復升亦同、他皆效レ此〉、各立二堂前一〈東西面、進レ自二堂前一各二丈、他皆效レ此〉、宣命大夫降レ自二同階一、就レ版宣制云、天皇我詔旨良麻止勅大命乎衆聞食止宣、皇太子先称唯、次上下称唯、

訖皇太子再拝、次上下再拝、更宣云、仕奉人等中爾其仕奉状乃随爾治賜人毛在、又御意愛盛爾治賜人毛一・二在、故是以冠位上賜治賜波久止詔天皇大命乎衆聞食止宣、皇太子先称唯、次上下称唯、訖皇太子再拝、次上下再拝〈不升殿者各当二堂前一東西面、他皆效レ此〉、各復着座

叙位宣命宣制の式次第。基本的に元日節会宣命宣制同様。ただし、六位以下の参列、叙位者の列立、宣命の文言等が相違。また、「自二左近衛陣一南去三丈、西面北上立」は昇殿者の列立位置。『儀式』には「左近衛陣南三許丈、東折一許丈列立〈並西面〉」とある。外弁から入閤時の列立位置と相違。また、宣命宣制後の皇太子以下の拝礼法が、節会宣命は三節会ともに称唯・拝舞。ここは称唯・再拝〈踏舞がない〉点が相違。なお、宣命の文言は『内裏儀式』の叙位宣命同様。「便往就レ列」の「列」は叙位者の列〈式部側〉。叙位される内弁は節会参列者の列ではなく、叙位者の列に加わる。「上下」は親王以下の節会参列者。

▼叙位の式次第

〔本文〕

訖式部輔進叙レ之、訖兵部亦同〈卿叙二親王一、大輔叙二三位以上一、少輔叙二五位以上一〉、訖二省共引退出、次被レ叙人等相二依馳道一拝舞〈不三必待二二省出門一〉、訖退出、諸仗共坐〈若叙二親王一者、親王先入、次式部卿其叙畢、卿先出、次親王拝舞退出〉、二省丞〈或一人或二人、随二笏多少一〉、入レ自二逢春・承秋両門一、執レ笏退出、掃部寮参入、撤レ案与二二省一、同新叙者親族在二殿上及堂上一、則被レ叙人退出之後、各下二立殿一、堂前拝舞、

訖各復二本座一

〔読み下し〕

訖りて式部輔進みて之を叙す、訖りて兵部亦同じ〈卿親王を叙す、大輔三位以上を叙す、少輔五位以上を叙す〉、訖りて二省共に引きて退出す、次で叙せらるる人等馳道に相依りて拝舞す〈必ずしも二省の出門を待たず〉、訖りて退出す、諸仗共に坐す〈若し親王を叙さば、親王先づ入る、次で式部卿其の叙畢り、卿先づ出づ、次で親王拝舞して退出す〉、二省丞〈或は一人或は二人、笏の多少に随ふ〉、逢春・承秋両門自り入り、笏を執りて退出す、掃部寮参入し、案を撤して二省に与ふ、同じく新叙者親族殿上及び堂上に在らば、則ち叙せらるる人退出するの後、各殿を下り立ち、堂前に拝舞す、訖りて各本座に復す、

〔大意〕

終わって式部輔が進み出て叙位。終わって兵部も同様。卿が親王を叙位。大輔が三位以上を叙位。少輔が五位以上を叙位。終わって二省が一緒に退出。次に叙位者が馳道に寄って拝舞。必ずしも二省の出門を待たない。終わって退出。諸仗が一斉に着座。もし親王を叙品するならば、親王が先に入閣。次に式部卿が叙位を終わり、卿が先に退出。次に親王が拝舞して退出。笏の多少により二省丞一人か二人が、逢春・承秋両門から入閣し、笏を持って退出。掃部寮が入閣し、案を撤去して二省に返す。同じく叙位者の親族が殿上や堂上にいれば、叙位者退出の後すぐに、それぞれ下殿して立ち、堂前で拝舞。終わってそれぞれ復座。

〔解説〕

「入レ自二逢春・承秋両門一」は、式部は逢春門、兵部は承秋門から入閤の意。「新叙者親族」は叙位者の親・兄弟。なお、『内裏儀式』によれば、叙位者は一旦退出後に再入閤して着座。その点は『内裏式』では不記載。

▼白馬引渡の式次第

〔本文〕

左右馬寮引二青馬一、入レ自二延明門一従二顕陽堂後一北上、入レ自二逢春門一〈近仗興、待二度畢一乃坐〉、経二舞台北一度二殿庭一、近衛分二配前後一〈左近在レ前、右近在レ後〉、毎二七匹一前後寮官人分陣、出レ自二承秋門一経二承歓堂後一、出レ自二万秋門一、

〔読み下し〕

左右馬寮青馬を引く。延明門自り入りて顕陽堂後従り北上し、逢春門自り入る〈近仗興つ、度《わた》り畢るを待ちて乃《すなわ》ち坐す〉、舞台北を経て殿庭を度る、近衛前後に分配す〈左近前に在り、右近後に在り〉、七匹毎に前後を寮官人分陣す、承秋門自り出でて承歓堂後を経、万秋門《ばんしゅうもん》自り出づ、

〔大意〕

左右馬寮が青馬を引く。延明門から入って顕陽堂の後を北上し、逢春門から入閤。近仗が起立。渡り終わって着座。舞台の北を通って庭中を渡る。近衛府が前後に分配。左近が前。右近が後。七匹毎に前後を寮官人が分陣。承秋門から出て承歓堂の後を通り、万秋門から退出。

〔解説〕

白馬引渡の式次第。場所が豊楽院となる以外は『内裏儀式』同様。引渡の経路は図③参照。

▼天皇・皇太子供饌・賜饌・賜酒・吉野国栖・奏楽・女楽・舞《ぶ》妓《ぎ》拝《はい》の式次第

〔本文〕

訖内膳司〈各着㆓当色㆒〉益㆓供御饌㆒〈左右各五人〉、近仗興〈供饌訖坐、群臣亦同〉、主膳監益㆓供東宮饌㆒、大膳職益㆓送群臣饌㆒、一觴之後、吉野国栖献㆓御贄㆒〈若有㆓蕃客㆒不㆑奏㆑歌、他皆效㆑此〉、奏㆓歌笛㆒、及大歌・立歌人等奏㆑歌如㆑常〈或不㆓必召㆒、若有㆓蕃客㆒亦不㆑奏、他皆效㆑此〉、舞妓出㆑自㆓青綺門㆒、大夫二人〈用㆓在堂五位端正・帯劔者㆒、若不㆑帯権帯㆑之〉分在㆓楽前㆒、南向経㆓近仗東頭㆒、更西折一許丈、向㆑南行、至㆓幄東㆒並北面而立、楽人就㆑肆、訖大夫便就㆓顕陽堂座㆒、奏訖引帰如㆑初、皇太子先起座、次親王以下下殿、不升殿者下堂、各立定、皇太子先拝舞、次親王共拝舞〈他皆效㆑此〉、

〔読み下し〕

訖りて内膳司〈各当色を着す〉御饌を益供す〈左右各五人〉、近仗興つ〈供饌訖りて坐す、群臣亦同じ〉、主膳監東宮饌を益供し、大膳職群臣饌を益送す、一觴の後、吉野国栖御贄を献じ〈若し蕃客有らば歌を奏さず、他皆此に效ふ〉、歌笛を奏す、及び大歌・立歌の人等歌を奏すること常の如し〈或は必ずしも召さず、若し蕃客有らば亦奏さず、他皆此に效ふ〉、舞妓青綺門自り出づ、大夫二人〈在堂五位の端正・帯劔者を用ふ、若し帯せざれば権にこれを帯す〉分かれて楽前に在り、南に向きて近仗東頭を経、更に西に折れること一

許丈、南に向きて行き、幄東に至りて竝びに北面にして立つ、楽人肆に就く、訖りて大夫便ち顕陽堂座に就く、奏し訖りて引き帰ること初めの如し、皇太子先づ起座す、次いで親王以下下殿し、不升殿者下堂す、各立ち定む、皇太子先づ拝舞し、次いで親王共に拝舞す〈他皆此に效ふ〉、

〔大意〕

終わって当色着用の内膳司が御饌を益供。左右各五人。近仗が起立。供饌が終わって着座。群臣も同様。主膳監が東宮の饌を益供し、大膳職が群臣の饌を益送。一觴後、吉野国栖が御贄を献上し、歌笛を演奏。もし蕃客がいれば歌を演奏しない。他はみなこれに準拠。及び大歌・立歌の人等が歌を演奏するのはいつも通り。あるいは必ずしも喚ばない。もし蕃客がいればやはり演奏しない。他はみなこれに準拠。舞妓が青綺門から入閤。大夫二人が分かれて楽人を先導。在堂の五位で端正な帯剣者を使用。もし非帯剱ならば仮に帯剱させる。南に向いて近仗東側を通り、さらに西に折れて一丈程で、南に向いて進み、幄の東に着いて一同が北面に立つ。楽人が位置に就く。終わって大夫がすぐに顕陽堂に着座。演奏が終わって引き返すのは初めの通り。皇太子がまず起座。次に親王以下が下殿し、不昇殿者が下堂。それぞれ立ち定める。皇太子がまず拝舞し、次に親王が一斉に拝舞。他はみなこれに準拠。

〔解説〕

○訖内膳司〈各着二当色一〉益二供御饌一〈左右各五人〉、近仗興〈供饌訖坐、群臣亦同〉、主膳監益二供東宮饌一、大膳職益二送群臣饌一、一觴之後、吉野国栖献二御贄一〈若有二蕃客一不レ奏レ歌、他皆效レ此〉、奏二歌笛一、及大歌・立歌人等奏レ歌如レ常〈或不二必召一、若有二蕃客一亦不レ奏、他皆效レ此〉

天皇・皇太子供饌・賜饌・賜酒・吉野国栖・奏楽の式次第。基本的に元日節会同様。ただし、皇太子供饌も記載。

○舞妓出レ自二青綺門一、大夫二人〈用二在堂五位端正・帯剱者一、若不レ帯権帯レ之〉**分在二楽前一、南向経二近仗東頭一、更西折一許丈、向レ南行、至二幄東一竝北面而立、楽人就レ肆、訖大夫便就二顕陽堂座一、奏訖引帰如レ初**

女楽の式次第。場と拝礼法の相違を除き、基本的に『内裏儀式』同様。「大夫」は楽前大夫。「幄」は楽人幄。「訖大夫便就二顕陽堂座一、奏訖引帰如レ初」は、楽前大夫は舞妓先導後、演奏の間は顕陽堂に復座し、演奏終了後に退出する舞妓を再び先導するの意。

○皇太子先起座、次親王以下下殿、不升殿者下堂、各立定、皇太子先拝舞、次親王共拝舞〈他皆效レ此〉

舞妓拝の式次第。女楽には舞妓拝が伴う。『内裏儀式』の相当部分は「揚二賀声一」。「次親王共拝舞」は「親王」の後に「以下」が欠字か。

▼禄準備・禄奏・宣命・見参奏覧・宣命宣制・賜禄・還御の式次第

〔本文〕

訖大蔵省積レ禄〈掃部寮舞台南立二禄台一〉、弁官前奏曰、絹若干匹・綿若干屯進止申〈無二勅答一〉、大臣進二宣命文及五位以上見参数一、内侍伝取奏覧、訖宣命大夫受二宣命文一復二本座一、上下群臣避座如レ上〈若有二蕃客一、勅使引レ客列二堂前一、倶東面、与二此間大夫等一倶拝舞〉、宣制云、天皇我詔旨良万止宣不大命乎衆聞食与止宣、皇太子以下称唯再拝、更宣云、今日波正月七日乃豊楽聞食須日爾在、故是以御酒食閇恵良岐、常毛見留青岐馬見多万閉、退止為氏奈毛酒幣乃御物給久止宣、皇太子以下称唯拝舞、式部大・少輔及丞・録相分、執レ札入レ自二儀鸞門一〈大輔東扉、少輔西扉〉、先レ是、預定二可レ使レ給レ録之参議一人一、宣命訖降殿、就二禄所一、令二唱名一賜レ禄〈大・少輔唱二五位以上一、丞・録唱二六位以下一、但六位以下者与二五位一倶待レ唱賜〉、唯皇太子禄授二坊官一、所司献二所レ余物於内侍一〈但六位以下禄残者、返二納大蔵省一〉、即女史唱名、賜二命婦及女官等一、宴畢廻二御本宮一、

〔読み下し〕

訖りて大蔵省録を積む〈掃部寮舞台南に禄台を立つ〉、弁官前に奏して曰く、絹若干匹・綿若干屯進むと申す〈勅答無し〉、大臣宣命文及び五位以上見参数を進む、内侍伝へ取りて奏覧す、訖りて宣命大夫宣命文を受けて本座に復す、上下群臣避座すること上の如し〈若し蕃客有らば、勅使客を引きて堂前に列す、倶に東面、此の間の大夫等と倶に拝舞す〉、宣制して云ふ、天皇が詔旨らまと宣る大命を衆聞こし食せと宣る、皇太子以下称唯して再拝す、更に宣して云ふ、今日は正月七日の豊楽聞こし食す日に在り、故に是を以て御酒食をえらぎ、常も見る青き馬見たまふ、退くと為てなも酒幣の御物給はくと宣る、皇太子以下称唯して拝舞す、式部大・少輔及び丞・録相分かれ、札を執りて儀鸞門自り入る〈大輔は東扉、少輔は西扉〉、是より先、預め禄を給はらしむべきの参議一人を定む、宣命訖りて降殿し、禄所に就く、唱名せしめて禄を賜ふ〈大・少輔五位以上を唱へ、丞・録六位以下を唱ふ、但し六位以下は五位と倶に唱を待ちて賜ふ〉、唯皇太子禄は坊官に授く、所司余る所の物を内侍に献ず〈但し六位以下の禄の残りは、大蔵省に返納す〉、即ち女史唱名し、命婦及び女官等に賜ふ、宴畢りて本宮に廻御す、

〔大意〕

終わって大蔵省が禄を積む。掃部寮が舞台の南に禄台を立てる。弁官がまず奏上して言う。絹若干疋・綿若干屯を進上すると申し上げる。勅答なし。内弁が宣命文と五位以上の見参数を進上。内侍が受け取って奏覧。終わって宣命大夫が宣命文を受け取って復座。上下群臣が避座するのは前と同様。もし蕃客がいれば、勅使が客を引率して堂前に列立。ともに東面。こちらの大夫等と一緒に拝舞。宣制して言う。天皇が詔する大命を皆お聞きするようにと命じる。皇太子以下が称唯・再拝。更に宣制して言う。今日は正月七日の豊楽をお召し上がりになる日である。そのために御酒食を賜い、いつも見る青馬をご覧になる。退くときに酒幣の大物を下賜すると命じる。皇太子以下が称唯・拝舞。式部大・少輔と丞・録が分かれ、札を手に儀鸞門から入閤。大輔は東扉、少輔は西扉。これ以前、前もって賜禄参議一人を定める。宣命が終わって降殿し、禄所に就く。唱名して賜禄。大・少輔が五位以上を唱え、丞・録が六位以下を唱える。ただし六位以下は五位と一緒に唱名を待って下賜。皇太子の禄だけは坊官に授ける。所司が余りを内侍に献上。ただし六位以下の禄の余りは、大蔵省に返納。すぐに女史が唱名し、命婦と女官等に下賜。宴が終わって本宮に廻御。

〔解説〕

○訖大蔵省積レ禄〈掃部寮舞台南立二禄台一〉、**弁官前奏曰、絹若干疋・綿若干屯進止申**〈無二勅答一〉

禄準備・禄奏の式次第。『内裏儀式』同様。

○大臣進二宣命文及五位以上見参数一、内侍伝取奏覧、訖宣命大夫受二宣命文一復二本座一

宣命・見参奏覧の式次第。基本的に元日節会同様。「見参数」の「数」は衍字か。

○上下群臣避座如レ上〈若有二蕃客一、勅使引レ客列二堂前一、倶東面、与二此間大夫等一倶拝舞〉、宣制云、天皇我詔旨良万止宣不大命乎衆聞食与止宣、皇太子以下称唯再拝、更宣云、今日波正月七日乃豊楽聞食須日爾在、故是以御酒食閉恵良岐、常毛見留青岐馬見多万閉、退止為氏奈毛酒幣乃御物給久止宣、皇太子以下称唯拝舞

宣命宣制の式次第。基本的に元日節会同様。ただし、宣命本文の文言が相違。その文言は『内裏儀式』宣命本文同様。ただし、『内裏儀式』には蕃客臨席の際の式次第は不記載。蕃客入朝時の式次第については後述。「避座」は下殿同義。「勅使」は蕃客に天皇の意を伝える勅使。蕃客宣命を宣制する宣命勅使と蕃客に酒食を勧める供食《ぐしょく》勅使の二名。ここは前者。「此間大夫等」は日本側の節会参列者。

○式部大・少輔及丞・録相分、執レ札入レ自二儀鸞門一〈大輔東扉、少輔西扉〉、先レ是、預定二可レ使レ給レ録之参議一人一、宣命訖降殿、就二禄所一、令二唱名一賜レ禄〈大・少輔唱二五位以上一、丞・録唱二六位以下一、但六位以下者与二五位一倶待レ唱賜〉、唯皇太子禄授二坊官一

賜禄の式次第。場と六位以下に関する記載がある以外は、基本的に『内裏儀式』同様。

○所司献二所レ余物於内侍一〈但六位以下禄残者、返二納大蔵省一〉、即女史唱名、賜二命婦及女官等一、宴畢廻二御本宮一

内侍以下賜禄と還御の式次第。基本的に『内裏儀式』同様。ただし、「但六位以下禄残者、返二納大蔵省一」は不記載。

▼補論

〔本文〕

其日逮レ昏、主殿寮執レ燎、入レ自二逢春・承秋両門一、与二宣命版位一平頭北面列立、左右各十炬、又賜二五位以上禄一所各二炬、亦左右衛門門部秉レ燎、入レ自二延命・万秋両門一、列二於顕陽・承歓両堂前一、各十炬〈北面〉、又賜二六位以下禄一所各二炬、

〔読み下し〕

其の日昏《よる》に逮《およ》ばば、主殿寮《とのもりょう》燎《にわび》を執り、逢春・承秋両門自り入り、宣命版位と平頭に北面に立つ、左右各十炬《きょ》、又五位以上に禄を賜ふ所に各二炬、亦左右衛門門部《かとべ》燎を秉《と》り、延命・万秋両門自り入り、顕陽・承歓両堂前に列す、各十炬〈北面す〉、又六位以下に禄を賜ふ所に各二炬、

〔大意〕

当日夜になれば、主殿寮が燎を手に、逢春・承秋両門から入閤し、宣命版位と平行に北面に列立。左右それぞれ十炬。また五位以上の禄所に各二炬。また左右衛門門部が燎を手に、延命・万秋両門から入閤し、顕陽・承歓両堂前に列立。各十炬。北面。また六位以下の禄所に各二炬。

〔解説〕

節会の進行が夜に入った場合の式次第。「主殿寮」は宮内省被管。輦輿・蓋笠《がいりゅう》・帷帳《いちょう》・湯等を調進。また庭中の清掃や燈燭等を管轄。「燎」は松明《たいまつ》。主に松の割り木を束ねて先端に点火した照明具。「与二宣命版位一平頭北面列立、左右各十炬」は、庭燎を手にした主殿寮官人が宣命版位の左右（東西）に十

人ずつ並んで北面に立つの意。「賜㆓五位以上禄㆒所」は五位以上の禄所。具体的な場所は不記載。「門部」は左右衛門府所属の下級武官。「列㆓於顕陽・承歓両堂前㆒、各十炬〈北面〉」は、庭燎を手にした門部十名ずつが顕陽・承歓両堂前に北面に列立するの意。主殿寮官人の背後に東西に北面して立つか、各堂前に南北に北面して立つかは不明。「賜㆓六位以下禄㆒所」は六位以下の禄所。場所は不記載。

▼蕃客入朝時

続いて『内裏式』の記載は蕃客入朝時の式次第に移る。前章で既述したように、詳しい式次第は割愛し、通常の式次第との相違点だけを指摘する。

まず通常の叙位と白馬引渡の間に蕃客関係の式次第が加わる点が相違。つまり叙位までは通常同様。叙位後に蕃客入閤・蕃客叙位宣命宣制・蕃客叙位・朝服下賜・蕃客謝座・謝酒・着座と続く。このうち朝服下賜以外は当事者が蕃客となる以外は通常同様。朝服下賜は、蕃客に対して叙位後の位色に対応したわが国の朝服（おそらく位袍）を下賜。蕃客着用の「本国服」から着替えさせることをいう。そして、蕃客着座後に白馬引渡となり、以後は蕃客が加わる以外は通常同様である。

以上が『内裏式』白馬節会式次第である。

第3節　踏歌節会

次に『内裏式』踏歌節会式次第に移る。なお、記載が短いので全文一括提示する。

〔本文〕

早旦天皇御二豊楽殿一、賜二宴次侍従以上一〈有二蕃客一者、非侍従及六位以下皆召〉、供設・儀式一同二元日会一〈内膳服色亦同〉、但不レ構二舞台一、一盞之後、吉野国栖於二儀鸞門外一、奏二歌笛一献二御贄一、及大歌・立歌人等参入奏レ歌如レ常〈若有二蕃客一竝不レ奏〉、訖宮人踏歌、出レ自二青綺門一、五位二人分頭在レ前差進、経二左近仗東頭一南進、更西折、当二殿中階一南進、当二顕陽堂南階一時、大夫東去七許丈北面立、踏歌者踏分、即升着二堂座一、踏歌者欲レ還起座、即進引還如レ初、上下群臣起座拝舞如レ常、訖大蔵省安二禄於殿庭一〈掃部立二禄台一如レ常〉、弁官進奏曰、綿若干屯進止申〈無二勅答一〉、宣命大夫受レ文復二本座一、上下群臣起座如レ常、即宣制云、天皇我詔旨良万止宣不大命乎衆聞食止宣、上下再拝如レ常、更宣云、今日波正月望日乃豊楽聞食須日爾在、故是以踏歌見、御酒食閉恵良伎、退止為氏奈毛御物給久止宣、上下拝舞如レ常、宣命大夫退罷之後、中務輔以上唱名、賜レ綿各有レ差、但皇太子禄授二坊官一〈延暦以往、踏歌訖、縫殿寮賜二榛摺衣一、群臣著二摺衣一踏歌、訖共跪二庭中一、賜二酒一杯・綿十屯一、即夕令二近臣糸引一、至二于大同年中一、此節停廃、弘仁年中更中興、但糸引・榛摺・群臣踏歌竝停レ之〉、所司献二禄余於殿上一、即内侍令三女史賜二踏歌者一各有レ差、

〔読み下し〕

早旦天皇豊楽殿に御す、宴を次侍従以上に賜ふ〈蕃客有らば、非侍従及び六位以下皆召す〉、供設・儀式一に元日会に同じ〈内膳服色亦同じ〉、但し舞台を構へず、一盞の後、吉野国栖儀鸞門外に於いて、歌笛

を奏して御贄を献ず、及び大歌・立歌人等参入して歌を奏すること常の如し〈若し蕃客有らば竝びに奏さず〉、訖りて宮人踏歌す、青綺門自り出で、五位二人分頭して前に在りて差し進み、左近仗東頭を経て南進す、更に西に折れ、殿中階に当りて南進す、顕陽堂南階に当る時、大夫東に去ること七許丈に北面に立つ、踏歌者踏み分く、即ち升りて堂座に着く、踏歌者還らむと欲して起座し、即ち進みて引き還ること初めの如し、上下群臣起座して拝舞すること常の如し、訖りて大蔵省禄を殿庭に安ず〈掃部禄台を立つること常の如し〉、弁官進みて奏して曰く、綿若干屯進むと申す〈勅答無し〉、宣命大夫文を受けて本座に復す、上下群臣起座すること常の如し、即ち宣制して云ふ、天皇が詔旨らまと宣る大命を衆聞こし食せと宣る、上下再拝すること常の如し、更に宣して云ふ、今日は正月望日の豊楽聞こし食す日に在り、故に是を以って踏歌を見、御酒食をえらぎ、退くと為てなも御物給はくと宣る、上下拝舞すること常の如し、宣命大夫退き罷るの後、中務輔以上唱名し、綿を賜ふこと各差有り、但し皇太子の禄は坊官に授く〈延暦以往、踏歌訖り、縫殿寮榛摺衣を賜ふ、群臣摺衣を著して踏歌す、訖りて共に庭中に跪き、酒一杯・綿十屯を賜ふ、即ち夕に近臣をして糸引せしむ、大同年中に至り、此の節停廃し、弘仁年中更に中興す、但し糸引・榛摺・群臣踏歌竝びにこれを停む〉、所司禄の余りを殿上に献ず、即ち内侍女史をして踏歌者に賜はらしむこと各差有り、

〔大意〕

早朝に天皇が豊楽殿に出御。宴を次侍従以上に賜う。蕃客がいれば、非侍従と六位以下をすべて喚ぶ。供設・儀式はまったく元日節会同様。内膳の服色も同様。ただし舞台を構えない。一盞後、吉野国栖が

儀鸞門外で、歌笛を演奏して御贄を献上。また大歌・立歌の人達が入閤して歌を演奏するのはいつも通り。もし蕃客がいればいずれも演奏しない。終わって宮人が踏歌。青綺門から入閤し、五位二人が別れて先導して進み、左仗東側を通って南進。西に曲がり、豊楽殿中央階の位置で南進。顕陽堂南階の位置に着く時、大夫は東に移動して七丈程に北面に立つ。踏歌者が踏歌。すぐに昇って堂座に着座。踏歌者が帰ろうとして起座。すぐに進んで戻るのは初めの通り。上下群臣が起座して拝舞するのはいつも通り。終わって大蔵省が禄を庭中に安置。掃部が禄台を立てるのはいつも通り。弁官が前進して奏上して言う。綿若干屯を進上するとと申し上げる。勅答なし。宣命大夫が文を受け取って本座に戻る。上下群臣が起座するのはいつも通り。すぐに宣制して言う。天皇が詔する大命を皆お聞きになるようにと命じる。上下が再拝するのはいつも通り。続けて宣制して言う。今日は正月望日の豊楽をお召し上がりになる日である。そこでそのために踏歌を見、御酒食を賜い、退くときに御物を与えようと命じる。上下が拝舞するのはいつも通り。宣命大夫が立ち去ってから、中務輔以上が唱名し、綿を下賜するのはそれぞれ差がある。ただし皇太子の禄は坊官に授ける。延暦以前は、踏歌が終わり、縫殿寮が榛摺衣を下賜。群臣が摺衣を着て踏歌。終わって一斉に庭中に跪き、酒一杯・綿一連を賜る。夕方には近臣に糸引をさせる。大同年中に、この節会が停止になり、弘仁年中に改めて中興。ただし糸引・榛摺・群臣踏歌はいずれも停止。所司が禄の余りを殿上に献上。すぐに内侍が女史を通じて踏歌者に下賜するのはそれぞれ差がある。

〔解説〕

○早旦天皇御㆓豊楽殿㆒、賜㆓宴次侍従以上㆒〈有㆓蕃客㆒者、非侍従及六位以下皆召〉、**供設・儀式一同㆓元日会㆒**〈内膳服色亦同〉、**但不㆑構㆓舞台㆒、一盞之後、吉野国栖於㆓儀鸞門外㆒、奏㆓歌笛㆒献㆓御贄㆒、及大歌・立歌人等参入奏㆑歌如㆑常**〈若有㆓蕃客㆒並不㆑奏〉

天皇出御から奏楽までの式次第。諸司奏がなく、蕃客入朝時の記載が加わる以外、基本的に元日節会同様。「早旦」（節会開始時刻）は白馬節会では不記載。「非侍従」はここも次侍従以外の四位・五位の意。「不㆑構㆓舞台㆒」の理由は女楽がないため。なお、『内裏式』では踏歌節会の場も豊楽院。『類聚国史』歳時三・踏歌によれば、踏歌節会の豊楽院での実施は弘仁六年（八一五）が初見。以後、同七年・十一年・十三年が確認でき、天長四年（八二七）に「聖体不予、不㆑御㆓紫宸殿㆒」とあり、同七年以後は内裏に定着。

○訖宮人踏歌、出㆑自㆓青綺門㆒、五位二人分頭在㆑前差進、経㆓左近仗東頭㆒南進、更西折、当㆓殿中階㆒南進、当㆓顕陽堂南階㆒時、大夫東去七許丈北面立、踏歌者踏分、即升着㆓堂座㆒、踏歌者欲㆑還起座、即進引還如㆑初、上下群臣起座拝舞如㆑常

女踏歌の式次第。「五位二人」は楽前大夫。「経㆓左近仗東頭㆒南進、更西折、当㆓殿中階㆒南進」は楽前大夫に先導された踏歌者の入閤経路。図③参照。「殿中階」は豊楽殿南面三階（東階・中央階・西階）のうち中央階。その延長が馳道。つまり踏歌者は馳道を南下。「当㆓顕陽堂南階㆒時、大夫東去七許丈北面立」は、踏歌者の行列が「顕陽堂南階」（顕陽堂西面五階のうち最南階）に到着した時、「大夫」（楽前大夫）は踏歌者と分かれ、東に七丈程進んだ位置に北面して立つの意。「踏歌者踏分」は踏歌開始の意。開始位置は楽前大夫と分かれた位置。ただし、踏歌自体の経路は不記載。「即升着二堂座一」は踏歌が開始されると楽前大夫は顕陽堂内に着座の意。「踏歌者欲レ還起座、即進引還如レ初」は、楽前大夫は踏歌が終わると起座し、入閤時と同様に踏歌者を先導して退出の意。つまり楽前大夫は踏歌時は顕陽堂内に着座。これは白馬節会の女楽の場合と同様。

○訖大蔵省安二禄於殿庭一〈掃部立二禄台一如レ常〉、弁官進奏曰、綿若干屯進止申〈無二勅答一〉、宣命大夫受レ文復二本座一、上下群臣起座如レ常、即宣制云、天皇我詔旨良万止宣不大命乎衆聞食止宣、上下再拝如レ常、更宣云、今日波正月望日乃豊楽聞食須日爾在、故是以踏歌見、御酒食閉恵良伎、退止為氏奈毛御物給久止宣、上下拝舞如レ常、宣命大夫退罷之後、中務輔以上唱名、賜レ綿各有レ差、但皇太子禄授二坊官一

禄準備・禄奏・宣命宣制・賜禄の式次第。禄が綿のみとなる点と宣命本文の文言以外は白馬節会同様。

○〈延暦以往、踏歌訖、縫殿寮賜二榛摺衣一、群臣著二摺衣一踏歌、訖共跪二庭中一、賜二酒一杯・綿十屯一、即夕令二近臣糸引一、至二于大同年中一、此節停廃、弘仁年中更中興、但糸引・榛摺・群臣踏歌竝停レ之〉

踏歌節会（節宴）の変遷を記載。『内裏儀式』同文。「糸引・榛摺・群臣踏歌竝停レ之」の「榛摺」は「摺」の後に「衣」が欠字か。

○所司献二禄余於殿上一、即内侍令三女史賜二踏歌者一各有レ差

踏歌者賜禄の式次第。

以上が『内裏式』の踏歌節会式次第である。なお、以下、蕃客入朝時の式次第が記載。叙位がない以外、基本的に蕃客入朝時の白馬節会同様。ここでは割愛する。

第3章　『江家次第』にみえる節会

第1節　元日節会

本章では『江家次第』の節会式次第を三節に分けて解説する。

序章で既述したように、摂関期以降、それまでの『内裏式』『儀式』といった「儀式」に記載された節会等の国家儀礼は宮中儀礼へと変化。それに対応して多くの儀式書が成立。その代表が『西宮記』『北山抄』『江家次第』である。この三書の節会式次第を比較すると、その基本構造に変化はないが、『江家次第』に若干の時代的変化が認められ、同時に三書のなかで記載がもっとも詳細である。それは故実・作法の増加を示す。

その一方で、『西宮記』記主源高明は醍醐天皇皇子という賜姓《しせい》源氏。極官《ごっかん》は正二位左大臣。『北山抄』の記主藤原公任は、極官こそ正二位権大納言で大臣に到っていないが（ただし、その背景には娘の死去により北山に隠遁したという事情がある）、その出自は祖父が摂政・関白・太政大臣藤原実頼《さねより》（九〇〇～七〇）、父が関白・太政大臣藤原頼忠《よりただ》（九二四～八九）、母が醍醐天皇皇子代明《よりあきら》親王（九〇四～三七）女厳子《げんし》（生没年不詳）という名門出身。つまり『西宮記』『北山抄』は内弁を務めうる身分上位者の目線で執筆され、実務官人等の身分下位者の目線は乏しい。

これに対し、『江家次第』記主大江匡房は当代一流の儒学者で有能な実務官人だが、極官は正二位権中納言。高明や公任のような高位でも名門出身でもない。そこで身分上位者の視線は乏しいといえる。だからこそ、中原師元《もろもと》（一一〇九～七五）が藤原忠実《ただざね》（一〇七八～一一六二）の言談をまとめた『中外抄《ちゅうがいしょう》』下巻にみえる、『江家次第』に対する「内弁・官奏《かんそう》・除目《じもく》・叙位等、委しく知らざる人なり、件の間の事、定めて僻事《ひがごと》あらんか、但し、故二条殿（藤原師通《もろみち》〈一〇六二～九九〉）の仰せを常に承りたる人なれば、定めて様ある事もあらん、その外、常の次第はいみじき物なり」という忠実の批評（批判）も生まれるのであろう（藤原師実《もろざね》〈一〇四二～一一〇一〉が書いた批判を忠実が語ったという説もある）。

いずれにしろ『江家次第』は「近年の識者、皆悉くこれを持つ」（『中外抄』下巻）という程に普及し、その節会式次第は次章で取り上げる『三節会次第』等の後世の式次第に継承された。その点からすれば、『江家次第』の節会式次第は、『西宮記』『北山抄』等を経て形成された宮中儀礼としての節会式次第の集大成といえる。

一方、『西宮記』『北山抄』『江家次第』の節会式次第を『内裏式』『儀式』と比較すると、もっとも大きな相違点は、節会の場所が豊楽院から内裏に移行している点である。しかし、節会の場が豊楽院から内裏に移行しても、式次第の基本構造は『内裏式』『儀式』と変化ない。むしろ場所が同じく内裏ながら『内裏儀式』とは相違点がみられる。つまり摂関期以降の宮中儀礼としての節会でも、『内裏式』を「式筥《しきばこ》」に入れて天皇御座の傍らに置く点（後述）に象徴されているように、当事者の意識は国家儀礼を継承していると言える。

ところで、『江家次第』では、式次第本文に移る前に内裏の鋪設に関する詳細な記載がある。これは『江家次第』の記載が詳細であることの一環である。本書ではこの記載を「鋪設部」と一括し、その全文提示と解説は割愛。必要に応じて関係部分を引用するに留める。

なお、この「鋪設部」に相当する部分は『江家次第』では白馬節会でも記載。白馬節会では、「鋪設部」に相当する部分を「七日節会装束」とし、白馬節会式次第本文である「七日節会」とは別項目とする。これに対し、元日節会では「鋪設部」を別項目とせず、「元日節会」の項目の冒頭に記載。どこから式次第本文なのかは不明確である。ただし、両節会の「鋪設部」の内容は重複部分が多いため、元日節会の式次第冒頭は「七日節会」の冒頭に合わせる。

▼本文冒頭（事前準備）

〔本文〕

装束司供㆓奉上下装束㆒、外記催㆓諸司㆒、蔵人催㆓内侍・女蔵人・闈司等・御挿鞋・釵・錦鞋・筵道等㆒、階下饗〈左近設㆓上官料㆒、右近設㆓殿上料㆒〉、中務立㆑標并置㆓宣命版㆒、今案㆓装束司記文㆒、式部立㆑標云々、西宮抄亦如㆑此、其宣命版位置㆓尋常版北一丈㆒〈常不㆑撤㆑之故、謂㆓尋常版㆒〉、蔵人所渡㆓殿上見参於外記㆒〈往年、頭於㆓南階西頭㆒渡㆑之〉、若非㆓一上㆒者、可㆑被㆑仰㆓内弁㆒〈詞曰、内弁に候へ、或只仰㆓内弁㆒〉、内弁召㆓外記㆒問㆓諸司具不㆒、又召㆓外任奏㆒、付㆓蔵人㆒奏㆑之〈入㆑筥〉、仰、令㆑候㆑列、諸司奏可㆑付㆓内侍所㆒由、件次被レ奏〈日晩、若雨降、若諸司不具時也〉、中務省御暦奏、宮内省氷様奏〈氷有様奏也、以レ石為二寸法一〉、腹赤奏〈若違レ期不レ参、七日奏レ之〉、若当二卯日一卯杖奏等也、奉レ仰々二外記一、往年、王卿就二外弁一後、被二仰下一者、外記伝二仰外弁外記一、々々申二外弁上卿一云々、

〔読み下し〕

装束司上下装束を供奉す、外記諸司を催す、蔵人内侍・女蔵人《にょくろうど》・闈司等・御挿鞋《ごそうかい》・釵《さいし》・錦鞋《きんかい》・筵道《むしろみち》等を催す、階下饗〈左近上官料を設け、右近殿上料を設く〉、中務標を立て并びに宣命版を置く、今装束司記文を案ずるに、式部標を立つと云々、西宮抄亦かくの如し、其の宣命版位尋常版北一丈に置く〈常に之を撤せざる故に、尋常版と謂ふ〉、蔵人所殿上見参を外記に渡す〈往年、頭南階西頭に於いて之を渡す〉、若し一上に非ざれば、内弁を仰せらるべし〈詞に曰く、内弁に候へ、或るは只内弁にと仰す〉、内弁外記を召して諸司の具不を問ふ、又外任奏《げにんのそう》を召し、蔵人に付して之を奏す〈筥に入る〉、仰す、列に候はしめよ、諸司奏内侍所に付すべきの由、件の次でに奏せらる〈日晩、若しくは雨降、若しくは諸司不具時也〉、中務省御暦奏、宮内省氷様奏〈氷の有様の奏也、石を以て寸法と為す〉、腹赤奏〈若し期を違へて参らざれば、七日に之を奏す〉、若し卯日に当たらば卯杖奏等也、仰せを承りて外記に仰す、往年、王卿外弁に就く後、仰せ下さるれば、外記仰せを外弁外記に伝へ、々々外弁上卿に申すと云々、

〔大意〕

装束司が上下装束を差配。外記が諸司を催促。蔵人が内侍・女蔵人・闈司等・御挿鞋・釵・錦鞋・筵道等を催促。階下饗は左近が上官料を準備し、右近が殿上料を準備。中務省が標を立てあわせて宣命版

を置く。ここで装束司の記文を引勘すると、式部省が標を立てるという。西宮抄も同様。その宣命版位は尋常版の北一丈に置く。常時撤収しないので、尋常版と言う。蔵人所が殿上見参を外記に手渡す。以前は、蔵人頭が南階西側で手渡した。一上でなければ、内弁をお命じになる必要がある。その言葉に言う。内弁を奉仕せよ。あるいはただ内弁にと命じる。内弁が外記を喚んで諸司が揃っているかどうかを尋ねる。また外任奏を取り寄せ、蔵人を通じて奏上。箱に入れる。命じる。参列させよ。諸司奏は内侍所に託すことを、そのついでにご奏上。日が暮れたり、雨が降ったり、諸司が揃っていない時である。中務省の御暦奏。宮内省の氷様奏。氷の状態の奏上である。石で大きさを示す。腹赤奏。間に合わなければ、七日に奏上。卯日ならば卯杖奏等である。ご命令を承って外記に命じる。以前は、王卿が外弁に就いた後、ご命令があれば、外記がご命令を外弁外記に伝え、外記が外弁上卿に申し上げたという。

〔解説〕

○装束司供二奉上下装束一、外記催二諸司一、蔵人催二内侍・女蔵人・闈司等・御挿鞋・釵・錦鞋・筵道等一、階下饗〈左近設二上官料一、右近設二殿上料一〉、**中務立レ標并置二宣命版一、今案二装束司記文一、式部立レ標云々、西宮抄亦如レ此、其宣命版位置二尋常版北一丈一**〈常不レ撤之故、謂二尋常版一〉、**蔵人所渡二殿上見参於外記一**〈往年、頭於二南階西頭一渡レ之〉、**若非二一上一者、可レ被レ仰二内弁一**〈詞曰、内弁に候へ、或只仰二内弁一〉

関係諸司による事前準備。事前準備については『西宮記』にも記載。『北山抄』には不記載。「装束司」は公事毎に任命される装束（鋪設）責任者。『西宮記』によれば、節会では少将・弁・史が担当。「供二奉上下装束一」の具体的内容は「鋪設部」に記載。「女蔵人」は内侍・命婦に継ぐ宮中奉仕の女官。

「御挿鞋」は天皇用布帛製室内履（短沓）。繧繝錦《うんげんにしき》（色〈御挿鞋では赤〉を濃・中・淡に暈かす暈繝《うんげん》〈繧繝〉彩色の地に文様を織り出した錦）で表面を張り包むのが特徴。節会では天皇は清涼殿から紫宸殿への渡御中に使用。紫宸殿到着後に靴と履き替える（後述）。「釵」は釵子。晴儀用髪飾。内侍以下の女房が髪上《かみあげ》して結い上げた髪の正面に挿す。「錦鞋」は布帛製室内履。内侍以下女房の晴儀用履物。表面を錦で張り包む。「筵道」は「えんどう」とも。天皇が歩む道程に敷く筵。「階下饗〈左近設二上官料一、右近設二殿上料一〉」は後考を俟つ。なお、『北山抄』巻九（羽林要抄）・元日節会に「階下饗、近衛府所レ設、次将立二壇下一勧レ盃、一条院儀、右次将経二上官座前一、可レ向二西中門一歟」とある。

「今案、装束司記文、式部立レ標云々、西宮抄亦如レ此」は匡房の意見。「装束記文」は『本朝書籍目《ほんちょうしょじゃくもく》録《ろく》』（記主不明。鎌倉後期成立か）に記載。「五巻」とある。内容は不明。「西宮抄」は『西宮記』。「如レ此」は『西宮記』も中務省の意。標を含む版位の設置は、『延喜式』中務省・式部省上によれば、朝堂院（図③）では龍尾道《りゅうびどう》北が中務省、同南が式部省、内裏（図④）では南庭（承明門内）が中務省、承明門外が式部省が設置。ただし、『内裏式』以降いずれも豊楽院・内裏に関わらず節会では尋常版・宣命版ともに中務省が設置。これに対し、標の設置は、叙位者列立用は式部と兵部。親王以下節会参列者用は、元日節会は『西宮記』『北山抄』『江家次第』いずれも中務省。ただし『江家次第』は「鋪設部」では式部省。白馬節会は『儀式』『江家次第』「鋪設部」ともに式部省。踏歌節会は『儀式』『西宮記』『江家次第』いずれも中務省（以上、記載のあるもののみ）。元日節会の場合、『江家次第』は本文と「鋪設部」で齟齬する。この点は『江次第抄』正月・元日節会（以下、本節での引用はすべて同様）でも「所見不同」

と指摘。「今案、中務立レ版、式部立レ標也」との見解を示す。「殿上見参」は節会参列のうち公卿名簿。「可レ被レ仰ニ内弁ニ」は主語は天皇。左大臣以外が内弁を務める場合は勅命が必要。

なお、天皇以下節会参列者（男子）の装束は束帯。それについては不記載。そこで事前準備の一環としてここで束帯について簡略にまとめる。第1章で既述したように、束帯は朝服が和様化して九世紀末頃に成立した男子の正装で参内装束。その構成は物具《もののぐ》とよぶ節会等の儀礼用（晴儀用）と日常参内用で一部相違。そのうち物具の構成は、

・（被り物）冠・（肌着）大口《おおくち》・単《ひとえ》・（下着）衵《あこめ》・打衣《うちぎぬ》・表袴《うえのはかま》・下襲《したがさね》・半臂《はんぴ》・（上着）位袍（文官は縫腋、武官は闕腋）・（履物）襪《しとうず》・靴・（装身具）石帯《せきたい》・笏《しゃく》・扇（夏は蝙蝠《かわほり》、冬は檜扇《ひおうぎ》）・帖紙《たとう》・魚袋《ぎょたい》・（武具）劔《たち》（平緒《ひらお》）・弓箭

となる。

このうち下着の打衣、履物の靴、装身具の魚袋が物具用。日常参内では打衣・魚袋は省略。靴は浅沓となる。ただし、履物は物具でも参内時は浅沓。靴は持参。儀礼開始直前または儀礼中に履き替え、儀礼終了後は再び浅沓に履き替える。これは節会でも同様（後述）。

なお、これに時代的変化もある。特に大きな変革期は十二世紀。それ以前の様式を柔装束《なえしょうぞく》（打梨《うちなし》）、それ以後の様式を強装束《こわしょうぞく》（如木《じょぼく》）という。強装束以降は物具でも下着のうち衵・打衣・半臂を省略。代わって肌着として肌小袖《はだこそで》や大帷《おおかたびら》を着用するようになる。『江家次第』当時は柔装束から強装束への過渡期にさしかかる頃である。

一方、束帯での武具の佩帯は武官。ただし、剱は、文官でも帯剱勅授《たいけんちょくじゅ》の公卿と中務省官人が佩帯。帯剱勅授は剱を佩帯しての参内を勅許すること。武官を経た一部上級公卿にのみ勅許。剱の種類は、文官は餝剱《かざりたち》。武官は餝剱か毛抜型太刀《けぬきがたたち》（衛府剱《えふだち》とも）。弓箭は武官のみの佩帯だが、武官にとっても物具用。身分にもよるが、日常参内では省略。物具でも靴同様に参内時は持参。参内後に佩帯。弓箭と餝剱は儀仗《ぎじょう》、毛抜型太刀は兵仗《ひょうじょう》。平緒《ひらお》は剱（特に餝剱）を佩帯するための佩緒《はきお》。唐組や高麗組等の幅広の組紐（後にドシ織）の帯。

以上の束帯の構成要素のうち、節会における内弁以下の作法に関わって儀式書に頻出するのが笏。笏は細長い板。束帯では木製。正笏《せいしゃく》（把《は》笏《しゃく》）といい、両手あるいは右手で持ち、胸の前に掲げて威儀を正した。両手を使用する場合は、位袍の腰に着用するベルトである石帯の後腰に挿した。また、正笏した場合の所持者側（笏裏側）に式次第を記した笏紙《しゃくし》とよぶ紙を張り、式次第を誤らないようにするための備忘とした。内弁がこの笏紙を張ることも節会式次第の一環となる（後述）。ちなみに笏紙を張ることを「押す」、剥がすことを「放つ」という。

さらに束帯の構成要素のうち注目すべきは下襲。下襲は闕腋で後身が前身よりも長寸の下着。その長寸の後身を裾《きょ》という。この裾は具体的数値は割愛するが、身分対応で時代とともに長寸化。天皇以下公卿以上の裾は特に長寸。束帯着用時に天皇以下はこの長寸の裾を引きずって行動する。節会でも同様。儀式書にはほとんど不記載で、本書でも個々には指摘しないが、天皇以下の節会参列者の行動を考える時、この長寸の裾を引きずっていることを念頭に置く必要がある。

○内弁召二外記一問二諸司具不一、又召二外任奏一、付二蔵人一奏レ之〈入レ筥〉、仰、令レ候レ列、諸司奏可レ付二内侍所一由、件次被レ奏〈日晩、若雨降、若諸司不具時也〉、中務省御暦奏、宮内省氷様奏〈氷有様奏也、以レ石為二寸法一〉、腹赤奏〈若違レ期不レ参、七日奏レ之〉、若当二卯日一卯杖奏等也、奉レ仰々二外記一、往年、王卿就二外弁一後、被二仰下一者、外記伝二仰外弁外記一、々々申二外弁上卿一云々

陣座《じんのざ》での事前準備の式次第。『内裏式』『儀式』では、元日朝賀後に天皇以下は朝堂院から豊楽院に移動。ところが、天皇以下の移動経路や内弁以下節会参列者の行動については不記載。摂関期以降の節会では、清涼殿東庭での小朝拝後に公卿は陣座に移動。陣座で節会の事前準備を行う。陣座は陣・仗座《じょうのざ》とも。左右近衛府の詰所。左近陣は紫宸殿東北廊南側（本来は宜陽殿《ぎようでん》西廂）、右近陣は校書殿《きょうしょでん》東廂（図④）。摂関期以降、左近陣は陣定《じんのさだめ》という公卿会議等の公事の場として使用。ただし、『西宮記』『北山抄』では陣座での事前準備については不記載（『西宮記』には外任奏のみみえる）。『江家次第』でも着陣自体の式次第は不記載。ただし、この本文が内弁による陣座での事前準備の式次第であることは『三節会次第』から明白（次章参照）。その準備内容は、①「諸司具不」の確認、②「外任奏」、③諸司奏。いずれも内弁の指示で外記や蔵人を通じて行われる。

「外任奏」は資格ある在京国司の節会参列勅許を天皇に申請する奏上。『西宮記』以降に記載。「外任」は国司。資格ある在京国司とは、『江次第抄』によれば、「任符未給」（任符《にんぷ》〈国司任命の太政官符〉をまだ得てない者）、「雖レ給二任符一未レ赴レ国」（任符は得たが任国に赴任前の者）、「為レ済二権政一入京者」（政治的用向きで在京中の者）の三者。「仰」の主語は天皇。「令レ候レ列」は外任奏に対する勅許。なお、『江家次第』

当時は国司の参列はなく外任奏は形式化。

「諸司奏」は御暦奏・氷様奏・腹赤奏・卯杖奏の総称。「内侍所」はここは内侍以下の女房・女官を統括し、後宮の諸雑事を管轄する機関。後宮十二司のうち最大規模の内侍司《ないしし》が前身。「件次」は外任奏とともにの意。「日晩、若雨降、若諸司不具時也」は諸司奏を内侍所に託す場合の条件。「奉レ仰々二外記一」は、内弁が天皇から内侍所に諸司奏を託する勅許を得て後、それを外記に実行させるの意。「往年、王卿就二外弁一後、被二仰下一者、外記伝二仰外弁外記一、々々申二外弁上卿一」は、以前は王卿が外弁に向かった後で、諸司奏に対する勅許が下りることがあり、その場合は内弁の手を離れ、外記が外弁祗候の外記を通じて外弁上卿に伝えて実行されるの意。陣座での諸司奏の処理は『江家次第』から記載。『北山抄』以前には不記載。諸司奏の形式化を示す。ただし、『江家次第』では陣座での諸司奏の処理には右記のように条件を付ける。これが『三節会次第』では、陣座での諸司奏の処理は節会式次第の一環として定着。

▼天皇渡御の式次第

〔本文〕

天皇渡二御南殿一〈経二長橋一入レ自二南殿乾戸一、有二筵道一、内侍二人持二璽・劔一、命婦・女蔵人各四人相従、蔵人頭候二御裾一〈執政御坐者非二此限一〉、蔵人持二式・御靴等一〉、御厨子所候二殿乾角壇上一、節会日、雖二御精進一供二魚味一、

〔読み下し〕

天皇南殿に渡御す〈長橋《ながはし》を経て南殿乾戸《いぬいど》自り入る、筵道有り、内侍二人爾《じ》・劔を持ち、命婦・女蔵人各四人相従ふ、蔵人頭御裾に候ず〈執柄《しっぺい》御坐《おわし》しまさば此の限りに非ず〉、蔵人式・御靴等を持つ〉、御厨子所《みずしどころ》殿乾角壇上に候ず、節会日、御精進と雖も魚味《まな》を供ず、

〔大意〕

天皇が南殿に渡御。長橋を通って南殿乾戸から入る。筵道がある。内侍二人が爾・劔を持ち、命婦・女蔵人各四人が従う。蔵人頭が御裾を執る。執柄がいらっしゃればその限りではない。蔵人が式・御靴等を持つ。御厨子所が殿乾角の壇上に祗候。節会の日は、御精進中でも魚味を供える。

〔解説〕

「渡二御南殿一」は清涼殿から「南殿」（紫宸殿）への渡御（図④）。「経二長橋一入レ自二南殿乾戸一」は渡御の行程。「長橋」は清涼殿東孫廂《まごひさし》南端の落板敷《おちいたじき》（孫廂よりも一段低くなった一間の板間）より東に延びて紫宸殿北簀子西端に続く渡廊下（図⑤⑥）。「南殿乾戸」は紫宸殿北廂北面西端にある妻戸（図⑥）。天皇はそこから北廂に入御。「有二筵道一」は長橋に筵道を敷くの意。「璽・劔」は神璽《しんじ》・宝劔《ほうけん》。いわゆる三種神器のうちの二種。この二種は天皇とともに常に移動。御座や輦輿では天皇傍らに安置。移動の際は内侍二名がそれぞれ捧持。「蔵人頭候二御裾一」は蔵人頭が長寸の天皇下襲の裾を執って従うの意。「執政御坐者非二此限一」は「執政」（摂関）がいれば蔵人頭に替わって務めるの意。「式」は『内裏式』。式筥に納め、璽・剣同様に天皇とともに移動。御座や輦輿では傍らに安置。「御靴」は天皇の靴。靴は既述のよ

うに物具の履物。騎馬沓に起源を持つ革製ショートブーツ。式筥に納めた『内裏式』とともに蔵人が捧持。なお、渡御の際の天皇の履物は御挿鞋。「鋪設部」によれば、紫宸殿北廂中央に「御粧物所《およそものどころ》」を設置。東西行に小筵《こむしろ》二枚を敷き、その上に赤漆小倚子《こいし》（倚子については後述）を安置。その周囲を東側を除き「大宋《たいそうの》御屏風《おんびょうぶ》二帖」で囲繞《いにょう》。ここで天皇は御靴に履き替え（後述）、束帯の身繕いをする。ちなみに、天皇以下昇殿者はすべて節会等の晴儀では殿上でも靴を履く。「御厨子所」は後涼殿《ごりょうでん》西廂に設置（図④）。進物所《しんもつどころ》（安福殿《あんぷくでん》西に設置〈図④〉）とともに内膳司出先機関。のちに蔵人所管轄。ともに諸国の御贄が預けられ、日常の供御《くご》や節会等の御膳を調進。「殿乾角壇上」は紫宸殿北西角の基壇上。『西宮記』によれば、ここに御厨子所が祗候。腋御膳《わきのごぜん》（後述）を調進。「御精進」は天皇の精進。寺社参詣前などに不浄を避けて身を清めること。『江次第抄』に「御精進者、三宝帰依之叡志《えいし》也、非二礼儀一故不レ及二宣下一」とある。「魚味」は魚や鳥の肉。精進中は通常は魚味を忌避。

▼近衛着陣の式次第

〔本文〕

近衛引レ陣〈将曹一人前行、中将執二紫幟一、少将執二緋幟殳一、着レ靴、各立二床子前一、将監以下着二其後一〉、遅参次将者、令二府官人先立一レ殳之後、左ハ自二軒廊一、右ハ自二弓場殿方一出着

〔読み下し〕

近衛陣を引く〈将曹一人前行す、中将紫幟を執り、少将緋幟殳を執る、靴を着し、各床子前に立つ、将監以下

其の後に着く〉、遅参次将は、府官人をして先に殳を立たしむるの後、左は軒廊《こんろう》自り、右は弓場殿《ゆばどの》方自り出でて着く、

〔大意〕

近衛府が着陣。将曹一人が前行。中将が紫幟を執り、少将が緋幟付鉾を執る。靴を履き、それぞれ床子の前に起立。将監以下はその背後に着陣。遅参の次将は、府の官人に先に鉾を立てさせ、左近は軒廊から、右近は弓場殿側から入閤して着陣。

〔解説〕

「将曹一人前行」は将曹一人が着陣の次将以下を先導するの意。「紫幟」はその後に「殳」が欠字か。「遅参次将者、令二府官人先立一レ殳」は、次将が遅参の場合は「府官人」（近衛府舎人）が次将到着まで代役で鉾を立てるの意。なお、節会における近衛着陣については、『延喜式』左右近衛府に「凡節会御二紫宸殿一、中将已下率二近衛等一、入レ自二日華門一、将曹一人前行〈右入レ自二月華門一〉、居二胡床一〈少将已上胡床、各敷二虎皮一〉」とある。また、『北山抄』巻九（「羽林要抄」）・元日節会に「天皇御二南殿一、左右近衛入レ自二日華・月華両門一〈左次将出二敷政門一、到二日花門下一〉、陣二南階東西一〈着二位襖一、付二魚袋一、帯二螺鈿長剱一、着レ靴、中将執二紫幟殳一、少将執二緋幟殳一〉、将曹一人前行〈若无二将曹一、府生亦得二開門一如レ之〉、中将以下依レ次、各立二胡床前一、北上東西面、若上臈不参者、計レ座就レ之、近例、上臈少将一人在二中将前一、便就二第一胡床一、不レ知二其故一、若思二度行幸儀一歟」とより詳しい式次第がみえる。

▼王卿着外弁の式次第

〔本文〕

王卿着二外弁一〈出レ自二敷政・宜陽門一、入二鳥曹司東戸一着レ靴、出二南戸一、経二弁・少納言床子北一進也、若逼レ北立時、令二召使引一レ之、登レ自二石段一、雨儀、出レ自二西戸一〉、弁・少納言着二壇下床子一〈共為二五位一者、少納言着レ北、弁為二四位一者着レ北〉、若非二第二上一者、召二召使一、令レ下二式筥一〈或説、大臣者、右大臣不参時、内大臣雖レ着二外弁一、不レ可レ下二式筥一、依二其程近一歟〉、令三召使召二外記一、問二諸司具不一、外記乍レ立磬折申レ之、至二大臣一者跪申レ之、大舎人候哉、侍従列候哉、国栖候哉、外記毎度申云、候不、上宣、令レ候、若有二後参々議以上一者、弁・少納言起二床子一蹔立、

〔読み下し〕

王卿外弁に着く〈敷政《ふせい》・宜陽門自り出で、鳥曹司《とりのそうし》東戸に入りて靴を着す、南戸を出で、弁・少納言の床子《しょうじ》北を経て進む也、若し北に逼《せま》りて立つ時、召使《めしつかい》をして之を引かせむ、石段自り登る、雨儀、西戸自り出づ〉、弁・少納言壇下床子に着く〈共に五位為らば、少納言北に着く、弁四位為らば北に着く〉、若し第二上に非ざれば、召使を召し、式筥を下さしむ〈或る説、大臣は、右大臣不参時、内大臣外弁に着くと雖も、式筥を下すべからず、其の程近きに依るか〉、召使をして外記を召さしめ、諸司具不を問ふ、外記立ち乍ら磬折《けいせつ》して之を申す、大臣に至りては跪きて之を申す、大舎人候ふや、侍従列し候ふや、国栖候ふや、外記毎度申して云ふ、候ふ、上宣す、候はしめよ、若し後参参議以上有らば、弁・少納言床子を起ちて蹔く立つ、

〔大意〕

王卿が外弁に向かう。敷政・宣陽門から退出し、鳥曹司の東戸に入って靴を履く。南戸を出て、弁・少納言の床子の北を通って前進。北側に寄って設置の時は、召使に引かせる。石段から登る。雨儀は、西戸から出る。弁・少納言が壇下の床子に着座。ともに五位ならば、少納言が北に着座。弁が四位ならば北に着座。第二の上でなければ、召使を喚び、式筥を手渡させる。一説に、大臣は、右大臣が不参の時は、内大臣が外弁に着いても、式筥を手渡す必要はない。その程が近いからか。召使を通じて外記を喚び、諸司の具不を問う。外記が立ちながら磬折して申し上げる。大臣には跪いて申し上げる。大舎人は祗候か。侍従は並んで祗候か。国栖は祗候か。外記がその度に申し上げて言う。祗候。命じる。祗候させよ。後参の参議以上がいれば、弁・少納言は床子から暫く起立。

〔解説〕

王卿着外弁の式次第。『内裏儀式』『内裏式』『儀式』『北山抄』には不記載。『西宮記』には記載。以下、内裏各所は図④参照。「敷政」は敷政門。綾綺殿《りょうきでん》と宣陽殿の間に存在。通常は大臣（特に左大臣の陣座出入の通用門（大臣以外は綾綺殿北の和徳門《わとくもん》を使用）。節会等の公事によっては大臣以外も使用。「宜陽門」は宣陽門《せんようもん》の間違い。宣陽門は内裏外閤門のうち東正門。内裏東側からの参内はこの門を使用。「鳥曹司」は内裏外閤廊南東角の鉤形《かぎがた》建物。東面・南面各五間。東面中央に東戸、南面中央に南戸、北端・西端にそれぞれ腋戸がある。本来は野行幸《のぎょうこう》（天皇の狩猟）用の犬・鷹の飼育所。外弁に向かう諸卿の通路となり、諸卿は東戸から入って靴に履き替え、南戸から出て待機座に向かうことが通例化。「鋪設部」によれば、諸卿外弁待機座は「長楽門南面東掖第一間東柱下」に南面西上に設置。座具は兀子《ごっし》・

独床子《ひとりしょうじ》・簀子敷《すのこじき》床子。兀子は背凭《せもたれ》・欄干《らんかん》のない方形四脚の個人用座具。独床子もほぼ同様。簀子敷床子は座面を簀子敷とした複数人着座の長床子。なお、「鋪設部」によれば、紫宸殿での諸卿の座具も同様。兀子は親王・大臣・納言用。独床子は三位参議・散三位用。簀子敷床子は四位参議用。いずれも茵《しとね》（座布団に相当する敷物）を敷く。茵は親王・大臣は「紫面」（紫両面錦か）。納言は「黄色」、三位参議・散三位・四位参議は「黄縁《きべり》」。ただし、「近例、不レ見二独床子一、訛《あやまり》也」とある。

「弁・少納言床子」は外弁待機の弁官（中弁）・少納言の座。「鋪設部」によれば、座具は白木床子二脚（弁・少納言各一脚）。「南壇下庭中」に南北行に北上西面に設置。本文にも「弁・少納言着二壇下床子一」とある。なお、弁・少納言座は北側が上位。「若逼レ北立時、令二召使引一レ之」は、弁・少納言座が北つまり基壇に迫って設置されていると、外弁諸卿が通行できない。そこで「召使」（宮中・太政官奉仕の雑役者）に座を南に移動させるの意。「石段」は基壇に昇る階。『西宮記』『北山抄』によれば、節会では本来これとは別に仮階（仮橋）を東西二箇所に設置。しかし、『西宮記』に「近代無二仮階一」、『北山抄』に「近代不レ設レ之、皆用二石橋一」とある。「西戸」は鳥曹司西腋戸。雨儀では諸卿は雨を避け、南戸から出ずに西戸を出てすぐに基壇に昇るか。

「若非二第二上一者」は外弁上卿が右大臣以外ならばの意。「式筥」は『内裏式』収納の筥。天皇同様。「或説、大臣者、右大臣不参時、内大臣雖レ着二外弁一、不レ可レ下二式筥一」は、一説によれば、右大臣不参で外弁上卿が内大臣の場合は式筥を手渡す必要はないの意。「依二其程近一歟」は「或説」に対する匡房の解釈。内大臣は右大臣と身分的に同格の意か。

「令三召使召二外記一、問二諸司具不一」の主語は外弁上卿。「外記乍レ立磬折申レ之、至二大臣一者跪申レ之、大舎人候哉、侍従列候哉、国栖候哉、外記毎度申云、候不、上宣、令レ候」は、外弁上卿による諸司具不確認の式次第。内弁の陣座での行為を外弁上卿が再度確認するか。『西宮記』『北山抄』には不記載。なお、「至二大臣一者跪申レ之」については次節参照。「若有二後参々議以上一者、弁・少納言起二床子一蹔立」は遅参参議以上に対する弁・少納言の作法。なお、『北山抄』に遅参大臣に対する詳しい作法の記載があるが割愛する。

▼内侍押笏紙の式次第

〔本文〕

内弁於二閑所一令レ押二笏紙一、或立二陣座後一、召二外記一令レ押、任二納言一之後、着二笏紙一参入、若不レ具之人、仰二外記一令レ書押レ之、雖二一上一、依レ可レ有二小朝拝一、自二里第一不レ押レ之

〔読み下し〕

内弁閑所に於いて笏紙を押さしむ、或るは陣座後に立ち、外記を召して押さしむ、納言に任ずるの後、笏紙を着けて参入す、若し具せざるの人、外記に仰せて書かしめて之を押す、一上と雖も、小朝拝有るべきに依り、里第自りは之を押さず、

〔大意〕

内弁が閑所で笏紙を押させる。あるいは陣座の背後に立ち、外記を喚んで押させる。納言に任官して

からは、笏紙を持参して参入。持参していない人は、外記に命じて書かせて押す。一上であっても、小朝拝があるので、里第からは押さない。

〔解説〕

「閑所」は目立たない場所。節会で内弁が笏紙を押すことについては『西宮記』には不記載。『北山抄』に記載。「陣座後」は陣座北側。「任二納言一之後、着二笏紙一参入」は、中納言昇進以後は笏紙を持参して参内の意。「着」は「具」の間違いか。中納言以上は内弁を命じられる可能性があるため。「雖二一上一、依レ可レ有二小朝拝一、自二里第一不レ押レ之」は、左大臣は「里第」（自邸）で笏紙を押して参内することを前提に、元日節会の場合はその前に小朝拝があるため、里第で笏紙を押して参内できないの意。

▼天皇出御の式次第

〔本文〕

天皇着二御帳ノ中ノ倚子一〈先於二北廂一着レ靴給、入レ自二帳北面一、経二倚子東一着御〉、内侍置二璽・剱於東ノ机一〈南柄、東刃〉、〈天子自二座上一可二着給一歟、人臣自二座下一着也、但有二説々事一也〉、蔵人頭置二式筥ヲ於西机一〈上帖以二文頭一置レ西〉、近仗称レ警〈出御之時警、入御之時警蹕歟、本文也、上古警声高也〉、

〔読み下し〕

天皇御《み》帳《ちょう》の中の倚子に着く〈先づ北廂に於いて靴を着し給ふ、帳北面自り入り、倚子東を経て着御す〉、内侍璽・剱を東机に置く〈南柄《つか》、東刃〉、〈天子座上自り着き給ふべきか、人臣座下自り着く也、但し説々の事有る

也〉、蔵人頭式筥を西机に置く〈上帖文頭を以て西に置く〉、近仗警を称ふ〈出御の時は警し、入御の時は警蹕するか、本文也、上古警の声高き也〉、

〔大意〕

天皇が御帳の中の倚子に着御。まず北廂で靴をお履きになる。御帳の北側から入り、倚子の東を通って着御。内侍が璽・剣を東机に置く。柄は南、刃側は東。天皇は座の前から着御すべきか。人臣は座の後から着座。但し諸説ある。蔵人頭が式筥を西机に置く。上帖の文頭を西に置く。近仗が警を唱える。出御の時は警し、入御の時は警蹕か。本義である。上古は警が声高である。

〔解説〕

「御帳」は御座。ここは高御座。「鋪設部」によれば、「御帳懸レ帷《とばり》」とあり、「上二東・巽《たつみ》・南・坤《ひつじさる》・西五面帷一、垂二乾・北・艮《うしとら》三方帷一」とある。「帷」は「帳」同義。これによれば御帳は八面。方形の通常の御帳ではなく、高御座であることがわかる。しかも、「鋪設部」にその移動や組立については不記載。紫宸殿に常置か。「倚子」はここは晴儀用御倚子。節会に臨み日常用と置換。「鋪設部」に「撤二尋常御倚子一、鋪二唐錦毯代一、立二平文御倚子一、鋪二唐錦褥一〈近例、依レ無二唐錦毯代一、敷二二色綾一、不レ可レ然歟、亦鋪二繧繝端褥一、訛也〉」とある。「平文《ひょうもん》御倚子」が晴儀用。黒柿製平文。平文は意匠に切った金属片を散らした漆工装飾。ちなみに「尋常御倚子」は黒柿製螺鈿《らでん》。螺鈿は意匠に切った夜光貝《あこやがい》片を散らした漆工装飾。「先於二北廂一着レ靴給」は御粧物所で御挿鞋から御靴に履き替えるの意。「東机」は御倚子東側〈天皇左側〉に置く置物机《おきものづくえ》。「鋪設部」に「左右各立二置物御机一」とある。「南柄、東刃」は剱の置き方。

柄を南に、刃側を東に向けて置くの意。剱の表側を上に向けた置き方。なお、『江次第抄』に「里内依二東・西礼一、有二相違事一、於二剱璽一者、必置二東机一、剱不レ可レ置レ右故也、璽筥置二剱之内一也」とある。「里内依二東・西礼一、有二相違事一」は次章参照。「璽筥置二剱之内一也」は、剱は外、璽筥は「内」（天皇側）に置くの意。「座上」は座の前方の意か。これに対し「座下」は座の後方の意か。「西机」は御倚子西側（天皇右側）に置く置物机。「上帖」は上巻の意か。ただし、「帖」は巻子本（巻物）ではなく折本《おりほん》の単位。折本は料紙を巻物とするのではなく等間隔に折って重ね、表裏に表紙を付けた書物形態。巻子本よりも必要な部分の閲覧がしやすい。式筥収納の『内裏式』は折本の可能性もあるか。また節会では、節会式次第収録の上巻のみを収納か。「以二文頭一置レ西」は折本上部を西側とするの意。天皇が右を向けば正面にみえる位置。

「近仗称レ警」は、その対応部分は『西宮記』では「近仗称二警蹕一」、『北山抄』巻九（羽林要抄）・元日節会では「近仗称二警蹕一〈左中将発声〉」とある。「警」は警蹕《けいひつ》、「近仗」は左中将となる。警蹕は、天皇の出御・入御・供御（供饌）・行幸等の際に近衛府・蔵人等が周囲に注意を促すために先払の声を発すること、またはその声。「おし」という（その発音法や作法は多様）。ここは近衛府が称する出御の警蹕。『江家次第』には節会での内膳司令史《さかん》（三等官）による供饌の警蹕も記載（後述）。なお、『西宮記』巻九・節会警蹕事には節会での出・入御の際の警蹕の詳しい作法を記載。そこに「節会之日、若無二左右大将及宰相中将一者、当日上卿称二警蹕一云々、是事大将及次将所職也、但天皇御二南殿・武徳殿等一之時、若大将及次将等退出之間、天皇若避座・着座之時、当座第一上卿称二警蹕一云々」とある。しかし、正月三節会の場合、『西宮記』『北山抄』『江家次第』『三節会次第』いずれも天皇出入御の際に警蹕を称するのは「近仗」（近衛次将）。少なくとももに昇殿者である左右大将や宰相中将（参議兼官中将）ではない。ちなみに、『内裏儀式』『内裏式』『儀式』には警蹕は不記載。「出御之時警、入御之時警蹕歟、本文也」は匡房の意見。『書言字《しょげんじ》考《こう》』（『建武年中行事註解』正月・元日節会所引）に「警蹕、王者出則警、入則蹕、所二以止レ人清レ道也、見二前漢書・文選註一」とある。また、『江次第抄』に「出警、入蹕、唐礼也、故天子出御之時、近仗称レ警、入御之時、称レ蹕也」とある。これによれば、儒学者であった匡房の漢籍の知識から、警蹕を出御時の「警」と入御時の「警蹕」（蹕）に分けることを主張か。事実、『江家次第』では天皇出御の際は正月三節会ともに「警」、還御（入御）の際は記載があるのは白馬節会のみだが、「警蹕」とある。「本文也」は本義であるの意か。

以上の天皇渡御からここまでの式次第は天皇・近衛・内弁・外弁諸卿それぞれの立場で別個に記載されているが、実際はほぼ同時進行。なお、『内裏式』『儀式』には皇后出御も記載。『西宮記』以降は不記載。摂関期以降は皇后の節会参列なし。

▼内弁謝座・着座の式次第

〔本文〕

内弁着二宜陽殿兀子一〈先於二陣座後一、着レ靴之後、聞二近仗警声一、自二壇上一南行着レ之〉、内侍臨二東檻一〈出レ自二東御屏風妻一、自二母屋北障子辺一東行、副二東格子一南行、到二東檻上一、蹔居退入〉、内弁起座、微音称唯、経二宜陽殿壇上㆒北行、出㆑自㆓軒廊東第二間㆒斜行、到㆓左近陣南頭㆒〈当㆓将座㆒南去七尺、西出六寸〉、謝座再拝〈頗乾面一揖、次再拝、次一揖、右廻経㆓軒廊并東階等㆒、入㆑自㆓廂南一間・母屋東第一間㆒西進、計㆓座程㆒着㆑之、雨儀、於㆓兀子前㆒謝座、帯剱人南傍行一両歩、為㆑不㆑令㆓剱礙㆒也〉、

〔読み下し〕

内弁宣陽殿兀子に着く〈先づ陣座後に於いて、靴を着すの後、近仗の警声を聞き、壇上自り南行して之に着く〉、内侍東檻に臨む〈東御屏風妻自り出で、母屋北障子辺自り東行す、東格子に副ひて南行し、東檻上に到る、暫く居して退入す〉、内弁起座し、微音に称唯す、宜陽殿壇上を経て北行す、軒廊東第二間自り出でて斜行し、左近陣南頭に到る〈将座に当たりて南に去ること七尺、西に出づること六寸〉、謝座再拝す〈頗る乾面に一揖す、次いで再拝し、次いで一揖す、右に廻りて軒廊并びに東階等を経、廂南一間・母屋東第一間自り入りて西進し、座程を計りて之に着く、雨儀、兀子前に於いて謝座す、帯剱人南に傍りて行くこと一両歩、剱をして礙《さまた》げしめざらんが為め也〉、

〔大意〕

内弁が宜陽殿兀子に着座。まず陣座の背後で、靴を履いて後、近仗の警声を聞き、壇上から南行して着座。内侍が東檻に出る。東御屏風の端から出、母屋の北障子辺から東行。東格子に沿って南行し、東檻上に着く。暫く留まって退去。内弁が起座し、微かに称唯。宜陽殿壇上を通って北行。軒廊東第二間から出て斜行し、左近陣南側に到着。次将の座から南に七尺、西に六寸。謝座再拝。少し北西を向いて一揖。次に再拝し、次に一揖。右に廻って軒廊及び東階等を通り、廂の南一間・母屋の東第一間から

入って西進。座を確認して着座。雨儀は、兀子の前で謝座。帯剱の人は南に一・二歩寄る。剱が邪魔にならないようにするためである。

〔解説〕

「内弁着㆓宜陽殿兀子㆒」は『江次第抄』に「待㆑召之儀也」とある。「宜陽殿」（図④）は西を正面とする母屋の桁行九間（十間とも）・梁行二間。北東西の三面に廂（東面北半には孫廂も）を有する基壇式建物。「兀子」は内弁の座。「鋪設部」によれば、「宜陽殿西廂北行第四間砌上中央」に設置。「近例」は「与㆑柱平頭」に設置とある。「着㆑靴」（浅沓から靴に履き替える）のは笏紙を押した後。内弁が笏紙を押す場所は前に「閑所」とあり、必ずしも「陣座後」に限らないが、結局内弁は靴に履き替えるために「陣座後」に向かうことになる。「内侍臨㆓東檻㆒」は『内裏式』『儀式』同様。『江次第抄』に「召㆓内弁大臣㆒之儀也」とある。「出㆑自㆓東御屏風妻㆒、自㆓母屋北障子辺㆒東行、副㆓東格子㆒南行、到㆓東檻上㆒」は内侍が東檻に向かう経路（図⑥参照）。「東御屏風」は御座北東に設置の「太宋屏風一帖」（「鋪設部」）。「母屋北障子」は賢聖《けんしょう》障子。紫宸殿母屋と北廂の堺に設置の襖障子（図⑥）。紫宸殿母屋は桁行九間。北廂との堺の九間のうち中央の間に獅子・狛犬・霊亀《れいき》（書負亀《ふみおえるかめ》）を、東西各四間に中国殷代から唐代に至る賢人各十六名づつ（一間各四名）を描く。中央の間は左右に開く引戸。霊亀は欄間《らんま》に張る。「鋪設部」によれば、この障子は常置が原則。ただし、「近例」では紫宸殿で行事がある日以外は取り外し、紫宸殿西廂の「御膳宿《おものやど》」（節会等の御膳調進の場）に置く。なお、紫宸殿西廂は母屋と壁で仕切られた塗込《ぬりごめ》。その南北に鍵付きの妻戸。「鋪設部」によれば、その鍵は内匠寮《たくみりょう》が管理。「斜行」は斜めに進むこと。ここは南西方向に進む。『江次第抄』に「内弁・外弁練歩者、於二君前一行二如法《じょほう》之礼一也」とある。これによれば斜行は練歩となる。「到二左近陣南頭一〈当二将座一南去七尺、西出六寸〉」は内弁謝座の位置。「頗乾面一揖、次再拝、次一揖」は謝座の作法。再拝の前後に一揖するのは、『江家次第』白馬節会次第によれば近例（次節参照）。『西宮記』は「再拝」のみ。「廂南一間」は「廂」の前に「東」が欠字か。東廂南第一間を入ると「母屋東第一間」となる（図⑥参照）。「帯剱人南傍行一両歩、為レ不レ令二剱礙一也」は、内弁が帯剱の場合、謝座の際に剱の鞘尻《さやじり》が兀子に当たらないように、兀子前から一・二歩南にずれるの意。

ちなみに、『北山抄』までは皇太子の謝座・謝酒も記載。『江家次第』では不記載。『江家次第』当時は皇太子の節会参列なし。「鋪設部」には皇太子の座の鋪設を記載するが、「近例太子不二参上一、仍無二此御装束一」とある。

▼開門・闈司着座の式次第

〔本文〕

開門〈左右将曹各率二近衛八人一、開二承明并左右腋門一、左右兵衛開二建礼門一〉、雨儀、左右近衛経二東西殿廂一、

闈司分居〈二人出レ自二射場一斜行、到二承明門左右掖一、着二草墪一〉、雨、経二安福殿廂一、

〔読み下し〕

開門す〈左右将曹各近衛八人を率き、承明并びに左右腋門を開く、左右兵衛建礼門を開く〉、雨儀、左右近衛東西殿廂を経る、闈司分居す〈二人射場自り出でて斜行す、承明門左右掖に到り、草墪《そうとん》に着く〉、雨、安福殿

廂を経る、

〔大意〕

開門。左右将曹がそれぞれ近衛八人を引率し、承明門及び左右腋門を開門。左右兵衛府が建礼門を開門。雨儀は、左右近衛が東西殿廂を通る。闈司が分居。二人が弓場殿から出でて斜行。承明門左右の腋に到着し、草墪に着座。雨は、安福殿廂を通る。

〔解説〕

『北山抄』巻九（「羽林要抄」）・元日節会に「次左右将曹各一人、率二番長一人・近衛七人一〈番長以下五人闈門、三人掖門、皆着二緑襖一、近例、黄襖訛也〉、開二承明門一、兵衛開二建礼門一」とある。さらに『江家次第』には不記載だが、「左右近衛各二人趨出、就二長楽・永安門外一、禁二察濫行一」（『江家次第』白馬節会には記載）とある。「東西殿廂」は東が北から宜陽殿・春興殿《しゅんこうでん》、西が同じく校書殿・安福殿の各廂（図④）。「草墪」は詰め物をした低い円柱状の座具。「雨」はこの後に「儀」が欠字か。

▼内弁召外弁王卿の式次第

〔本文〕

内弁召二舎人一〈二音〉、大舎四人同音称唯〈於二承明門外幔外一称レ之〉、少納言代就レ版〈候二外弁一者、参二入自二承明門左扉一立レ版〉、外弁公卿起座〈経二屏幔南一、鴈二行於左兵衛陣南頭一、外弁々起座、蹔立磬折〉、内弁宣、大夫達召、少納言称唯、左廻出召レ之〈於二幔外一忽帰入、立二壇下一北面称唯、去レ壇七・八尺許、更出二幔外一磬

折立、到二大納言下﨟一之間退出〉、

〔読み下し〕

内弁舎人を召す〈二音〉、大舎四人同音に称唯す〈承明門外幔《まん》外に於いて之を称す〉、少納言代はりて版に就く〈外弁に候する者、承明門左扉自り参入して版に立つ〉、外弁公卿起座す〈屏幔《へいまん》南を経、左兵衛陣南頭に雁《がん》行《ぎょう》す、外弁々起座す、暫く立ちて磬折す〉、内弁宣す、大夫達召せ、少納言称唯し、左に廻りて出でて之を召す〈幔外に於いて忽ち帰り入り、壇下に立ちて北面に称唯す、壇を去ること七・八尺許り、更に幔外に出でて磬折して立つ、大納言下﨟に到るの間に退出す〉、

〔大意〕

内弁が舎人を喚ぶ。二音。大舎四人が同時に称唯。承明門外の幔外で唱える。少納言が入れ替わって版位に就く。外弁に祇候の者が、承明門左扉から入閤して版位に立つ。外弁公卿が起座。屏幔の南を通り、左兵衛陣の南側に雁行。外弁の弁官が起座。暫く立って磬折。内弁が命じる。大夫達を喚べ。少納言が称唯し、左に廻りて出でて喚ぶ。幔外に一旦出てすぐに戻り、壇下に立って北面に称唯。壇から七・八尺程。再び幔外に出て磬折して立つ。大納言が下﨟になった頃に退出。

〔解説〕

「大舎四人」は「舎」の後に「人」が欠字。「承明門外幔」は「鋪設部」に「承明・建礼両門前差南去、東西行張二斑幔各二条一」とある「斑幔」（縦筋幕）か。「承明門左扉」は承明門西扉。「屏幔」は承明門外の斑幔。「鴈行」は雁行。斜め方向に列立すること。「左兵衛陣」は承明門外東側に設置。同西側は右兵

衛府が着陣。承明門外・建礼門内は左右兵衛府の管轄。なお、外弁諸卿は大舎人の称唯を合図に、長楽門前の待機座から承明門前東側の斑幔南側を通り、東西の斑幔の間（幔門《まんもん》という）から入って左兵衛陣南側に雁列か。『江家次第』白馬節会によれば雁列は「西上西面」。つまり幔門側を上位者に北東方向に西面して雁列。雁列する理由は斑幔と承明門の間隔が狭く、真っ直ぐに列立できないため。「於二幔外一忽帰入」は一旦斑幔外に出てすぐに幔内に戻るの意。『江家次第』白馬節会の該当部分は「先於二幔外一息、帰立二北面一称唯」とある。「去レ壇七・八尺許」は称唯の位置。承明門基壇から七・八尺離れた位置。「到二大納言下﨟一之間退出」は、「下﨟」（位階最下位）の大納言が承明門入門頃に少納言は退出の意か。

ところで、ここで内弁は少納言に「大夫達召」と命じる。節会参列者は元日節会・踏歌節会と白馬節会で相違。本来は元日節会・踏歌節会は次侍従以上、白馬節会は「五位以上」（『延喜式』太政官）・「六位以下百官主典以上」（『儀式』）に拡大。そこで内弁の言葉は元日節会・踏歌節会と白馬節会で相違。各書に記載の言葉を節会毎にまとめると次のようになる。

○元日節会

・『内裏儀式』『内裏式』『儀式』『北山抄』…「喚二侍従一」。

・『西宮記』『江家次第』『三節会次第』…「大夫達召」。　※『西宮記』は「大夫達召セ〈大節召二刀禰一、凡以二侍従一称二大夫一〉」とある。

○白馬節会

・『内裏儀式』…不記載。

・『内裏式』『儀式』『北山抄』…「喚㆓大夫等㆒」。　※『北山抄』は「召㆓大夫等㆒」。

・『西宮記』『江家次第』『三節会次第』…「刀禰《とね》召」。　※『江家次第』は平仮名。

○踏歌節会

・『内裏儀式』『内裏式』…不記載。

・『儀式』『北山抄』…「喚㆓侍従㆒」。　※『北山抄』は「召㆓侍従㆒」。

・『西宮記』『江家次第』『三節会次第』…「大夫等召」。　※『西宮記』は「召㆓侍従㆒〈詞云、大夫達召セ〉」とある。

以上によると、喚ぶ対象は侍従・大夫達（大夫等）・刀禰となる。『内裏儀式』元日節会に「大臣宣、喚㆓侍従㆒〈踏歌・九月九日節亦同、余節宣喚㆓大夫等㆒〉」とあったように、元日節会・踏歌節会は「侍従」、白馬節会では「大夫達（等）」が本来。『西宮記』以降に元日節会・踏歌節会は「大夫達（等）」、白馬節会は「刀禰」に変化。『西宮記』によれば「侍従」は「大夫」と同義。そのなかで『北山抄』は本来の言葉を踏襲。ただし、『江家次第』故実叢書本は「大夫達」に「マウチキンタチ」のルビ。『北山抄』は「喚㆓侍従㆒」に対し、「末《ま》不《ふ》千《ち》君《きん》達《たち》召《め》世《せ》、小節皆用㆓此詞㆒」とある。『西宮記』踏歌節会に「召㆓侍従㆒〈詞云、大夫達召セ〉」とある「大夫達」も「マフチキンタチ」と読むか。つまり侍従・大夫達（等）のどちらも、内弁の発音は「マフチキンタチ」か。もっとも『江家次第』に「近例、侍従不㆑見」とある（後述）。

▼王卿列立・謝座の式次第

〔本文〕

王卿以下列入、立レ標〈入レ自二承明門左一、異位重行、北面西上、近例、参議立二後列一、不レ可レ然、可レ立二於納言末一、但可二退立一、故隆俊卿、此日、正二位中納言、与二従二位中納言一頗有レ間立〉、諸仗立、内弁宣、侍座〈異位重行体有二説々一、親王後大臣、々々後大納言、々々々後中納言、中納言後参議也、但二位中納言大納言ヲメル、二位参議中納言ニヲメル也〉、群臣再拝〈謂二之謝座一、堂上着座ヲ謝スル拝也〉、

〔読み下し〕

王卿以下列入し、標に立つ〈承明門左自り入り、異位重行、北面西上、近例、参議後列に立つ、然るべからず、納言末に立つべし、但し退き立つべし、故隆俊《たかとし》卿、此の日、正二位中納言、従二位中納言と頗る間有りて立つ〉、諸仗立つ、内弁宣す、侍座〈異位重行体説々有り、親王後に大臣、々々後に大納言、々々々後に中納言、中納言後に参議也、但し二位中納言大納言におめる、二位参議中納言におめる也〉、群臣再拝す〈之を謝座と謂ふ、堂上着座を謝する拝也〉、

〔大意〕

王卿以下が並んで入閤し、標に立つ。承明門左から入閤し、異位重行。北面西上。近例は、参議が後列に立つ。適切でない。納言の末に立つべし。ただし下がって立つべし。故隆俊卿は、この日、正二位中納言。従二位中納言と少し間を開けて立った。諸仗が起立。内弁が命じる。座に着け。異位重行の方法に諸説ある。親王の後に大臣、大臣の後に大納言、大納言の後に中納言、中納言の後に参議である。

ただし二位中納言は大納言とはずれ、二位参議は中納言とはずれる。群臣が再拝。これを謝座という。堂上着座を感謝する拝である。

〔解説〕

「承明門左」は「左」の後に「扉」が欠字か。「近例、参議立㆓後列㆒、不㆑可㆑然、可㆑立㆓於納言末㆒、但可㆓退立㆒」は、近例では参議は納言列の後ろに列立するが、納言列の末に少し下がった位置に列立すべきの意。「不㆑可㆑然」は近例に対する匡房の批判。ただし、『江次第抄』に「此謂㆓二位・三位参議㆒也、於㆓四位参議㆒者可㆑立㆑後」とある。納言列末に列立するのは二位・三位の参議の意。「故隆俊卿、此日、正二位中納言、与㆓従二位中納言㆒頗有㆑間立」は本来は本文ではなく、後世の頭書や傍書が写本段階で混入したか。「故隆俊卿」は源隆俊（一〇二五～七五）。延久三年（一〇七一）八月から承保二年（一〇七五）三月まで正二位権中納言。「侍座」は故実叢書本に「シキサニ」のルビ。『西宮記』では「敷居《しきい》爾《に》」。『北山抄』では「侍座〈之支尹《しきいん》〉」。『三節会次第』は「志木尹《しきいん》〈一説シキヰニ〉」とある。『江次第抄』に「謂㆑可㆑昇㆓著堂上所㆑敷之座㆒也、引㆑声召之時、曰㆓敷尹㆒」とある。「堂上」（殿上）に「敷く座に」が訛って「敷尹《しきいん》」となるか。「異位重行体有㆓説々㆒、親王後大臣、々々後大納言、々々々後中納言、中納言後参議也、但二位中納言大納言ヲメル、二位参議中納言ニヲメル也」は異位重行の列立法の一例。ただし、本来は本文ではなく、後世の頭書や傍書の写本段階での混入か。「二位中納言大納言ヲメル」は、二位中納言は中納言列ではなく、大納言列末に少しずれて（下がって）列立の意。「二位参議中納言ニヲメル」は、二位参議は参議列ではなく、中納言列末に少しずれて列立の意。

なお、「鋪設部」と『北山抄』には異位重行のための標の位置が記載。両者は一部に相違があるが「鋪設部」を基調に示す。尋常版から南に五尺程、東に二丈二尺（『北山抄』は二丈）の位置に親王の標。そこから南に順に大臣・大納言・中納言の各標。各間隔は七尺。中納言の標から東に一丈三尺の位置に三位参議の標。その南に順に散位三位、ついで参議（『北山抄』によれば王四位参議）の各標。各間隔は七尺。中納言の標から南に順に四位参議、王四位・五位、臣四位、臣五位の各標。各間隔は八尺。馳道を挟み西に親王の標に相対する位置に王四位・五位の標、南に順に臣四位・五位の標（さらに「臣四位・五位標」とあるが衍字か）。各間隔は八尺（親王の標以下の間隔は『北山抄』はすべて七尺）。なお、これに基づく指図が『四節八座抄』に記載。『江次第抄』に転載。

▼謝酒の式次第

〔本文〕

酒正授二空盞於貫首人一〈相跪取レ之、置レ笏取レ之、不レ取レ盤、乍レ居一拝立〈跪先二左膝一、起先二右足一、酒正帰到二桜樹下一之間立〉〉、群臣再拝、再拝畢、酒正来亦跪〈酒正帰間起如レ上、謂二之謝酒一、飲酒謝スル拝也〉、

〔読み下し〕

酒正空盞を貫首人に授く〈相跪きて之を取る、笏を置きて之を取る、盤を取らず、居し乍ら一拝して立つ〈跪くは左膝を先とし、起つは右足を先とす、酒正帰りて桜樹下に到るの間に立つ〉〉、群臣再拝す、再拝し畢り、酒正来りて亦跪く〈酒正帰る間に起つこと上の如し、之を謝酒と謂ふ、飲酒を謝する拝也〉、

〔大意〕

酒正が空盞を貫首人に授ける。互いに跪いて受け取る。笏を置いて受け取る。盤は受け取らない。跪いたまま一拝して起立。跪く時は左膝から、起つ時は右足から。酒正が戻って桜樹の許に着く頃に起立。群臣が再拝。再拝し終わり、酒正が来てまた跪く。酒正が戻る頃に起立するのは上記の通り。これを謝酒と言う。飲酒を感謝する拝である。

〔解説〕

「不レ取レ盤」は、酒正は空盞を盤に載せて外弁上卿に差し出し、上卿は空盞のみを受け取るの意。

「盤」は懸盤《かけばん》。四脚・方形・縁付の折敷（お盆）。四脚も底で繋がる。

▼王卿着座の式次第

〔本文〕

次第右廻入レ自二軒廊東二間一、参上着座〈大臣北面、着レ北人、経二東廂一入レ自二中間北辺一、着レ南人、入レ自二南廂一着、親王并非参議着レ北、近例、中納言以下相分着レ北、依二公卿員数多一歟〈四位参議着レ北、三位参議着レ南、但大弁雖二四位一着レ南〉〉、侍従以下着二幄座一〈諸王西、諸臣東、公卿三人許昇殿後〉、近例、侍従不レ見、故源右府命曰、輔親・為政・公則等、元日称レ可レ拝二龍顔一必参、其後不レ見〈近代無二参仕輩一也〉、諸仗居、中務点検〈入レ自二長楽・永安門一、近代無レ之〉、

〔読み下し〕

次第に右に廻りて軒廊東二間自り入り、参上して着座す〈大臣北面す、北に着く人は、東廂を経て中間北辺自り入る、南に着く人は、南廂自り入りて着く、親王并びに非参議北に着く、近例、中納言以下相分れて北に着く、公卿員数多きに依る歟〈四位参議北に着く、三位参議南に着く、但し大弁四位と雖も南に着く〉〉、侍従以下幄座に着く〈諸王西、諸臣東、公卿三人許り昇殿後〉、近例、侍従見ず、故源右府《げんうふ》命せて曰く、輔親《すけちか》・為《ため》政《まさ》・公則《きみのり》等、元日は龍顔《りゅうがん》を拝すべきと称して必ず参る、其の後見ず〈近代参仕輩無き也〉、諸仗居す、中務点検す〈長楽・永安門自り入る、近代之無し〉、

〔大意〕

順次右に廻って軒廊東二間に入り、昇殿・着座。大臣は北面。北側に着座の人は、東廂を通って中間北辺から入る。南側に着座の人は、南廂から入って着座。親王と非参議は北側に着座。近例は、中納言以下は分かれて北側に着座。公卿の数が多いからであろう。四位参議は北側に着座。三位参議は南側に着座。ただし大弁は四位でも南側に着座。侍従以下が幄座に着座。諸王は西側。諸臣は東側。公卿三人程が昇殿後。近例は、侍従なし。故源右府が仰るには、輔親・為政・公則等は、元日は龍顔を拝見する必要があると言って必ず参上。その後は見ない。近代は参列の輩はない。諸仗が着座。中務が点検。長楽・永安門から入閤。近代はない。

〔解説〕

「参上」は昇殿同義。「大臣北面、着㆑北人、経㆓東廂㆒入㆑自㆓中間北辺㆒、着㆑南人、入㆑自㆓南廂㆒着、親王并非参議着㆑北、近例、中納言以下相分着㆑北、依㆓公卿員数多㆒歟〈四位参議着㆑北、三位参議着㆑南、但

大弁雖二四位一着レ南〉」は親王・公卿の着座位置。「鋪設部」によれば、親王・公卿の座は「当二御帳東第二間中央一、東西行設二親王・公卿座一、鋪二紺布蛮絵毯代一〈皇太子不レ侍之時、第二間西柱西進二許尺鋪レ之〉、立二兀子・独床子・簀子敷床子等一〈北親王・参議座、南大臣・大中納言・三位参議・散三位参議座、並西上対座〉」とある。これによれば、王卿の座は、「御帳東第二間中央」つまり御帳設置の紫宸殿母屋中央（東五間・西五間）から東に二間離れた位置。つまり母屋東三間中央から東（皇太子座不設置の場合は更に西に移動）に東西行に南北二列（西上南北面）に設置。親王・公卿の配置は、南面する北座が親王・四位参議・非参議、北面する南座が内弁を含む大臣・大中納言・三位参議・散三位参議（「散三位参議」の「参議」は衍字か）の座。ただし、大弁兼官の四位参議は南座。また、「近例」は公卿人数の増加で中納言以下は北座にも着座。ということになる。なお、『江次第抄』によれば、内弁・大弁等が南座なのは節会中に殿上を昇降する便宜のため。これは各人が長寸の下襲の裾を引きずっていることとも関係するか。

以上を前提に『江家次第』本文に戻る。「大臣北面」の「大臣」はここは内弁。「中間北辺」は紫宸殿母屋東面北二間（南二間）北側。「侍従以下」はここは王と次侍従。「幄座」は、「鋪設部」に「承明門内東西腋東行各立二五丈幄一宇一〈木工寮運二調度一、大蔵省立レ屋、当二承明門東砌一西進二許尺、立二東幄西柱一、当二西砌一東進二許尺、立二西幄東柱一〉」とある。承明門内東西に「東行」（東西行）に五丈幄各一宇を北面に設置。「諸王西、諸臣東」は諸王は西側幄、「諸臣」（次侍従）は東側幄の意。「故源右府命曰、輔親・為政・公則等、元日称レ可レ拝二龍顔一必参、其後不レ見〈近代無二参仕輩一也〉」は本文以外の写本段階での混入か。「故源右府」は源師房《もろふさ》（一〇〇八～七七）。「輔親」は大中臣《おおなかとみ》輔親（九五四～一〇三八）か。「為政」は慶滋《よししげ》為政〈生没年不詳〈長元元年〈一〇二八〉段階で存命〉〉か。「公則」は藤原公則〈生没年不詳〈長元四年〈一〇三一〉段階で存命〉〉か。これによれば、次侍従の元日節会への参列は後一条天皇（一〇〇八〜三六）代頃が最後か。「龍顔」は天皇の尊顔。「中務点検」は中務省録による次侍従以上の点呼。『延喜式』中務省に「省預点二検次侍従以上一〈十六日准レ此〉」とある。また、『西宮記』に「中務録点検〈執レ簡入レ自二長楽門・永安門一〉」とある。なお、『延喜式』式部省上によれば、元日節会・白馬節会・豊明節会では式部省も五位以上を点検。ただし、元日節会での式部省による点検は『西宮記』『北山抄』『江家次第』いずれも不記載。

▼饗宴準備の式次第

〔本文〕

酒部立〈内竪入レ自二日華門一立レ軒、酒部左右各八人、入レ自二長楽・永安門一、立二左右胡一瓶下一〉、采女撤二御膳台盤杷一〈自二御膳宿一出、陪膳采女留着二草墪一、以二御盤一受レ杷、自二西階一給二内膳官人一〉、

〔読み下し〕

酒部立つ〈内竪日華門自り入りて軒に立つ、酒部左右各八人、長楽・永安門自り入り、左右胡一瓶下に立つ〉、采女《うねめ》御膳台盤杷《おおい》を撤す〈御膳宿自り出づ、陪膳《ばいぜん》采女留りて草墪に着く、御盤を以て杷を受け、西階自り内膳官人に給ふ〉、

〔大意〕

酒部が起立。内豎が日華門から入閤して軒に立つ。酒部左右それぞれ八人が、長楽・永安門から入閤し、左右胡一瓶の許に立つ。采女が御膳台盤の覆を取り除く。御膳宿から出る。陪膳采女は留まって草墪に着座。御盤で覆を受け、西階から内膳官人に手渡す。

〔解説〕

「酒部立」は酒部が位置に付くの意。「酒部」はここは「内堅」と「酒部左右各八人」。「軒」は軒廊。「廊」が欠字か。『西宮記』に「酒部内豎入レ自二日花門一、立二軒廊下一」とある。『内裏式』によれば、節会の酒部はいずれも内豎が勤仕。内豎が王卿（昇殿者）、酒部左右各八人が次侍従（不昇殿者）の給酒役。「左右胡一瓶」の「一」は衍字か。「胡瓶」は「鋪設部」に「胡《こ》国《こくの》 瓶《へい》也」とある。胡国（ササン朝ペルシャ〈二二六～六五一〉）原産の瓶。節会で酒器として使用。形状は胴部が球形で頸部が長寸。底は脚または高台付《こうだいつき》。注口は鳥頸型《とりくびがた》。蓋・大型把手付。水差にも使用。正倉院に漆胡瓶《しっこへい》（北倉43）が現存。「鋪設部」によれば、胡瓶は御前に天皇用一口（後述）、軒廊内に王卿用二口（「近例、只有二一口金銅鳳瓶《ほうへい》一、其東立レ樽」とある）、さらに東西幄北側に次侍従用各二口を設置。つまり内豎は王卿用胡瓶の許、酒部左右各八人は次侍従用胡瓶の許に立つ。『西宮記』に「酒部八人立二幄前一」とある。「采女」は御膳奉仕の下級女官。本来は地方豪族が朝廷に貢進した女子。節会では紫宸殿西廂の御膳宿に祗候。「御膳台盤」は天皇用台盤。「台盤」は座卓形式の食卓。節会では天皇・王卿・次侍従各座前に設置。「鋪設部」によれば、天皇用台盤は朱漆塗四脚。設置位置は「御帳内御座南」に一脚（一《いちの》御台盤〈主台盤〉）。「御帳南差西去」位置に一脚（二《にの》御台盤）。「南廂西第二間差南去」位置に南北二脚。「帊」は台盤に被せる布帛。天皇用は両面錦製。本来は一御台盤にのみ被せる。しかし、「鋪設部」によれば、「近例」は台盤四脚すべてに「両面帊」。これによれば、采女は『江家次第』当時は四脚すべての台盤の帊を取り除くか。「〈自二御膳宿一出、陪膳采女留着二草墪一、以二御盤一受レ帊、自二西階一給二内膳官人一〉」は、采女が御膳宿から母屋に入り、そのうち「陪膳采女」（直接的に御膳の世話をする采女）が草墪に着座。他の采女は台盤の帊を「御盤」（お盆）に載せ、西階から内膳官人に手渡すの意か。陪膳采女の草墪は、鋪設部によれば「其南置二緑草墪一〈陪膳采女座〉」とある。「其南」は二御台盤南。

なお、近世の文献だが、御厨子所 預《あづかり》 高橋宗恒《むねつね》（一六四〇～一七〇六）の『正月三節会御膳供《ぐ》進《しん》之次第』（国立国会図書館蔵）という巻子の絵図（以下、『御膳供進次第』）によれば、一御台盤には、銀御箸二双・銀御匙《さじ》二支《え》・木御箸二双を置いた銀馬《ば》頭盤《とうばん》（低四脚付の馬頭型金属製盤）と、それぞれ銀器に入れた松子《しょうし》（松実《まつのみ》）・栢子《はくし》（柏の実か）・棗《なつめ》・柘榴《ざくろ》の木菓子《きがし》（果物）四種、二御台盤には同じく銀器に入れた橘《きっ》子《し》・柑子《こうじ》・栗・梨子《なし》の木菓子四種を事前に準備。ただし、『江家次第』では「鋪設部」にも不記載。ちなみに「鋪設部」によれば、南廂に設置の南北二脚の天皇用台盤は、南の台盤には「胡瓶一口」、北は「酒海・御盞・杓等」を準備。しかし、「近代」は北に「胡瓶」、南に「酒樽等」となる。

▼供饌の式次第

〔本文〕

内膳入レ自二月華門一、供二御膳一〈遅供時、内膳別当公卿起座催レ之、正以下令史等叉手前行、膳部相従、正・令史留立レ版、令史称二警蹕一、膳部等八人相並登二南階第一級一、采女等迎取供レ之、可レ出三入自二御膳西間一歟、供二御膳一間、采女磬折立、但陪膳居二御帳上一、供畢、却着二草墪一〉、供二八盤一〈毎レ物有二盖・擎子一、酢・酒・鹽・醤・餛飩・索餅・餲餬・桂心、進物所於二西階一受二御盤一〉、諸臣・諸仗共立〈八盤供畢居〉、進物所於二西階一受二御盤一、供二次々膳一〈自二西階一供レ之〉、䭔子・黏臍・饆饠・団喜、

〔読み下し〕

内膳月華門自り入り、御膳を供ず〈遅く供ずる時、内膳別当公卿起座して之を催す、正《かみ》以下令史等叉手《さしゅ》して前行す、膳部相従ふ、正・令史留りて版に立つ、令史警蹕を称ふ、膳部等八人相並びて南階第一級を登る、采女等迎へ取りて之を供ず、御膳西間自り出入すべき歟、御膳を供ずる間、采女磬折して立つ、但し陪膳御帳上に居す、供じ畢り、却りて草墪に着く〉、八盤《はちばん》を供ず〈物毎に盖《ふた》・擎子《けいし》有り、酢・酒・鹽《しお》・醤《ひしお》・餛飩《こんとん》・索餅《さくべい》・餲餬《かっこ》・桂心《けいしん》、進物所《しんもつどころ》西階に於いて御盤を受く〉、諸臣・諸仗共に立つ〈八盤供じ畢りて居す〉、進物所西階に於いて御盤を受く、次々膳を供ず〈西階自り之を供ず〉、䭔子《けいし》・黏臍《てんめい》・饆饠《ひつら》・団喜《だんき》、

〔大意〕

内膳が月華門から入閣し、御膳を供える。供えるのが遅れた時は、内膳別当の公卿が起座して催促。膳部正以下令史等が叉手して前行。膳部が従う。正・令史が留まって版に立つ。令史が警蹕を称える。膳部等八人が並んで南階一段目を登る。采女等が迎え取って供える。御膳は西間から出入するべきか。御膳を供える間、采女は磬折して立つ。ただし陪膳は御帳の中に控える。供え終わり、退いて草墪に着座。八盤を供える。物ごとに蓋と擎子がある。酢・酒・鹽・醤・餛飩・索餅・餲餬・桂心。進物所が西階で

御盤を受ける。諸臣・諸仗が一斉に起立。八盤を供え終わって座る。進物所が西階で御盤を受ける。次々膳を供える。西階から供える。餢子・黏臍・饆饠・団喜。

〔解説〕

「内膳別当公卿」は内膳司公卿別当。大・中納言が兼官。「正以下令史等叉手前行」は、『延喜式』采女司に「凡諸節会日、正及令史供二奉御膳前一〈令史用二采女朝臣氏一〉」とある。これによれば「正以下令史等」は内膳司職員のうち正《かみ》（長官）と令史（三等官）。令史は「采女朝臣氏」つまり采女同族を使用か。典膳《てんぜん》（次官）は不記載。なお、職員令によれば、内膳司長官は本来は奉膳《ぶぜん》二名。古来天皇の食膳を担った高橋・安曇《あずみ》両氏が世襲。ところが、神護景雲二年（七六八）に高橋・安曇両氏以外の者が長官になる場合は正と称することになった（『続日本紀』同年二月癸巳〈十八日〉条）。「叉手」は『江次第抄』に「入二合左右指一也」とある。前で指を組むの意か。「膳部」は「膳部等八人」。各人「八盤」（後述）一種ずつを持つ。「版」は尋常版。「警蹕」はここは供饌の警蹕。「膳部等八人相並登二南階第一級一、采女等迎取供レ之」は、御膳一種ずつを持った膳部が南階一段目に立ち並び、それぞれを采女八人が受け取って供えるの意か。なお、紫宸殿では、南階から手渡すのは御膳のうち八盤のみ。他はみな西階を使用。「可レ出三入自二御膳西間一歟」は采女による御膳の供え方に対する匡房の意見か。「御膳」は「御帳」の間違いか。采女は御帳の西側から出入して御膳を供えるの意か。「供二御膳一間、采女磬折立」は、一人の采女が御膳を供えている間は、他の采女は磬折するの意か。「陪膳居二御帳上一」は陪膳采女だけは御帳内に控えるの意。陪膳采女が配膳の指示をするか。

「八盤」は晴《はれの》御膳とも。「酢・酒・鹽・醤・餛飩・索餅・餲餬・桂心」の八種。内膳司調進。「酢・酒・鹽・醤」は調味料四種。「醤」は大豆を発酵させた調味料。現在の嘗味噌《なめみそ》に相当。「餛飩・索餅・餲餬・桂心」は唐菓子四種。当時菓子といえば木菓子と唐菓子がある。木菓子は果実（既述）、唐菓子は中国伝来の米粉や小麦粉を材料とする食品。詳細は不明な点も多く割愛するが、現在の餅菓子や点心に相当か。そのうち索餅はドーナツに近いか。餛飩は皮で包んだ餡を具とする汁物。雲呑《わんたん》に近いか。これを本来はそれぞれ小型台盤に載せて運んだために八盤というか。ただし、『御膳供進次第』によれば、調味料四種で一盤、唐菓子四種で一盤の二盤。「毎レ物有二盖・擎子一」は、八盤それぞれは容器に入れ、容器は「盖」（蓋）と「擎子」（托子《たくし》〈茶托《ちゃたく》に相当〉）付の意。なお、容器は『御膳供進次第』によれば「椀」。餛飩は汁と具が別椀。「進物所於二西階一受二御盤一」は采女が「御盤」（八盤それぞれの台盤）を西階で進物所に手渡すの意。配膳すれば御盤は不要となる。また、『御膳供進次第』によれば、盖・擎子も取って配膳。なお、『江家次第』『御膳供進次第』ともに八盤配膳の台盤については不記載。一御台盤か。「次々膳」の「々」は「御」の間違いか。次御膳は晴御膳に対し脇《わきの》御膳・残《のこりの》御膳等とも。「餢子・黏臍・饆饠・団喜」の唐菓子四種。御厨子所調進。『御膳供進次第』によれば、盖・擎子付の椀に入れて一盤に載せる。なお、やはり『江家次第』『御膳調進次第』ともに脇御膳配膳の台盤は不記載。二御台盤か。

▼賜饌の式次第

〔本文〕

次給二臣下餛飩一〈大膳大夫率二内竪一役二送之一〉、次御箸下〈鳴レ箸給〉、臣下随テ下レ箸〈可レ搢レ笏、近代倚二台盤一、或倚二台盤一、或置二尻下一、近代不レ指也〉、

〔読み下し〕

次いで臣下に餛飩を給ふ〈大膳大夫内竪を率ひて之を役送す〉、次いで御箸下る〈箸を鳴らし給ふ〉、臣下随ひて箸を下す〈笏を搢すべし、近代台盤に倚《よ》す、或るは台盤に倚す、或るは尻下に置く、近代指さざる也〉、

〔大意〕

次に臣下に餛飩を給う。大膳大夫が内豎を引率して役送。次に御箸が下る。箸をお鳴らしになる。臣下が応じて箸を付ける。笏を挿す必要がある。近代は台盤に立て掛ける。あるいは台盤に立て掛ける。あるいは尻の下に敷く。近代は挿さない。

〔解説〕

「臣下餛飩」は大膳司調進。「鳴レ箸給」は天皇が御膳に箸を付ける合図。「臣下随テ下レ箸」はその合図によって臣下が箸を付けるの意。「可レ搢レ笏、近代倚二台盤一、或倚二台盤一、或置二尻下一、近代不レ指也」は食事中の笏の処理法。「可レ搢レ笏」は笏を石帯の腰に挿すの意。これが本来。ところが「近代」は「倚二台盤一」、または「置二尻下一」のように変化。「或倚二台盤一」は衍字か。なお、「台盤」は諸卿座前設置の台盤。「鋪設部」によれば、親王・大臣の前に四尺台盤一脚。納言の前に同じく四尺台盤三脚。参議の前に八尺台盤一脚。また、四尺台盤に六杯、八尺台盤に十二杯の「七寸朱塗盤」に盛った菓子〈唐

菓子・木菓子）を事前に設置。その菓子は「加《か》之《く》縄《なわ》一杯」（麦索《むぎなわ》とも。索餅同様。白馬節会「鋪設部」は「加《か》久《く》縄《なわ》」）・「餲餬・黏臍合一杯」・「大柑子一杯」・「干柿一杯」・「椿餅《つばきもち》一杯」（八尺台盤は各種二坏づつ）、さらに「或依㆓当時所在㆒、其南北以㆓土器㆒居㆓腹赤切并鹽・箸等㆒」とある。「或依㆓当時所在㆒」（あるいはその時にあればの意）は「腹赤切」（腹赤の切身）にのみ掛かるか。餛飩のみ汁物のために事前設置なし。なお、『江家次第』当時、御膳を含めて実際に食したかどうかは微妙。

▼供鮑御羹・御飯の式次第

〔本文〕

次供㆓鮑御羹㆒〈銀器、便撤㆓索餅㆒〉、次供㆓御飯㆒〈便撤㆓餛飩㆒〉、次供㆓進物所御菜㆒〈窪器二・盤物六・汁物二、并十度〉、次供㆓御厨子所御菜二盤㆒〈一八坏〈盤物・焼物二〉・一四坏〈汁物二〉〉、

〔読み下し〕

次で鮑御羹《あつもの》を供ず〈銀器、便ち索餅を撤す〉、次で御飯を供ず〈便ち餛飩を撤す〉、次で進物所御菜を供ず〈窪器《くぼき》二・盤物六・汁物二、并びに十度〉、次で御厨子所御菜二盤を供ず〈一は八坏〈盤物・焼物二〉・一は四坏〈汁物二〉〉、

〔大意〕

次に鮑の御羹を供える。銀器。すぐに索餅を下げる。次に御飯を供える。すぐに餛飩を下げる。次に進物所の御菜を供える。窪器二・盤物六・汁物二。合わせて十度。次に御厨子所の御菜二盤を供える。

一盤は八杯。盤物。焼物二。一盤は四坏。汁物二。

〔解説〕

「鮑御羹」は鮑を具とした熱い吸い物。羹・御飯ともに内膳司調進。「銀器」は銀製椀。『御膳供進次第』によれば、御飯は高盛。羹とともに容器は盖・擎子付。それぞれで一盤。配膳の際は盖・擎子を取る。『江家次第』によれば、羹・御飯を置く台盤は索餅・餛飩と同じか。なお、羹以外の椀の材質は不記載。「進物所御菜」は進物所調進の「御菜」（おかず）。「窪器二・盤物六・汁物二、并十度」はその内容。『御膳供進次第』によれば、「窪器二」は椀に入れた海月《くらげ》（木耳《きくらげ》）と老海鼠代（不明）の二坏。「盤物六」は皿に載せた高盛の蒸鮑《むしあわび》・雉脯《ほしし》（雉干肉）・干鯛の切身三盤と平盛の腹赤・鱸・烏賊の切身三盤。「汁物二」は鯛と鯉の身をそれぞれ具とした汁物二坏。汁物は一般的には汁（スープ）。ただし、『御膳供進次第』の図によれば汁で煮た煮物の可能性もあるか。海月・老海鼠代・蒸鮑・雉脯・干鯛を一盤、腹赤・鱸・烏賊と汁物二坏を一盤に載せる。「并十度」は合わせて十種の意。「御厨子所御菜二盤」は御厨子所調進の御菜二盤。「一八杯」は一盤は八坏の意。「一四坏」は一盤は四坏の意。その内容は前者は「盤物・焼物二」、後者は「汁物二」とある。ただし、それでは八杯・四坏と数が合わない。『御膳供進次第』によれば、「焼物二」を前者に入れるのは『江家次第』の錯簡。正しくは後者の内容。『御膳供進次第』によれば、一盤は盤物八坏。内容は楚割《すわり》（細かく裂いた魚の干物）・生鳥・鯛・蛤（剥身）・鯵・鮭・鮎白干・焼蛸（生鳥・鯛・鯵・鮭・鮎白干・焼蛸は切身）の八種。蛤のみ平盛。他は高盛。もう一盤は焼物二盤と汁物二盤。焼物は零餘子《むかご》焼と雉足焼。汁物は鮑と鳥。

▼賜飯・汁の式次第

〔本文〕
給㆓臣下飯・汁物㆒、御箸鳴、臣下応㆑之、

〔読み下し〕
臣下に飯・汁物を給ふ、御箸鳴る、臣下之に応ず、

〔大意〕
臣下に飯・汁物を給う。御箸が鳴る。臣下が応じる。

〔解説〕
『北山抄』に「旧例不㆔必待㆓臣下汁物㆒」とある。これによれば、旧例では天皇は臣下への汁物の配膳を待たずに箸を付ける場合もあったか。

▼供三節御酒の式次第

〔本文〕
供㆓三節御酒㆒〈盛㆓青瓷坏㆒甘糟也、不㆑給㆓臣下㆒〉、

〔読み下し〕
三節《さんせち》御酒《のみき》を供ず〈青瓷《せいじ》坏《はい》に盛る甘糟《あまかす》也、臣下に給はらず〉、

〔大意〕

三節御酒を供える。青磁盃に注ぐ甘糟である。臣下には給わらない。

〔解説〕

「三節御酒」は正月三節会で天皇・皇太子にのみ供える「盛二青瓷坏一甘糟」。『北山抄』に「甘糟也、用二青瓷盞一、七日・十六日同可レ供レ之、仍謂二三節一」とある。「青瓷坏」は青磁製盃。故実叢書本に「アヲシノ」のルビ。ただし、『西宮記』には「盛二土坏一、供二主上及太子一、又盛二瓷坏一」とある。本来は「土坏」（土器）か。「甘糟」は甘酒。故実叢書本に「アマカス」のルビ。『御膳供進次第』によれば三種。材料はそれぞれ白米・糯米《うるちまい》・黒米（玄米）。『延喜式』造酒司に各材料が「米五斗」「糯米五斗」「精粱米五斗」の「三種糟各五斗」がみえる。これが三節御酒か。「鋪設部」によれば、三節御酒は本来は「唐瓶子《からへいし》三口」に入れて用意。ただし、「近代不レ見、仍件御酒等自二御膳宿一供二進之一」とある。三節御酒を注ぐ作法等は不記載。なお、『御膳供進次第』によれば、三節御酒は平盛に描く。これによれば、液体ではなく酒糟そのものか。

▼一献・国栖奏の式次第

〔本文〕

一献〈采女供二御酒一、第二采女持レ盞、出レ自二御前間西辺一、立二柱南東面一、御飲畢、進レ自二同間一受二御盞一、出レ自二西間一〉、給二臣下一〈酒正率二内竪一献レ之、唱平両行〉、国栖奏二歌笛一〈於二承明門外一奏レ之〉、

〔読み下し〕

一献〈采女御酒を供ず、第二采女盞を持つ、御前間西辺自り出で、柱の南東面に立つ、御飲畢り、同間自り進みて御盞を受け、西間自り出づ〉、臣下に給ふ〈酒正内竪を率きて之を献ず、唱平《しょうへい》両行す〉、国栖歌笛を奏す〈承明門外に於いて之を奏す〉、

〔大意〕

一献。采女が御酒を供える。第二采女が盞を持つ。御前の間の西側から出、柱の南東面に立つ。御飲が終わり、同間から進んで御盃を受け取り、西間から出る。臣下に給う。酒正が内豎を引率して賜酒。唱平両行。国栖が歌笛を演奏。承明門外で演奏。

〔解説〕

「采女供二御酒一、第二采女持レ盞、出レ自二御前間西辺一、立二柱南東面一、御飲畢、進レ自二同間一受二御盞一、出レ自二西間一」は供一献の式次第。「采女」は陪膳采女。供酒担当。「第二采女」は「御盞」担当。「盞」は「御盞」の盞。「出レ自二御前間西辺一、立二柱南東面一、御飲畢、進レ自二同間一受二御盞一、出レ自二西間一」は第二采女の式次第（作法）。「御前間西辺」は御座設置の紫宸殿母屋東五間（西五間）西側（図⑥）。「柱東南面」は同間西側柱の東南。御座側を向いて立つか。「同間」は紫宸殿母屋東五間（西五間）。「西間」は紫宸殿母屋西第一間。供二献・三献については不記載だが、一献毎に御盞を交換。第二采女は同様の行動を取るか。なお、『北山抄』に「入レ夜時、毎二供畢一、陪膳采女示二大臣一」とある。暗いため供酒が終わったかどうか内弁が分からないため。「唱平両行」は給酒の際に寿ぎの言葉を二回唱えるの意か。『江次第抄』に「愚案、平者称レ寿之意歟」とある。「愚案」は一条兼良の考え。「国栖奏二歌笛一」は御贄献

上については不記載。『西宮記』『北山抄』は「国栖奏」とあるのみ。『西宮記』以降は形式化したか。

▼二献・御酒勅使の式次第

〔本文〕

二献、仰二御酒勅使一、内弁起座折、申云、大夫于御酒給牟、御揖許、畢復座、召二参議一人一〈其官訓召レ之〉、被レ召者立テ称唯、進立二内弁後七尺一〈揖二内弁一、慥尋二候レ座人一召レ之〉、内弁仰云、大夫達于御酒給へ、称唯揖、左廻テ下二東階一、召二外記一、問二勅使名一〈外記書レ之進レ之〉、還昇テ進、留二簀子第二間一〈自二廂第二柱一西去二尺許〉、西面ニ立テ召畢〈不レ待二参進一〉、微音仰云、大夫達に御酒給へ、畢右廻復座〈大夫等交名、可二副レ笏召一之由、見二参議役一、近例入レ懐〉、

〔読み下し〕

二献、御酒勅使《みきのちょくし》を仰す、内弁起座して折す、申して云ふ、大夫に御酒給む、御揖許り、畢りて復座す、参議一人を召す〈其の官を訓にこれを召す〉、召さるる者立ちて称唯す、進みて内弁の後七尺に立つ〈内弁に揖す、慥かに座に候ふ人を尋ねて之を召す〉、内弁仰せて云ふ、大夫達に御酒給へ、称唯して揖す、左に廻りて東階を下り、外記を召す、勅使の名を問ふ〈外記之を書きて之を進む〉、還昇して進み、簀子第二間に留まる〈廂第二柱自り西に去ること二尺許り〉、西面に立ちて召し畢んぬ〈参進するを待たず〉、微音に仰せて云ふ、大夫達に御酒給へ、畢りて右に廻りて復座す〈大夫等交名《きょうみょう》、笏に副へて召すべきの由、参議役に見ゆ、近例懐に入る〉、

〔大意〕

二献。御酒勅使を命じる。内弁が起座して折。申し上げて言う。大夫に賜酒したい。御揖のみ。終わって復座。参議一人を喚ぶ。その官名を訓で喚ぶ。喚ばれた者は起立して称唯。進んで内弁の背後七尺に立つ。内弁に揖。確実に着座の者を確かめて喚ぶ。内弁が命じて言う。大夫達に賜酒せよ。称唯して揖。左に廻って東階を下り、外記を喚ぶ。勅使の名を問う。外記が書いて進上。還昇して進み、簀子第二間に立ち留まる。廂の第二柱から西に二尺程。西面に立って喚び終わる。参進を待たない。微音に命じて言う。大夫達に賜酒せよ。終わって右に廻って復座。大夫等の夾名は、笏に副えて受け取るようにと、参議役にみえる。近例は懐中。

〔解説〕

「御酒勅使」は『西宮記』以降に記載。賜酒の勅許が下りたことを次侍従に伝える勅使。次侍従から選出。『西宮記』によれば「四名」。ただし、『西宮記』によれば、御酒勅使は「三献仰レ之、而近代或一・二献仰云々」とある。『北山抄』では「三献後」とし、「或二献後仰レ之」とある。三献後が本来か。「起座折」は「折」の前に「磬」が欠字。「大夫」は次侍従。「御揖許」は言葉を発せず頷くだけの意。「参議一人」は御酒勅使ではない。内弁の命を受けて御酒勅使に勅旨を伝える役。「其官訓召レ之」は内弁よる参議の喚び方。『西宮記』に「其司乃某朝臣」とあり、和訓による官名と姓・尸《かばね》（朝臣）。参議の和訓名は「おおまつりごとびと」。ただし、『北山抄』に「三位参議召二兼官一、兼二官長官一者、其官乃姓朝臣、兼二権官若次官一者、其官其職云々、無二兼官一者、可二何召一乎、或云、可レ召二政大夫一、有二兼国一者、某守云々、未詳」とある。参議は三位参議で兼官者を召すが、その喚び方は兼官で変化。なお、「政大夫」に「ノマウチキミ」のルビ。これによれば参議の和訓名は「まつりごとのまうちきみ」か。「慥尋二候レ座人一召レ之」は在着の参議をよく確認して喚ぶの意。『北山抄』に「臨レ暗之時、慥知二有無一召レ之、或上召二退下人一、招二胡慮一也」とある。「或上召二退下人一、招二胡慮一也」は「或上」（ある内弁）は「退下人」を喚んで、物笑いとなったの意。「外記書レ之進レ之」は外記が「大夫等交名」（御酒勅使の名簿）を書いて参議に進上するの意。「簀子第二間」は紫宸殿南簀子東第二間（図⑥）。「自二廂第二柱一西去二尺許」は紫宸殿南廂東から二番目の柱の西から二尺程の位置。「西面ニ立テ」は御酒勅使に背を向けての意。「不レ待二参進一」は庭中の幄に座す御酒勅使の到着を待たずにの意。「大夫等交名、可二副レ笏召一之由、見二参議役一」は、参議が御酒勅使を喚ぶ時には、大夫等交名を笏に取り副えて喚ぶことが「参議役」に記載の意。「参議役」は参議の故実・作法を記載した文献か。後考を俟つ。「近例入レ懐」は近例では大夫等交名を懐中して御酒勅使を喚ぶの意。なお、『江家次第』当時は、節会への次侍従の参列はないため御酒勅使も形骸化。

▼三献・立歌の式次第

〔本文〕

三献、立楽〈入レ自二長楽・永安門一、先吹二調子一〈双調〉、次参音声〈多用二春庭楽一〉、治部・雅楽立二庭中一、各奏二一曲一、立二承明門前一舞、畢退出、有二退音声一、万歳楽・地久・賀殿・延喜楽〈或停二賀殿一、奏二泔州一〉、承平五年

春庭楽・洞天楽・賀殿・王仁云々〉、

〔読み下し〕

三献、立楽〈長楽・永安門自り入り、先づ調子を吹く〈双調《そうちょう》〉、次いで参音声《さんおんじょう》〈多くは春庭楽《しゅんでいらく》を用ふ〉、治《じ》部《ぶ》・雅楽庭中に立ち、各二曲を奏す、承明門前に立ちて舞ふ、畢りて退出す、退音声《たいおんじょう》有り、万歳楽《ばんざいらく》・地久《ちきゅう》・賀殿《がでん》・延喜楽《えんぎらく》〈或は賀殿を停め、甘州《かんしゅう》を奏す〉、承平五年春庭楽・洞天楽《どうてんらく》・賀殿・王仁《おうじん》と云々〉、

〔大意〕

三献。立楽。長楽・永安両門から入閤し、まず調子を吹く。双調。次に参音声。多くは春庭楽を使用。治部・雅楽が庭中に立ち、それぞれ二曲を演奏。承明門前に立って舞う。終わって退出。退音声がある。万歳楽・地久・賀殿・延喜楽。あるいは賀殿をやめ、甘州を演奏。承平五年は春庭楽・洞天楽・賀殿・王仁という。

〔解説〕

「立楽」は立奏形式の雅楽。楽所《がくしょ》付属の楽人が担当。楽所は令制の雅楽寮に代わって楽事を担当した令外官《りょうげのかん》。十世頃に成立。楽人は多くは近衛府武官が兼任。雅楽は本来は和楽を含めて東アジア各地の多様な楽を含む。それが承和年間に淘汰され、唐伝来の唐楽《からがく》と朝鮮半島伝来の高麗楽《こまがく》に整理される。前者を左方、後者を右方とし、新曲もどちらかの系統で作成されるようになる。演奏する楽器も左右で整理され、左方は、管楽器が龍笛《りゅうてき》・篳篥《ひちりき》・笙《しょう》。弦楽器が琵琶・箏《そう》。打楽器が太鼓・鉦鼓《しょうこ》・鞨鼓《かっこ》。右方は、管楽器が高麗笛・篳篥。弦楽器は原則なし（使用の場合は左方同様）。打楽器は太鼓・鉦鼓・三ノ鼓《さんのつづみ》とな

る。また、舞が伴わずに演奏だけを管弦《かんげん》、舞が伴う場合を舞楽と区別。さらに舞楽は唐楽・高麗楽を左右一対で演奏して番舞《つがいまい》という。左方の唐楽から演奏。それと対となる右方の高麗楽を答舞《とうのまい》という。また、雅楽はその規模で大曲・中曲・小曲に分類。そのうち大曲は皇帝破陣《こうだいはじん》楽《がく》・団乱旋《とらでん》・春鶯囀《しゅんおうでん》・蘇合《そこ》香《う》の四曲（いずれも唐楽）。なお、舞楽は通常は弦楽器を不使用。使用する場合は特に管弦舞楽と称す。立楽は管弦舞楽。「調子」は演奏の基準とする音律。演奏前に律管《りっかん》とよぶ銅製の管を吹いて示す。それに基づき各楽器の演奏者が音律を統一。「双調」は十二律ある音律のうち六番目の音律。立楽の音律は双調で統一。「参音声」は入場曲。「春庭楽」は唐楽。これは管弦。「退音声」は退場曲。曲名は不記載。「万歳楽」は唐楽。「地久」は高麗楽。万歳楽の答舞。「賀殿」は唐楽。「延喜楽」は高麗楽。賀殿の答舞。延喜八年（九〇八）に藤原忠房《ただふさ》（?～九二八）作舞、建部《たけべ》逆麿《さかまろ》（生没年不詳）作曲という（狛近真《こまのちかざね》（一一七七～一二四二）の『教訓抄』）。「泔州」は唐楽。唐の玄宗《げんそう》皇帝（六八五～七六二）の作という（『教訓抄』）。各曲ともに舞人四人。「承平五年」は西暦九三五年。「春庭楽」は唐楽。「洞天楽」は登天楽。高麗楽。「王仁」は王仁庭《おうにんてい》。高麗楽。各曲とも舞人四人。元日節会の雅楽は万歳楽・地久・賀殿・延喜楽が通常。古くは別例もあった。

▼禄準備の式次第

〔本文〕

縫殿寮立二禄韓櫃一〈入レ自二承明門一、列二立左右仗南一〉、

〔読み下し〕

縫殿寮禄韓櫃を立つ〈承明門自り入り、左右仗南に列立す〉、

〔大意〕

縫殿寮が節禄の韓櫃を設置。承明門から入閣し、左右仗の南に列立。

▼見参・宣命奏覧の式次第

〔本文〕

内弁着陣〈脱レ靴云々〈四条記〉、不レ脱懸レ尻〈西宮此説用来者也〉〉、外記進二見参一〈見畢返給〉、内記奉二宣命一〈見畢返給〉、内弁到二階下一〈外記・内記相従〉、外記取二内記所レ持宣命一、加二見参杖一進二内弁一〈宣命横挿レ之〉、内弁取レ之、経二王卿東北一、到二御帳東北屏風妻一、付二内侍一奏、把笏右廻、立二東北障子戸西柱下一〈坤面〉、奏覧畢返給〈置二東机一給、内侍取レ之、取二副文杖一返給〉、内弁進搢レ笏取レ之〈不レ挿二文杖一、内侍乍レ立授レ之〉、左廻退二下於東階下一、先給二杖于外記一、次返二給見参一畢〈外記給レ之、給二于縫殿寮一〉、内弁取二副宣命於笏一参上、召二参議一人一給レ之、参議給レ之、右廻着座、召儀如レ召二御酒勅使一、

〔読み下し〕

内弁着陣す〈靴を脱ぐと云々〈四条記〉、脱がずに尻を懸く〈西宮此の説用ひ来たる者也〉〉、外記見参を進む〈見畢りて返給す〉、内記宣命を奉る〈見畢りて返給す〉、内弁階下に到る〈外記・内記相従ふ〉、外記内記持つ所の宣命を取る、見参を杖に加えて内弁に進む〈宣命横に之を挿す〉、内弁之を取る、王卿東北を経、

御帳東北の屏風妻に到り、内侍に付して奏す、把笏して右に廻り、東北障子戸の西柱下に立つ〈坤面〉、奏覧し畢りて返給す〈東机に置き給ふ、内侍之を取り、文杖に取り副へて返給す〉、内弁進みて笏を搢みて之を取る〈文杖に挿さず、内侍立ち乍ら之を授く〉、左に廻りて東階下に退下す、先づ杖を外記に給ふ、次いで見参を返給し畢んぬ〈外記之を給はり、縫殿寮に給ふ〉、内弁宣命を笏に取り副へて参上す、参議一人を召して之を給ふ、参議之を給はり、右に廻りて着座す、召す儀御酒勅使を召すが如し、

〔大意〕

内弁が着陣。靴を脱ぐという（『北山抄』）。脱がずに尻を懸ける。『西宮記』はこの説を採用。外記が見参を進上。見終わって返給。内記が宣命を奉る。見終わって返給。内弁が階下に到着。外記・内記が従う。外記が内記が持つ宣命を受け取る。見参を杖に加えて内弁に進上。宣命は横に挿す。内弁が受け取る。王卿の東北を通り、御帳東北の屏風の端に到着し、内侍を通じて奏上。把笏して右に廻り、東北の障子戸の西柱の許に立つ。坤面。奏覧終わって返給。東机にお置きになる。内侍が取り、文杖に取り副えて返給。内弁が進んで笏を挿して受け取る。文杖に挿さない。内侍が立ったまま手渡す。左に廻って東階下に退下。先ず杖を外記に手渡す。次に見参を返給し終わる。外記が受け取り、縫殿寮に手渡す。内弁が宣命を笏に取り副えて昇殿。参議一人を喚んで手渡す。参議が受け取り、右に廻って着座。喚び方は御酒勅使を喚ぶに同じ。

〔解説〕

「脱レ靴云々〈四条記〉、不レ脱懸レ尻〈西宮此説用来者也〉」は内弁の着陣に関する作法。「脱レ靴云々〈四

条記〉」は「四条記」（『北山抄』）では靴を脱いで陣座に上がるとあるの意。「不レ脱懸レ尻〈西宮此説用来者也〉」は「西宮」（『西宮記』）では靴を脱がずに陣座の縁に腰掛けるとあるの意。この部分、現存の『西宮記』には「着レ靴懸レ尻、或脱レ靴居レ座」と二説を並記。同じく『北山抄』は「脱レ靴、異二旬日官奏儀一」とある。「旬日《じゅんじつ》」は旬政《しゅんせい》（旬とも）。天皇が官奏《かんそう》後に諸卿に賜宴する儀礼。本来は旧暦の毎月旬日（一日・十一日・二十一日）と十六日に実施。摂関期以降に儀礼化。二孟旬《にもうのしゅん》として四月一日（孟夏《もうか》旬）と十月一日（孟冬《もうとう》旬）の年二回実施。官奏は太政官が諸国申請の重要事を天皇に奏上して裁許を得る政務。二孟旬では、官奏後に上卿（左大臣）が陣座で官奏文を確認。その際、靴を脱がすに左片尻で陣座の縁に腰掛ける。『西宮記』巻六・十月・旬に「着レ靴懸レ尻」、『北山抄』巻一・同日（四月一日）旬事に「乍レ着レ靴踞二陣座一〈左足引上、右足踏立〉」（『江家次第』巻六・二孟旬儀は「踏立」が「踏レ土」）とある。

「外記取二内記所レ持宣命一、加二見参杖一進二内弁一〈宣命横挿レ之〉」は宣命・見参を「杖」に挿す作法。「杖」は文杖《ふづえ》。宣命・見参等の文書を奏上する際にそれを挟む棒。先端に鳥口《とりくち》という嘴《くちばし》状の部位が付設。そこに文書を挿す。「宣命横挿レ之」は宣命は鳥口に横方向に挿すの意。なお、見参を挿す方向は不記載だが縦方向。基本的に『西宮記』『北山抄』同様。ただし、『北山抄』には「一説、内記進二宣命一、外記進二見参一、大臣即給二外記一、令レ挿二一杖一」とある。外記が内記から宣命を受け取り、見参とともに杖に挿して内弁に手渡す作法と、外記・内記が見参・宣命をそれぞれ一旦内弁に手渡し、内弁がそれを外記に手渡して杖に挿させ、その後は不記載だが、外記がその杖を内弁に手渡すという作法がある。『北山抄』によれば、前者は『儀式』等、後者は『内裏式』等の説。ただし、現存の『内裏式』『儀式』には不記載。

「把笏右廻」は『西宮記』は「左廻」。『北山抄』は「右廻」。また「九条年中行事云、左廻、而彼一家皆用二右廻一也」とある。「彼一家」は藤原師輔《もろすけ》（九〇八～六〇）子孫。九条流。これによれば、本来は左廻。九条流の隆盛のなかで右廻に変わったか。「東北障子戸西柱下」は賢聖障子東端（北廂東一間）西側の柱の許か。「東机」は御座東側の剱・爾を置く置物机。「左廻退二下於東階下一」は『西宮記』は「右廻」。『北山抄』は「左廻」。「把笏右廻」（上記）に対応するか。「外記給レ之、給二于縫殿寮一」は外記が内弁から受け取った見参を縫殿寮に手渡したの意。縫殿寮は見参に基づいて賜禄。

▼宣命宣制の式次第

〔本文〕
内弁以下々殿、列二左仗南ノ頭一〈西面北上、異位重行〉、侍従各立二幄前一〈近代無二此事一也〉、近仗起、宣命使就レ版、出レ自二軒廊二間一斜ニ南行、当二日華門北扉一、乍二南向一揖、西ニ折テ、経二公卿列南一、就二宣命版一、宣制一段〈謂二押合右顧一也、宣命詞レ之〉、群臣再拝、又一段、宣命使復座〈如二進儀一〉、内弁以下復座〈右廻〉、

〔読み下し〕
内弁以下々殿す、左仗南の頭に列す〈西面北上、異位重行〉、侍従各幄前に立つ〈近代此の事無き也〉、近仗起つ、宣命使版に就く、軒廊二間自り出でて斜めに南行す、日華門北扉に当たり、南に向き乍ら揖す、

西に折れて、公卿列南を経、宣命版に就く、宣制一段〈押し合ひて右に顧みるを謂ふ也、宣命之を詞《つげ》る〉、群臣再拝す、又一段、宣命使復座す〈進む儀の如し〉、内弁以下復座す〈右に廻る〉、

〔大意〕

内弁以下が下殿。左仗の南側に列立。西面北上。異位重行。侍従はそれぞれ幄前に立つ。近代はこの事がない。近仗が起立。宣命使が版に就く。軒廊二間から出て斜めに南行。日華門北扉の所で、南に向きながら揖。西に曲がり、公卿列の南を通り、宣命版に就く。宣制一段。押し合って右側を顧みることを言う。宣命を述べる。群臣再拝。又一段。宣命使復座。進儀同様。内弁以下復座。右に廻る。

〔解説〕

「宣命使就レ版」の「版」は宣命版。「軒廊二間」は軒廊東二間。「乍二南向一揖」の「揖」を「曲折《きょくせつの》揖《ゆい》」という（藤原宗忠《むねただ》〈一〇六二～一一四二〉の『中右記』嘉保元年〈一〇九四〉正月七日条等）。「謂二押合右顧一也、宣命詞レ之」は後考を俟つ。「宣命使復座〈如二進儀一〉」は宣命使は「進儀」（宣命版に就く時）同様の行程で復座の意。「内弁以下復座〈右廻〉」は内弁以下は右廻に復座の意。

▼賜禄の式次第

〔本文〕

中務輔召唱〈執レ簡立二禄韓櫃下一、近代不レ見〉、群臣下殿〈到二日華門一待レ唱、跪二蘆弊上一、搢レ笏取レ禄〉、縫殿頭以下授レ之、一拝退三出自二日華門一、縫殿頭取二納言以上禄一、助取二参議禄一、允取二非参議禄一云々、天皇

還御、

〔読み下し〕

中務輔召唱《しょうしょう》す〈簡を執りて禄韓櫃下に立つ、近代見ず〉、群臣下殿す〈日華門到りて唱を待つ、蘆弊上に跪き、笏を搢みて禄を取る〉、縫殿頭以下之を授く、一拝して日華門自り退出す、縫殿頭納言以上禄を取る、助参議禄を取り、允非参議禄を取ると云々、天皇還御す、

〔大意〕

中務輔が召唱する。簡を持って節禄唐櫃の許に立つ。近代は見ない。群臣下殿。日華門に到着して唱を待つ。蘆弊の上に跪き、笏を挿して禄を受け取る。縫殿頭以下が手渡す。一拝して日華門から退出。縫殿頭が納言以上の禄を取る。助が参議の禄を取り、允が非参議の禄を取るという。天皇還御。

〔解説〕

「召唱」は賜禄対象者（公卿以上）全員の名を読み上げるの意。『江次第抄』に「唱二見参・交名一而、令二縫殿寮頒一レ禄也」とある。「簡」は中務省が点検の際に作成した名札。「日華門」は節会参列公卿が退出する門。ここに節禄下賜の禄所《ろくしょ》を設置。なお、『北山抄』によれば、「諸大夫」（次侍従の意か）は長楽門より退出。「待レ唱」は名を喚ばれるのを待つの意。各人毎に名を喚んで賜禄。「蘆弊」は竹・葦等で編んだ敷物。「一拝」は「稽顙」（第2章第1節参照）。

以上が『江家次第』の元日節会式次第である。

第2節　白馬節会

次に『江家次第』の白馬節会式次第に移る。元日節会式次第との相違点は、諸司奏のうちの御弓奏と叙位関係・白馬関係・女楽関係等が加わる点。その他は基本的に同様である。以下、元日節会同様の部分は原則として指摘しない。相違点を中心として解説する。

▼本文冒頭（事前準備）

〔本文〕

装束司奉二仕上下装束一、外記催二諸司一、蔵人催二内侍・闈司并女官等一、階下饗〈左近設二上官料一、右近設二殿上人料一〉、式部〈入レ自二永安門一〉・兵部〈入レ自二長楽門一〉立レ標、中務置二宣命版位一〈置二尋常版北一丈一〉、蔵人所出納渡二殿上見参於外記一〈今案、非二必内弁参上以前事一歟〉、若非二一上一者、可レ被レ仰二内弁一、一上時、只被レ問二諸司具否一、或進被レ申、外記申二代官一〈於二小庭一申レ之、問二諸司具否一之間可レ申〉、式部乃輔・丞、兵部輔・丞代官給、上宣、誡、外記申、式ノ省ノ輔ノ代爾某官某丸、政人乃代爾某官某姓某丸、兵ノ部ノ云々、上宣、令レ勤ヨ、二省輔・丞必用二代官一、以レ催二正員一為二違例一云々、諸司奏可レ付二内侍所一由被レ奏〈付二蔵人一〉、或奏二外任奏一次令レ申〈先召二外記一問〉、兵部省御弓奏、宮内省腹赤奏〈元日違レ期不レ参時也〉、若当二卯日一卯杖奏等也、奉レ仰々二外記一〈無二御出一時、依レ不レ可レ有二勅答一、可レ付二内侍所一由、見二御記延喜十六年二〉、往年、王卿就二外弁一後被レ仰者、外記伝二仰外弁外記一、々々申二外弁上卿一云々、被レ奏二外任奏一〈先召二外記一、令レ進レ入レ筥、付二蔵人一奏レ之〉、仰、令レ候レ列、或給二下名一後帰入、在二陣後一間令レ奏、

〔読み下し〕

装束司上下装束を奉仕す、外記諸司を催す、蔵人内侍・闈司并びに女官等を催す。階下饗〈左近上官料を設け、右近殿上人料を設く〉、式部〈永安門自り入る〉・兵部〈長楽門自り入る〉標を立つ、中務宣命版位を置く〈尋常版北一丈に置く〉、蔵人所出納殿上見参を外記に渡す〈今案ずるに、必ずしも内弁参上以前の事に非ざる歟〉、若し一上に非ざれば、内弁を仰せらるべし、一上の時、只諸司具否を問はる、或るは進みて申さる、外記代官を申す〈小庭に於いて之を申す、諸司具否を問ふの間申すべし〉、式部の輔・丞、兵部輔・丞代官給はむ、上宣す、誡めたりや、外記申す、式《のり》の省《つかさ》の輔の代りに某官某丸、政人《まつりごとびと》の代りに某官某姓某丸、兵《つわもの》の部の云々、上宣す、勤めしめよ、二省輔・丞必ず代官を用ふ、正員を催すを以て違例と為すと云々、諸司奏内侍所に付すべき由奏せらる〈蔵人に付す〉、或るは外任奏を奏する次でに申さしむ〈先づ外記を召して問ふ〉、兵部省御弓奏、宮内省腹赤奏〈元日期を違へて参らざる時也〉、若し卯日に当らば卯杖奏等也、仰を奉りて外記に仰す〈御出無き時、勅答有るべからざるに依り、内侍所に付すべきの由、御記延喜十六年に見ゆ〉、往年、王卿外弁に就くの後仰せらるれば、外記仰せを外弁外記に伝へ、々々外弁上卿に申すと云々、外任奏を奏せらる〈先づ外記を召し、筥に入れて進めしむ、蔵人に付して之を奏す〉、仰す、列に候はしめよ、或るは下名を給ふ後帰り入り、陣後に在る間に奏せしむ、

〔大意〕

装束司が上下装束を差配。外記が諸司を催促。蔵人が内侍・闈司・女官等を催促。階下饗は左近が上官料を準備し、右近が殿上料を準備。式部省が永安門から、兵部省が長楽門から入閤し、標を立てる。中務省が宣命版を置く。尋常版の北一丈に置く。蔵人所出納が殿上見参を外記に手渡す。ここで案じるに、必ずしも内弁昇殿以前の事ではなかろう。もし一上でなければ、内弁をお命じになる必要がある。一上の時は、そのまま諸司の具否をお問いになる。あるいは進んでお申しつけになる。外記が代官を申請。小庭で申請。諸司の具否を問う時に申請するように。式部輔・丞、兵部輔・丞の代官をお願いする。内弁が命じる。誡めたか。外記が申し上げる。式の省の輔の代わりに某官某丸。政人の代わりに某官某姓某丸。兵の部の云々。内弁が命じる。勤めさせよ。二省輔・丞は必ず代官を使用。正官使用を違例とするという。諸司奏を内侍所に託することをご奏上。蔵人に託す。あるいは外任奏奏上のついでに申し上げさせる。まず外記を喚んで問う。兵部省御弓奏、宮内省腹赤奏。元日に日程が合わずに不参の時である。もし卯の日ならば卯杖奏等である。ご命令を受けて外記に命じる。御出ない時は、勅答を得られないので、内侍所に託するようにと、御記延喜十六年にみえる。以前は、王卿が外弁に就いた後にご命令があれば、外記がご命令を外弁外記に伝え、外記が外弁上卿に申し上げたという。外任奏をご奏上になる。まず外記を喚び、筥に入れて進上させる。蔵人に託して奏上。命じるに、参列させよ。あるいは下名を給わった後に戻り、陣座の背後にいる時に奏上させる。

〔解説〕

○装束司奉二仕上下装束一、外記催二諸司一、蔵人催二内侍・闈司并女官等一、階下饗〈左近設二上官料一、右近設二

殿上人料㆓〈入㆑自㆓永安門㆒〉**・兵部**〈入㆑自㆓長楽門㆒〉**立㆑標、中務置㆓宣命版位㆒**〈置㆓尋常版北一丈㆒〉**、**
蔵人所出納渡㆓殿上見参於外記㆒〈今案、非㆓必内弁参上以前事㆒歟〉

諸司による事前準備。「式部〈入㆑自㆓永安門㆒〉・兵部〈入㆑自㆓長楽門㆒〉立㆑標」は叙位関係。「標」は叙位者列立の標。その設置位置については後述。「出納」は蔵人所下級官人。蔵人所関係の文書を起草・作成を担当。なお、元日節会に「蔵人所渡㆓殿上見参於外記㆒〈往年、頭於㆓南階西頭㆒渡㆑之〉」とあり、踏歌節会に「蔵人頭渡㆓殿上見参於外記㆒〈近例出納〉」とある。見参を外記に手渡す役は本来は蔵人頭。

「今案、非㆓必内弁参上以前事㆒歟」は匡房の意見。

○若非㆓一上㆒者、可㆑被㆑仰㆓内弁㆒、一上時、只被㆑問㆓諸司具否㆒、或進被㆑申、外記申㆓代官㆒〈於㆓小庭㆒申㆑之、問㆓諸司具否㆒之間可㆑申〉**、式部乃輔・丞、兵部輔・丞代官給、上宣、誡、外記申、式ノ省ノ輔ノ代爾某官某丸、政人乃代爾某官某姓某丸、兵ノ部ノ云々、上宣、令㆑勤ョ、二省輔・丞必用㆓代官㆒、以㆑催㆓正員㆒為㆓違例㆒云々、諸司奏可㆑付㆓内侍所㆒由被㆑奏**〈付㆓蔵人㆒〉**、或奏㆓外任奏㆒次令㆑申**〈先召㆓外記㆒問〉**、兵部省御弓奏、宮内省腹赤奏**〈元日違㆑期不㆑参時也〉**、若当㆓卯日㆒卯杖奏等也、奉㆑仰々㆓外記㆒**〈無㆓御出㆒時、依㆑不㆑可㆑有㆓勅答㆒、可㆑付㆓内侍所㆒由、見㆓御記延喜十六年㆒〉**、往年、王卿就㆓外弁㆒後被㆑仰者、外記伝㆓仰外弁外記㆒、々々申㆓外弁上卿㆒云々、被㆑奏㆓外任奏㆒**〈先召㆓外記㆒、令㆑進㆑入㆑筥、付㆓蔵人㆒奏㆑之〉**、仰、令㆑候㆑列、或給㆓下名㆒後帰入、在㆓陣後㆒間令㆑奏**

陣座での内弁による事前準備。「或進被㆑申」は後考を俟つ。「外記申㆓代官㆒〈於㆓小庭㆒申㆑之、問㆓諸司具否㆒之間可㆑申〉、式部乃輔・丞、兵部輔・丞代官給、上宣、誡、外記申、式ノ省ノ輔ノ代爾某官某丸、政人乃代爾某官某姓某丸、兵ノ部ノ云々、上宣、令レ勤ヨ、二省輔・丞必用二代官一、以レ催二正員一為二違例一云々」は叙位関係。「代官」は叙位担当の式部・兵部二省の輔・丞の代官。二省の代官化は『西宮記』ですでに「多用二代官一」とあり、『北山抄』で代官が基本となる。ただし、「叙二三位以上一者、式部率二丞代一、輔或正官参入、丞猶用二代官一、預申二上卿一」とあり、一部正官の使用も残る。それが『江家次第』では「二省輔・丞必用二代官一、以レ催二正員一為二違例一」となる。「小庭」はここは陣座と軒廊の間（陣座南）にある土間（図④）。外記等が着陣の上卿の命を聞く場。軾《ひざつき》（膝突）とよぶ敷物を敷き、外記等はそこに両膝を突いて祗候。「誡」は故実叢書本に「イマシメ太リヤ」のルビ。不参の正官を懲戒したかの意。「式ノ省」は式部省の和名。ここで外記は官名等を和名で上申。「輔」は和名。「某官某丸」は実際には式部輔代官の官名と名（姓は省くか）となる。「政人」は丞の和名。「某官某姓某丸」は実際には式部丞代官の官・姓・名となる。「兵ノ部ノ云々」は兵部省の代官申請は式部省同様の意。「部」は「省」の間違いか。「兵ノ省」で「つわもののつかさ」と読む。「元日違レ期不レ参時也」は元日節会の「若違レ期不レ参、七日奏レ之」に対応。「御記延喜十六年」は醍醐天皇の『醍醐天皇日記』延喜十六年（九一六）条。「無二御出一時、依レ不レ可レ有二勅答一、可レ付二内侍所一」の文言が記載。諸司奏を内侍所に託す理由。これによれば、延喜十六年当時は、不出御の時のみ諸司奏を内侍所に託した。なお、『続々群書類従』巻五・記録部（国書刊行会、一九〇九年）所収『醍醐天皇御記』は「無二御出一時、依レ不レ可レ有二勅答一、可レ付二内侍所一」を、『江家次第』元日節会引用の同記同年正月一日条の逸文とする（『増補史料大成歴代宸記』〈臨川書店、一九六五年〉も継承）。正月一日条かどうかは確認できないが、『江家次第』元日節会引用とするのは間違い。「或給二下名一後帰入」は叙位関係（後述）。

▼天皇渡御の式次第

〔本文〕

天皇渡二御南殿一〈経二長橋一、入レ自二南殿乾戸一〉、内侍二人持二爾・剱一、命婦・蔵人各四人相従、執政之人候二御裾一〈若不レ参者蔵人頭〉、蔵人持二式・御靴等一、御厨子所候二殿乾角壇上一、内侍・女蔵人等〈近例蔵人〉、置二位記筥於公卿台盤上一〈計二内弁座前一置レ之〉、

〔読み下し〕

天皇南殿に渡御す〈長橋を経、南殿乾戸自り入る〉、内侍二人爾・剱を持つ、命婦・蔵人各四人相従ふ、執政の人御裾に候ず〈若し参らざれば蔵人頭〉、蔵人式・御靴等を持つ、御厨子所殿乾角壇上に候ず、内侍・女蔵人等〈近例蔵人〉、位記筥を公卿台盤上に置く〈内弁座前を計りて之を置く〉、

〔大意〕

天皇が南殿に渡御。長橋を通り、南殿乾戸から入る、内侍二人が爾・剱を持つ。命婦・蔵人各四人が従う。執政の人が御裾を執る。不参ならば蔵人頭。蔵人が式・御靴等を持つ。御厨子所が殿乾角の壇上に祇候。内侍・女蔵人等が、近例は蔵人が、位記筥を公卿の台盤の上に置く。内弁の座の前を見極めて置く。

〔解説〕

「内侍・女蔵人等〈近例蔵人〉、置二位記筥於公卿台盤上一〈計二内弁座前一置レ之〉」は叙位関係。「公卿台盤」は親王・公卿座前に設置の朱塗台盤。ここは内弁座前の台盤。「鋪設部」によれば、長さ四尺の「西第一台盤」。「計二内弁座前一置レ之」は、台盤は数人で共用のため、内弁の座前を見定めて置くの意。

▼下名下賜の式次第

〔本文〕

内侍持二下名一臨二東檻一〈蔵人五位引二導之一〉、内弁着レ靴、到二東階下一取レ之〈於二階下一搢レ笏後、昇二二三級一、取二下名一却下、抜レ笏取副左廻〉、着二宜陽殿兀子一〈自二壇上一南行着レ之〉、召二内竪一〈二音、高長〉、内竪於二日華門外一称唯、趍立二大臣前一〈当二宜陽殿南第二間一、西去一許丈、北面磬折立〉、内弁宣、式乃司・兵乃司召せ、内竪称唯、出召レ之、両丞〈各一人着レ靴〉入レ自二日華門一、進立二大臣前一〈当二宜陽殿南第二間一、西去一丈五尺許、北面西上並立、式部西、兵部東〉、大臣宣、式乃省丞、称唯、度二兵部前一、進昇二石階一、立二内弁座南頭一〈先於二南柱南一搢レ笏、進倚二大臣所一跪〈判官記〉、西抄、於二座南頭一、可二挿レ笏屈行一、貞信公御記、磬折給之、以レ跪注レ失〉、大臣以二左手一微々給レ之、抜レ笏取副左廻、経二兵部前一立二本所一、次内弁召二兵部一如レ前、兵部退出間、式部相待〈未レ到二六尺許一先退出〉、大臣暫起座、入二陣後方一〈或此間奏二外任奏一〉、

〔読み下し〕

内侍下名を持ちて東檻に臨む〈蔵人五位之を引導す〉、内弁靴を着し、東階下に到りて之を取る〈階下に於いて笏を搢む後、二三級を昇り、下名を取りて却き下る、笏を抜きて取り副へて左に廻る〉、宜陽殿兀子に着く

〈壇上自り南行して之に着く〉、内豎を召す〈二音、高長〉、内豎日華門外に於いて称唯し、趁かに大臣の前に立つ〈宜陽殿南第二間に当たり、西に去ること一許丈、北面に磬折して立つ〉、内弁宣す、式の司・兵の司召せ、内豎称唯し、出でて之を召す、両丞〈各一人靴を着す〉日華門自り入り、進みて大臣前に立つ〈宜陽殿南第二間に当たり、西に去ること一丈五尺許り、北面西上に並び立つ、式部西、兵部東〉、大臣宣す、式の省丞、称唯す、兵部前を度り、進みて石階を昇り、内弁座南頭に立つ〈先づ南柱南に於いて笏を搢み、進みて大臣所に倚りて跪く〈判官記《はんがんき》〉、西抄、座南頭に於いて、笏を挿して屈行すべし、貞信公御記、磬折して之を給ふ、跪くを以て失と注す〉、大臣左手を以て微々に之を給ふ、笏を抜きて取り副へて左に廻り、兵部前を経て本所に立つ、次で内弁兵部を召すこと前の如し、兵部退出する間、式部相待つ〈未だ六尺許りに到らざる先に退出す〉、大臣暫く起座し、陣後方に入る〈或るは此の間外任奏を奏す〉、

〔大意〕

内侍が下名を持って東檻に出る。蔵人五位が先導。内弁が靴を履き、東階下に来て受け取る。階下で笏を挿した後、二・三階を昇り、下名を取って退下。笏を抜いて取り副えて左に廻る。宜陽殿兀子に着座。壇上から南行して着座。内豎を喚ぶ。二音。高長。内豎が日華門外で称唯し、すぐに大臣の前に立つ。宜陽殿南第二間を、西に一丈程、北面に磬折して立つ。内弁が命じる。式の司・兵の司を喚べ。内豎が称唯し、出て喚ぶ。両丞各一人が靴を履いて日華門から入閤し、進んで大臣の前に立つ。宜陽殿南第二間を、西に一丈五尺程、北面西上に列立。式部は西、兵部は東。大臣が命じる。式の省丞。称唯。兵部の前を通り、進んで石階を登り、内弁の座の南側に立つ。まず南柱の南で笏を挿し、進んで大臣の

所に寄って跪く（判官記）。西抄は、座の南側で、笏を挿して屈行するように、貞信公御記は、磬折して給う。跪くのを失と注す。大臣は左手で静に手渡す。笏を抜いて取り副えて左に廻る。兵部の前を通って本所に立つ。次に内弁が兵部を喚ぶのは前同様。兵部が退出の時に、式部は待つ。いまだ六尺に到らない先に退出。大臣が暫く起座し、陣の後方に行く。あるいはこの時に外任奏を奏上。

〔解説〕

「式乃司・兵乃司」は「式の省・兵の省」同様。式部省・兵部省の和名。ここでも和名を使用。「立二内弁座南頭一〈先於二南柱南一搢レ笏、進二倚大臣所一跪〈判官記〉、西抄、於二座南頭一可二挿レ笏屈行一、貞信公御記、磬折給之、以レ跪注レ失〉」は式部丞が下名を受け取る作法。「判官記」は後考を俟つ。「判官」は三等官。諸司三等官の故実・作法をまとめた故実書か。「西抄」は『西宮記』。「於二座南頭一可二挿レ笏屈行一」は『西宮記』本文。ただし、現存『西宮記』は「大臣ニハ不レ跪」とあるのみ。「貞信公御記」は藤原忠平の『貞信公記』。この対応部分は、『北山抄』は「判官記云、於二大臣一者膝行云々、而延喜九年、左大臣給二下名一、二省丞磬折給云々、見二貞信公御記一、又承平二年、彼公給レ之如レ此、天慶五年、以レ跪注レ失」とある。これをまとめると、式部丞の作法に、内弁の許に膝行して（膝を突いて）跪く（「判官記」）。屈行して（腰を屈めて）磬折（『西宮記』『貞信公記』）の二説。前者が跪礼、後者が唐礼の作法か。なお、『内裏儀式』には下名下賜の式次第は不記載。また、『三節会次第』は前者の作法を記載（次章参照）。「内弁召二兵部一如レ前」は兵部丞の作法も式部丞同様の意。「未レ到二六尺許一先退出」は、下名を受け取った兵部丞が六尺程に近付かない先に式部丞が先に退出するの意。「大臣暫起座、入二陣後方一〈或此間奏二外任奏一〉」は、本文冒頭（事前準備）に「或給二下名一後帰入、在二陣後一間令レ奏」とあるのに対応。なお、外任奏奏上は、『西宮記』は下名下賜前。場所は不記載。『北山抄』は下名下賜後。場所は陣座後。『江家次第』は両説並記。

▼近衛着陣の式次第

〔本文〕

近衛陣二殿前一〈入レ自二月華門一、左次将出二敷政門一、到二日華門下一、将曹一人行レ前〈若無者府生〉〉、中将執二紫幟殳一、少将執レ緋、以上東西面着二胡床一、遅参将令二官人立一レ殳、出レ自二宣仁若無名門一着、内裏式、給二下名一後、未レ置二位記筥一前引レ陣、而清涼抄如レ之、

〔読み下し〕

近衛殿前に陣す〈月華門自り入る、左次将敷政門を出で、日華門下に到る、将曹一人前を行く〈若し無くんば府生〉〉、中将紫幟殳を執り、少将緋を執る、以上東西面に胡床に着く。遅参将官人をして殳を立てしめ、宣仁《せんにん》若しくは無《む》明門《みょうもん》自り出でて着く、内裏式、下名を給ふ後、未だ位記筥を置かざる前に陣を引く、而るに清涼抄かくの如し、

〔大意〕

近衛府が殿前に着陣。月華門から入閤。左次将は敷政門を出、日華門下に到る。将曹一人が前行。いなければ府生。中将が紫の幟付鉾を執り、少将が緋を執る。以上は東西面に胡床に着座。遅参の次将は

官人に鉾を立てさせ、宣仁門あるいは無名門を出て着座。内裏式は、下名下賜の後、位記筥を置く前に着陣。しかし清涼抄はこの通り。

〔解説〕

「入レ自二月華門一」の主語は右次将。「将曹一人」は左右各一人の意か。「東西面」は南階前に東西面の意。「出レ自二宣仁若無名門一着」は、宣仁門を出るのは左近、無名門を出るのは右近。元日節会では左近は軒廊、右近は弓場殿方とあるのに対応。「内裏式、給二下名一後、未レ置二位記筥一前引レ陣」は、『内裏式』では下名下賜・近衛着陣・天皇出御・置位記筥（内侍が内弁座前に位記筥を置く）の式次第となるの意。これは『儀式』『西宮記』も同様。これが『北山抄』では下名下賜・置位記筥・近衛着陣・天皇出御、『江家次第』で置位記筥・下名下賜・近衛着陣・天皇出御となり、『三節会次第』に継承される（次章参照）。つまり『西宮記』までは天皇出御後に位記筥を置いた。しかし、『北山抄』以降は天皇出御前に位記筥を置くようになる。これは「清涼抄如レ之」（『北山抄』も同様）とあるように、「清涼抄」（村上《むらかみ》天皇（九二六～六七）の『清涼記』）に基づく。

▼王卿着外弁・内弁押笏紙の式次第

〔本文〕

王卿着二外弁一〈出レ自二敷政・宣陽門一、入二鳥曹司東戸一着レ靴、出二南戸一、経二弁・少納言床子北一進、若弁床子遁レ北立時、令二召使引一レ之、登レ自二石階一着、南面西上、有二後参大臣一者、納言以下皆起、座定居、少納言・弁着、四位弁者先進着レ上、外記・史以下着、有二後参々議以上一者、納言・弁以下暫起座〉、外弁上卿非二大臣一者、令レ下二式筥一〈召二々使一令レ下レ之〉、上卿令三召使召二外記一、問二諸司具不一〈外記乍レ立申〉、近例、大臣時跪申レ之〈不レ見、可レ尋、若雨儀、壇上、雖レ雨令レ申レ之〉、大舎人候哉〈若不レ足二四人一、以二召使一満レ之〉、刀禰列候哉、叙列候哉〈式乃官・兵乃官云々、或不レ加二弾正二字一〉、国栖候哉〈外記毎度申云、候不〉、上宣、令レ候ヨ、式部入レ自二春花門一、列二立左兵衛陣南一、教二正礼儀一、弾正同レ之、諸大夫列立、二省率二叙人一列二立東西一、兵部・内舎人候二御弓一〈是進二庭中一奏レ之〉、内弁押二笏紙一〈以次二上儀一〉、

〔読み下し〕

王卿外弁に着く〈敷政・宜陽門自り出で、鳥曹司東戸に入りて靴を着す、南戸を出で、弁・少納言の床子北を経て進む、若し弁の床子北に逼りて立つ時、召使をして之を引かしむ、石段自り登りて着く、南面西上、後参大臣有らば、納言以下皆起つ、座定りて居す、少納言・弁着く、四位弁は先づ進みて上に着く、外記・史以下着く、後参々議以上有らば、納言・弁以下暫く起座す〉、外弁上卿大臣に非ざれば、式筥を下さしむ〈々使を召して之を下さしむ〉、上卿召使をして外記を召さしめ、諸司具不を問ふ〈外記立ち乍ら申す〉、近例、大臣の時は跪きて之を申す〈見ず、尋ぬべし、若し雨儀は、壇上、雨と雖も之を申さしむ〉、大舎人候ふ哉〈若し四人に足らざれば、召使を以て之を満つ〉、刀禰列に候ふ哉、叙列に候ふ哉〈式の官《つかさ》・兵の官と云々、或るは弾正《だんじょう》二字を加へず〉、国栖候ふ哉〈外記毎度申して云ふ、候ふ〉、上宣す、候はしめよ、式部春花門自り入り、左兵衛陣南に列立し、礼儀を教正す、弾正之に同じ、諸大夫列立す、二省叙人を率きて東西に列立す、兵部・内舎人御弓に候ふ〈是庭中に進みて之を奏す〉、内弁笏紙を押す〈以って上儀に次ぐ〉、

〔大意〕

王卿が外弁に向かう。敷政・宣陽門から出、鳥曹司東戸に入って、靴を履く。南戸を出、弁・少納言の床子の北を通って進む。もし弁の床子が北側に寄って設置の時は、召使に引かせる。石段から登って着座。南面西上。後参の大臣がいれば、納言以下が皆起立。座が定まって着座。少納言・弁が着座。四位弁が先に進んで上位に着座。外記・史以下が着座。後参の参議以上がいれば、納言・弁以下が暫く起立。外弁上卿が大臣でなければ、式筥を下させる。召使を喚んで下させる。上卿が召使を通じて外記を喚び、諸司の具不を問う。外記が立ちながら申し上げる。近例は、大臣の時は跪いて申し上げる。見ない。尋ねよう。雨儀は、壇上。雨でも申し上げさせる。大舎人は祗候か。四人に満たなければ、召使で補充。刀禰は列に祗候か。叙は列に祗候か。式の官・兵の官という。あるいは弾正の二字を加えない。国栖は祗候か。外記がその度に申し上げて言う。祗候。上卿が命じる。祗候させよ。式部が春花門から入り、左兵衛陣の南に列立。礼儀を教正する。弾正も倣う。諸大夫が列立。二省が叙人を引率して東西に列立。兵部・内舎人が御弓に祗候。これは庭中に進んで奏上。内弁が笏紙を押す。上儀の次でに押す。

〔解釈〕

「宜陽門」は宣陽門の間違い。「後参大臣」「外記・史」については元日節会では不記載。「近例、大臣時跪申レ之〈不レ見、可レ尋〉」は、「大臣時跪申レ之」は近例というが、実例は「不レ見」。「可レ尋」〈確認する〉の意。この対応部分は元日節会に「外記乍レ立磬折申レ之、至二大臣一者跪申レ之」とある。「大臣時」「至二大臣一者」は外弁上卿が右大臣か内大臣の場合の意。ただし、「近例」の根拠は不明となる。「刀禰列候哉」は元日節会では「侍従列候哉」となる。節会参列者の相違に対応。「叙列候哉」は「叙」の後に「人」が欠字。「叙人」は叙位者。「式乃官・兵乃官」は文官・武官の和名。ここでも和名を使用。「或不レ加二弾正二字一」は「弾正」の候否については必ずしも確認しないの意か。「弾正」は弾正台。主に平安京内の綱紀粛清や非違糾弾を掌る。律令制本来の検察機関。なお、弾正台については後述。「春花門」（春華門）は平安京内裏外郭東南門（図④）。左馬寮の陣がある。「列二立左兵衛陣南一」は、『西宮記』では「式部列二立建礼門内左右一」（『北山抄』は『江家次第』同様）とある。「教二正礼儀一」は、『延喜式』式部上に「凡五位以上侍レ宴、衣冠不レ正、容儀違レ礼者、遣レ録糺レ之、但殿上侍臣不レ在二此限一」とある。「弾正同レ之」も式部同様のことを実施の意。『北山抄』に「弾正同入、糺二察非違一」、『延喜式』弾正台に「凡開門時者、令下忠已下立二宮閤門一糺中弾非違上」「凡元正之日、糾二弾五位以上諸王・諸臣威儀并著用物色違制及朝拝刀禰等非違一〈諸節準レ此〉」とある。「忠《ちゅう》」は弾正台の三等官。大忠・少忠がある。なお、『西宮記』は上記条文に続き「弾正立二東西一」とあるのみ。ちなみに『北山抄』元日節会に「近代、小節弾正不参云々、然而開門之時、忠已下立二閤門一、可レ行二糺弾一之由、見二台式一也」とあり、「小節」つまり元日節会や踏歌節会等の小儀の節会では、当時は弾正台は不参であった。これによれば、白馬節会での弾正台の参加は継続していることになる。「兵部・内舎人候二御弓一〈是進二庭中一奏レ之〉」は御弓奏準備。ただし、事前準備で諸司奏として内侍所に託すことがすでに記載。本来の在り方を記載。「以次二上儀一」は、内弁は外弁での一連の式次第の間に笏紙を押すの意か。

▼天皇出御の式次第

〔本文〕

天皇着二御帳中倚子一〈先於二北廂一着レ靴給、入レ自二帳北面一着御〉、内侍置二爾・剱於東机一、蔵人置二式筥於西机一、近仗称レ警、

〔読み下し〕

天皇御帳中の倚子に着く〈先づ北廂に於いて靴を着し給ふ、帳北面自り入りて着御す〉、内侍爾・剱を東机に置く、蔵人式筥を西机に置く、近仗警を称す、

〔大意〕

天皇が御帳内の倚子に着座。まず北廂で靴をお履きになる。帳の北面から入って着御。内侍が爾・剱を東机に置く。蔵人が式筥を西机に置く。近仗が警を唱える。

▼内弁謝座・着座の式次第

〔本文〕

内弁又着二宜陽殿兀子一、内侍臨レ檻、内弁起座、微音称唯〈経二宜陽殿壇上一北行、出レ自二軒廊東第二間一斜行、到二左近階下陣南頭一〈当二中将座一〉、南去七尺、西出五寸、西面立、陣不レ動、此間近衛将為二内弁子族一者暫退〉、謝座再拝〈先突二左膝一、但起時先レ右、近一揖再拝、一揖右廻、経二軒廊并東階一、入レ自二母屋東一間一、計二座程一着レ之、吏部記曰、内弁入二軒廊一暫留、顧レ西望二来路一、或曰、是為二休息一也〉、

〔読み下し〕

内弁又宜陽殿兀子に着く、内侍檻に臨む、内弁起座し、微音に称唯す〈宜陽殿壇上を経て北行す、軒廊東第二間自り出でて斜行し、左近階下陣南頭に到る〈中将座に当たる〉、南に去ること七尺、西に出づること五寸、西面に立つ、陣は動かず、此の間近衛将内弁子族為らば暫く退く〉、謝座再拝す〈先づ左膝を突く、但し起る時は右を先とす、近くは一揖して再拝す、一揖して右に廻り、軒廊并びに東階を経、母屋東一間自り入る、座程を計りて之に着く、吏部記《りぶき》に曰く、内弁軒廊に入りて暫く留り、西を顧みて来し路を望む、或るは曰く、是休息するため也〉、

〔大意〕

内弁が再び宜陽殿兀子に着座。内侍が檻に出る。内弁が起座し、微音に称唯。宜陽殿壇上を通って北行。軒廊東第二間から出て斜行し、左近階下陣の南側に到着。中将の座の位置。南に七尺、西に五寸、西面に立つ。陣は不動。この時に近衛次将に内弁の子族がいれば暫く座を外す。謝座再拝。まず左膝を突く。但し立ち上がる時は右を先とする。近くは一揖してから再拝。一揖して右に廻り、軒廊と東階を通り、母屋東一間から入る。座席を確認して着座。吏部記に言う。内弁は軒廊に入って暫く立ち止まり、西を振り返って来た道を眺める。あるいは言う。これは休息のためである。

〔解釈〕

「檻」は「東檻」の欠字か。「西出五寸」は元日節会では「西出六寸」。「此間近衛将為二内弁子族一者暫退」は元日節会には不記載。「近一揖再拝」の「近」は「近例」の欠字か。「吏部記」は重明《しげあきら》親王（九

○六〜五四）の『吏《り》部《ぶ》王《おう》記《き》』。

▼開門の式次第

〔本文〕

開門〈左右将曹各一人〈若無者用二府生一〉、率二番長一人・近衛七人一、開二承明門一、番長以下五人闈門、三人腋門、腋門着二緑襖一、兵衛志左右各一人、率二兵衛一、開二建礼門一、左右近衛各二人趁各出、就二長楽・永安門外一、禁二察監行一〉、闈司着〈二人自二射場一経二安福殿前并廊下一、分着二左右草墪一〉、

〔読み下し〕

開門す〈左右将曹各一人〈若し無くんば府生を用ふ〉、番長一人・近衛七人を率き、承明門を開く、番長以下五人闈門、三人腋門、腋門緑襖を着す、兵衛志左右各一人、兵衛を率き、建礼門を開く、左右近衛各二人趁かに各出で、長楽・永安門外に就き、監行を禁察す〉、闈司着く〈二人射場自り安福殿前并びに廊下を経、分かれて左右草墪に着く〉、

〔大意〕

開門。左右将曹各一人。いない時は府生を使用。番長一人・近衛七人を引率し、承明門を開門。番長以下五人は闈門。三人は腋門。腋門は緑襖着用。兵衛志左右各一人が、兵衛を引率し、建礼門を開門。左右近衛各二人がすぐにそれぞれ出、長楽・永安門外で、監行を禁察。闈司が着座。二人が射場から安福殿前及び廊下を通り、分かれて左右の草墪に着座。

〔解釈〕

「番長」は近衛舎人の統括者。元日節会では承明門の開門は「近衛八人」。「番長一人・近衛七人」に対応。「腋門着二緑襖一」は掖門担当の近衛三人は「緑襖」（六位・七位の位襖）着用の意。「禁二察監行一」は「監行」（濫行〈乱行〉）を見張るの意。元日節会には不記載。「廊下」は承明門西廊か。

▼叙位宣命奏覧の式次第

〔本文〕

大臣奏二宣命一〈或説未二開門一前奏レ之〉、内記候二東階南頭壇下一、大臣先取二宣命一、見畢返給、令レ挿二文杖一、取而参上、経二公卿座末一、到二御帳東北御屏風妻一、付二内侍一退、把笏右廻〈九条年中行事左廻〉、立二障子戸西柱下一〈坤面〉、奏覧了返給、進搢レ笏取レ之〈不レ挿二文杖一〉、左廻退下、先給二文杖外記一、取二副宣命於笏一参上、

〔読み下し〕

大臣宣命を奏す〈或説に未だ開門せざる前に之を奏す〉、内記東階南頭壇下に候ず、大臣先づ宣命を取る、見畢りて返給す。文杖に挿さしめ、取りて参上す、公卿座末を経、御帳東北の御屏風妻に到り、内侍に付して退く、把笏して右に廻る〈九条年中行事は左に廻る〉、障子戸西柱下に立つ〈坤面〉、奏覧了りて返給す、進みて笏を搢みて之を取る〈文杖に挿さず〉、左に廻りて退下す、先づ文杖を外記に給ひ、宣命を笏に取り副へて参上す、

〔大意〕

大臣が宣命を奏上。一説に開門以前に奏上。内記が東階南側の壇下に祗候。大臣がまず宣命を受け取る。見終わって返給。文杖に挿させ、受け取って参上。公卿座の端を通り、御帳東北の御屏風の端に到着し、内侍に托して退く。把笏して右に廻る。九条年中行事は左に廻る。障子戸の西柱の許に立つ。坤面。奏覧が終わって返給。進んで笏を挿して受け取る。文杖に挿さない。左に廻って退下。まず文杖を外記に手渡し、宣命を笏に取り副えて昇殿。

〔解釈〕

「障子戸西柱下」は、元日節会によれば「東北障子戸西柱下」。「九条年中行事」は藤原師輔の儀式書。現存は節会部分は欠損。

▼位記筥下賜の式次第

〔本文〕

内弁宣、内竪、於二日華門外一称唯参入、立二左仗南頭一、内弁宣、式乃省・兵乃省召せ、称唯出召レ之、二省輔・丞〈代官〉立二桜樹東一〈北面西上〉、立位在レ南〈以上着レ靴〉、内弁宣、式乃省、輔称唯〈昇レ自二東階一、入レ自二母屋南面第一間一、斜二行大臣座巽角一〈去レ座七尺磬折立〉〉、内弁揩レ笏、宣命入レ懐、取二位記筥一給レ之〈自二座右一給レ之、輔挿レ笏磬屈取レ筥、降レ自二同階一、於二廊下一授二丞代一、更還昇、又給退下、給レ筥間、大臣毎度必揩レ笏、若叙二親王一者、丞代有二二人一、次又召二兵部一給レ之如レ前〉、両省輔并丞代、趍進置二筥於庭中案一〈式部

置レ笏間、兵部輔趁渉二馳道一、置二笏於西案一、式部自二日華一、兵部自二月華一退〉、

〔読み下し〕

内弁宣す、内竪、日華門外に於いて称唯して参入す、左仗南頭に立つ、内弁宣す、式の省・兵の省召せ、称唯して出でて之を召す、二省輔・丞〈代官〉桜樹東に立つ〈北面西上〉、立位は南に在り〈以上靴を着す〉、内弁宣す、式の省、輔称唯す〈東階自り昇り、母屋南面第一間自り入る、大臣座巽角に斜行す〈座を去ること七尺に磬折して立つ〉〉、内弁笏を搢み、宣命懐に入る、位記筥を取りて之を給ふ〈座右自り之を給ふ、輔笏を挿して磬屈して筥を取る。同階自り降り、廊下に於いて丞代に授く、更に還昇し、又給はりて退下す、筥を給ふ間、大臣毎度必ず笏を搢む、若し親王を叙さば、丞代二人有り、次で又兵部を召して之を給ふこと前の如し〉、両省輔并びに丞代、趁かに進みて筥を庭中案に置く〈式部筥を置くの間、兵部輔趁かに馳道を渉り、筥を西案に置く、式部日華自り、兵部月華自り退く〉、

〔大意〕

内弁が命じる。内竪。日華門外で称唯して入閤。左仗南側に立つ。内弁が命じる。式の省・兵の省を喚べ。称唯して出て喚ぶ。二省輔・丞の代官が桜樹の東に立つ。北面西上。立位は南に在る。以上は靴を履く。内弁が命じる。式の省。輔が称唯。東階から昇り、母屋南面の第一間から入る。大臣の座の巽角に斜行する。座から七尺に磬折して立つ。内弁が笏を挿し、宣命は懐中。位記筥を取って手渡す。座の右から手渡す。輔が笏を挿して磬屈して筥を取る。同階から降り、廊下で丞代に手渡す。改めて昇り、また受け取って退下。筥を手渡す時、大臣はその度に必ず笏を挿す。親王を叙品する場合は、丞代が二

人。次に兵部を喚んで手渡すのもこれと同じ。両省の輔と丞代が、すぐに進んで筥を庭中の案に置く。式部が筥を置く間、兵部輔はすぐに馳道を渡り、筥を西案に置く。式部は日華門から、兵部は月華門から退出。

〔解説〕

「式乃省・兵乃省召せ」はここも和名を使用することを示す。「立位在㆑南」の「立位」は「六位」の間違い。『西宮記』に「北面西上、六位後」とある。式部・兵部ともに輔は大輔・少輔各一名。官位相当はともに五位。丞は大丞・小丞各一名。官位相当はともに六位。つまり六位である丞は輔の南（後）に列立。「磬屈」は磬折同義か。「庭中案」は文官の位記案（位記筥を置く机）。「鋪設部」によれば、文官の位記案標の設置位置は、宣命版の東一丈二尺に親王の標。その南一丈に三位以上の標。その南七尺に四位以下の標。「西案」は武官の位記案。「鋪設部」によれば、その標は宣命版西側に文官位記案標に相対する位置に設置。

▼王卿参入・列立・謝座の式次第

〔本文〕

大臣宣、舎人ニ、大舎人四人於㆓承明門外㆒称唯、少納言代就㆑版〈候㆓外弁㆒少納言、入㆑自㆓承明門左扉㆒〉、此間、外弁公卿起座、経㆓屛幔南㆒、鴈㆓行於左兵衛陣南頭㆒〈西面西上〉、弁・外記・史已下起座立、内弁宣、とねめせ、少納言称唯出召〈左廻出門、先於㆓幔外㆒息、帰立㆓北面㆒称唯〉、王卿以下列入立㆑標〈入㆑自㆓

承明門左扉㆒、異位重行、北面西上、版位南去七尺、東去㆓丈五尺、親王標、南大臣、次大納言、次中納言、三位参議并散三位、王・四位参議小退在㆓此列㆒、次四位標、次五位、馳道西、王四位・五位、臣四位・五位、各以㆓七尺㆒為㆑間、貫首人頗謦咳〉、近仗立〈王卿入門程〉、内弁宣、之支井爾、群臣再拝、

〔読み下し〕

大臣宣す、舎人に、大舎人四人承明門外に於いて称唯す、少納言代りて版に就く〈外弁に候ずる少納言、承明門左扉自り入る〉、此の間、外弁公卿起座す、屏幔南を経、左兵衛陣南頭に鴈行す〈西面西上〉、弁・外記・史已下起座して立つ、内弁宣す、とねめせ、少納言称唯して出でて召す〈左に廻りて出門す、先づ幔外に於いて息す、帰りて北面に立ちて称唯す〉、王卿以下列入して標に立つ〈承明門左扉自り入る、異位重行、北面西上、版位南に去ること七尺、東に去ること二丈五尺に、親王標、南に大臣、次で大納言、次で中納言、三位参議并びに散三位、王・四位参議は小し退きて此の列に在り、次で四位標、次で五位、馳道西に、王四位・五位、臣四位・五位、各七尺を以て間と為す、貫首人頗る謦咳す〉、近仗立つ〈王卿入門の程〉、内弁宣す、しきいに、群臣再拝す、

〔大意〕

大臣が命じる。舎人に。大舎人四人が承明門外で称唯。少納言が入れ替わって版に就く。外弁に祗候の少納言が、承明門左扉から入閤。この時に、外弁公卿が起座。屏幔の南を通り、左兵衛陣南側に雁行。西面西上。弁・外記・史等が起立。内弁が命じる。とねめせ。少納言が称唯して出て喚ぶ。左に廻って出門。先ず幔外で一息。戻って北面に立って称唯。王卿以下が列入して標に立つ。承明門左扉から入閤。

異位重行。北面西上。版位の南から七尺、東に二丈五尺に、親王の標。南に大臣。次に中納言。三位参議と散三位。王・四位参議は少し下がって同列。次に四位の標。次に五位。馳道の西に、王四位・五位。臣四位・五位。それぞれ七尺の間隔。貫首人が少し咳払い。近仗が起立。王卿が入門の頃。内弁が命じる。しきいに。群臣が再拝。

〔解説〕

「版位南去七尺、東去二丈五尺、親王標、南大臣、次大納言、次中納言、三位参議并散三位、王・四位参議小退在二此列一、次四位標、次五位、馳道西、王四位・五位、臣四位・五位、各以二七尺一為レ間」は王卿列立の標の位置。「鋪設部」によれば、「尋常版南七尺、東折二丈五尺、立二親王標一、南去大臣標、大納言、次中納言〈以二七尺一為レ間〉、東去八尺、南折二尺、立二三位参議標一、次非参議三位標、次王四位参議標、次四位参議標、（「次王」欠か）四位・五位標、（「次」欠か）臣四位標、次五位標〈以二八尺一為レ間〉、尋常版西二丈五尺、南折三丈五尺、立二王四位・五位標一、次臣四位標、次五位標〈其丈尺准レ東〉」とある。「三位参議并散三位、王・四位参議小退在二此列一、次四位標、次五位」と「馳道西」（尋常版西）の標位置がより詳しく分かる。「貫首人頗謦咳」は「貫首人」（外弁上卿）が咳払いで王卿列立完了を内弁に知らせるの意。

▼王卿謝酒の式次第

〔本文〕

酒正趁来〈自二軒廊一来〉、経二左仗南頭一、授二空盞於貫首人一、相跪置レ笏取レ之〈以二左右手一取レ之、不レ取レ盤、酒正取レ盤右廻帰、経二左仗南一間、乍レ居小拝立〉、群臣再拝、畢酒正来亦跪、貫首人相跪返レ之、取レ笏跪、先二左膝一、酒正帰到二左仗一間、乍レ居小拝立、々先二右足一、

〔読み下し〕

酒正趁かに来る〈軒廊自り来る〉、左仗南頭を経、空盞を貫首人に授く、相跪きて笏を置きて之を取る〈左右の手を以て之を取る、盤を取らず、酒正盤を取りて右に廻りて帰り、左仗南を経る間、居し乍ら小拝して立つ〉、群臣再拝す、畢りて酒正来りて亦跪く、貫首人相跪きて之を返す、笏を取りて跪く、左膝を先とす、酒正帰りて左仗に到る間、居し乍ら小拝して立つ、々つは右足を先とす、

〔大意〕

酒正がすぐに来る。軒廊から入閤。左仗の南側を通り、空盞を貫首人に授ける。共に跪いて笏を置いて受け取る。左右の手で受け取る。盤は取らない。酒正が盤を持って右に廻って戻り、左仗の南を通る時に、跪いたまま小さく拝して立つ。群臣が再拝。終わって酒正が来てまた跪く。貫首人も跪いて返却。把笏して跪く。左膝を先。酒正が戻って左仗に着く時に、跪いたまま小さく拝して立つ。立つのは右足を先。

▼王卿着座の式次第

〔本文〕

群臣着座、次第右廻入レ自二軒廊東二間一、経二庇南一間・母屋東一間一参上着座、内弁北面、親王南面、着レ北人経二東廂一、入レ自二中間北辺一、着レ南人如二内弁路一、納言以上猶可レ着二北面座一歟、就レ中中納言以上必北面、参議対座、非参議二・三位着レ北、参議大弁必着レ南、諸臣相分着レ幄、諸王四位参議以上両三人、皆昇殿、諸臣着レ幄、諸仗居、式部録二人持レ簡入レ自二長楽・永安門一、点二検諸大夫一〈近代不レ見〉、

〔読み下し〕

群臣着座す、次第に右に廻りて軒廊東二間自り入る、庇南一間・母屋東一間を経て参上して着座す、内弁北面、親王南面、北に着く人東廂を経、中間北辺自り入る、南に着く人内弁の路の如し、納言以上猶ほ北面座に着くべき歟、就中《なかんづく》中納言以上必ず北面す、参議対座す、非参議二・三位北に着く、参議大弁必ず南に着く、諸臣相分れて幄に着く、諸王四位参議以上両三人、皆昇殿し、諸臣幄に着き、諸仗居す、式部録二人簡を持ちて長楽・永安門自り入り、諸大夫を点検す〈近代見ず〉、

〔大意〕

群臣が着座。順次右に廻って軒廊東二間に入る。庇南一間・母屋東一間を通って昇殿して着座。内弁は北面。親王は南面。北に着座の人は東廂を通り、中間北辺から入る。南に着座の人は内弁の順路に同じ。納言以上はそれでも北面の座に着くのがよかろうか。特に中納言以上は必ず北面。参議は対座。非参議二位・三位は北に着座。参議大弁は必ず南に着座。諸臣は分かれて幄に着座。諸王は四位参議以上二・三人。皆昇殿し、諸臣が幄に着き、諸仗が着座。式部録二人が簡を手に長楽・永安門から入閤し、諸大夫を点検。近代は見ない。

〔解説〕
「諸王四位参議以上両三人」は「三人」の後に「昇殿後」が欠字か。

▼叙位者参入・列立の式次第

〔本文〕
次二省引二叙人一参入、先親王、次式部卿代〈以二参議一為レ之、乃独留二外弁一、引レ列参入〉、参議以上先参入、次輔引二五位以上一、丞引二六位一、尋常版東去三丈五尺、南折七尺、立二親王標一、次一位・二位、次三位、次王四位・五位、次臣四位・五位・六位、武官四位以下標西、卿代標在二舞台艮角東頭一、大輔標在二台正東一、少輔標在二其後一、諸仗立、内弁召二納言若参議一人一〈其詞在レ別〉、近例、有二上階一時用二納言一〈親王・大臣等被レ叙時歟〉、自余用二参議一、被レ召者立レ座称唯、揖進、立二内弁後六尺一〈揖挿レ笏〉、内弁給二宣命一、々々使進給レ之、退抜レ笏加二宣命一、右廻復座、内弁以下々殿、列二立左仗南頭一〈西面北上、異位重行〉、内弁被レ叙、暫留二本座一、王卿列立後、更下加二叙列一〈或依レ次直行立〉、拝舞後引退出、更入レ自二宣陽門一候二本座一、近例、被レ叙人不レ参二内弁一、幄下諸大夫等列立、

〔読み下し〕
次で二省叙人引きて参入す、先づ親王、次で式部卿代〈参議を以て之を為す、乃って独り外弁に留り、列を引きて参入す〉、参議以上先づ参入す、次で輔五位以上を引き、丞六位を引く、尋常版東に去ること三丈五尺、南に折れて七尺、親王標を立つ、次で一位・二位、次で三位、次で王四位・五位、次で臣四

位・五位・六位、武官四位以下標西、卿代標舞台艮角東頭に在り、大輔標台正東に在り、少輔標其の後に在り、諸仗立つ、内弁納言若しくは参議一人を召す〈其の詞別に在り〉、近例、上階有る時納言を用ふ〈親王・大臣等叙せらるる時歟〉、自余参議を用ふ、召さるる者座を立ちて称唯す、揖して進み、内弁後六尺に立つ〈揖して笏を挿す〉、内弁宣命を給ふ、々々使進みて之を給ふ、退きて笏を抜きて宣命を加へ、右に廻りて復座す、内弁以下々殿し、左仗南頭に列立す〈西面北上、異位重行〉、内弁叙せらるるは、暫く本座に留り、王卿列立する後、更に下りて叙列に加わる〈或るは次でに依りて直ちに行きて立つ〉、拝舞後引きて退出す、更に宣陽門自り入りて本座に候ず、近例、叙せらるる人内弁に参らず、幄下諸大夫等列立す、

〔大意〕

次に二省が叙位者を引率して入閤。まず親王。次に式部卿代。参議を充てる。そこで一人で外弁に留まり、列を引率して入閤。参議以上がまず入閤。次に輔が五位以上を引率。丞が六位を引率。尋常版東に三丈五尺、南に曲って七尺に、親王の標を立てる。次に一位・二位。次に三位。次に王の四位・五位。次に臣の四位・五位・六位。武官四位以下の標は西。卿代の標は舞台東北角の東側にあり、大輔の標は舞台の真東にある。少輔の標はその背後。諸仗が起立。内弁が納言若しくは参議一人を喚ぶ。その言葉は別に記す。近例は、上階がある時は納言を使用。親王・大臣等が叙品・叙位させる時であろう。その他は参議を使用。喚ばれた者は起立して称唯。揖して進み、内弁の背後六尺に立つ。揖して笏を挿す。内弁が宣命を手渡す。宣命使が進んで受け取る。下がって笏を抜いて宣命を加え、右に廻って復座。内

弁以下が下殿し、左仗南側に列立。西面北上。異位重行。内弁が叙位されれば、暫く本座に留まり、王卿が列立後に、改めて下殿して叙列に加わる。あるいは時期を見て直行して立つ。拝舞後に下がって退出。改めて宣陽門から入閤して本座に着座。近例は、叙位者は内弁にならない。幄内の諸大夫等が列立。

〔解説〕

「先親王、次式部卿代」は、叙位者入閤列は親王を先頭に「式部卿代」（式部卿代官〈親王叙品役〉）が続くの意。「以二参議一為レ之」は式部卿代官は参議が担当の意。「乃独留二外弁一、引レ列参入」は、式部卿代の参議は諸卿とともに入閤せず、外弁に残って叙位者と入閤の意。「参議以上先参入、次輔引二五位以上一、丞引二六位一」は、式部卿代に続く叙位者入閤列は参議以上、式部輔に引率された「五位以上」（四位・五位）、式部丞に引率された六位の順の意。つまり式部卿代官は親王を先導せず、輔・丞は参議以上を先導しない。『北山抄』に、式部卿代の位置について「其例、在二親王次一、或在二親王前一、或列二三位下・参議上一、共為二失誤一、見二延喜御記一」「九条記云、卿代率二親王一、大輔率二参議已上一云々、非也」とある。「尋常版東去三丈五尺、南折七尺、立二親王標一、次一位・二位、次三位、次王四位・五位、次臣四位・五位・六位」は式部省担当の文官叙位者列立の標設置位置。「鋪設部」によれば、親王以下位階毎に各七尺の間隔。なお、「鋪設部」では王四位・五位の標が不記載。「武官四位以下標西」は兵部省担当の武官叙位者列立の標設置位置。「鋪設部」によれば、尋常版西に文官の標に相対する位置に設置。なお、「鋪設部」では、武官側も四位以下だけでなく、親王以下三位以上の標位置も記載（王四位・五位も記載）。ただし、実際は親王以下三位以上は文官叙位のみ。武官としての叙位はない。ちなみに、この位置は節会参列者列立の標位置よりも東西各一丈外の位置。「卿代標在㆓舞台艮角東頭㆒、大輔標在㆓台正東㆒、少輔標在㆓其後㆒」は式部省官人列立の標位置。「鋪設部」に不記載。「舞台」は女楽の舞妓の舞台。「鋪設部」によれば、その設置位置は「尋常版南去三許丈」。ただし、各標の舞台からの距離は不記載。また、兵部官人列立の標位置についても不記載。舞台西か。「内弁召㆓納言若参議一人㆒」の「納言若参議一人」は叙位宣命使。「近例、有㆓上階㆒時用㆓納言㆒〈親王・大臣等被㆑叙時歟〉、自余用㆓参議㆒」の対応部分は、『西宮記』は「納言若参議」。しかし、『北山抄』は「大臣召㆓参議以上一人㆒給㆓宣命㆒〈多用㆓中納言㆒、可㆑依㆓叙人之尊卑㆒歟〉」とある。これによれば、叙位宣命使は中納言が本来か。これが『江家次第』当時には、中納言の叙位宣命使は「有㆓上階㆒時」（「親王・大臣等被㆑叙時」）のみとなり、それ以外は参議が常態となったか。「右廻復座」は『西宮記』は「左廻復㆓本座㆒」とある（『北山抄』は「右廻」）。「内弁被㆑叙、暫留㆓本座㆒、王卿列立後、更下加㆓叙列㆒〈或依㆑次直行立〉、拝舞後引退出、更入㆑自㆓宣陽門㆒候㆓本座㆒」は内弁が叙位者となる場合の作法。『北山抄』に「内弁若被㆑叙者、待㆑次下殿、便往加㆓叙列㆒、拝舞退出、入㆑自㆓宣陽門㆒、又参上、旧例、或親王未㆓下殿㆒之前、下殿就㆑列、又延喜十三年・天慶六年例、王卿下畢後、進就㆑之」とある。これによれば、叙位される内弁の下殿は諸卿下殿の前と後の二説。「或依㆑次直行立」は前の意か。ただし、前は「旧例」。後は延喜十三年（九一三）以降の例か。

▼叙位宣命宣制の式次第

〔本文〕

宣命使下殿就レ版、自二軒廊東二間一南行、当二日華門扉一、乍二南向一揖、西折、就二宣命版一、経二位案南一、近例、自二案北一往反、有二両案一時、経二其中間一往反、若有二三案一者、経下親王案与二三位案一之間上、宣命一段、群臣再拝、又一段、群臣再拝〈不二舞踏一、但叙人不レ拝揖立〉、宣命使復座〈巻レ文把笏、揖而左廻退還、到二初所一揖、北折昇殿〉、次群臣復座、

〔読み下し〕

宣命使下殿して版に就く、軒廊東二間自り南行す、日華門扉に当たり、南に向き乍ら揖す、西に折れ、宣命版に就く、位案南を経る、近例、案北自り往反す、両案有る時、其の中間を経て往反す、若し三案有らば、親王案と三位案との間を経る、宣命一段、群臣再拝す、又一段、群臣再拝す〈舞踏せず、但し叙人拝さず揖して立つ〉、宣命使復座す〈文を巻きて把笏す、揖して左に廻りて退き還る、初めの所に到りて揖す、北に折れて昇殿す〉、次で群臣復座す、

〔大意〕

宣命使が下殿して版に就く。軒廊東二間から南行。日華門の扉のところで、南に向きながら揖。西に曲がり、宣命版に就く。位案の南を通る。近例は、案の北を往復。二案がある時は、その中間を通って往復。もし三案があれば、親王案と三位案の間を通る。宣命一段。群臣が再拝。もう一段。群臣が再拝。舞踏はしない。ただし叙人は拝さず揖して立つ。宣命使が復座。文を巻いて把笏。揖して左に廻って下がって帰る。初めの所に来て揖。北に曲がって昇殿。次に群臣が復座。

〔解説〕

「位案」は位記案。「記」が欠字か。「両案」は三位以上と四位以下の二案。「三案」は親王・三位以上・四位以下の三案。「宣命一段」は「宣制一段」の間違いか。

▼叙位の式次第

〔本文〕

次卿代進、就二最北案一叙二親王一、就二案下一、挿レ笏開レ筥〈以レ盖置レ東〉、揚二筥身一置二盖上一、取二位記一、傾レ右開レ之、召唱之後、被レ叙之者進、跪二於卿代之右辺一、卿代相跪授二位記一、叙人置レ笏取二位記一、乍レ居一拝把笏、左廻、還立二本標一、若親王不レ参者、省丞進取レ之、授レ録云々、叙了、掩レ筥取レ笏、左廻直退出畢〈入レ自二宣陽門一参上〉、親王独舞踏、畢退出〈四条抄云、帰レ列独拝舞〉、次大輔代叙二公卿一〈以二四位一為二大輔代一〉、叙人進賜、還立二新叙標一、召唱詞云、正おほい三乃位・従ひろい三乃位等、三位及四位参議以上也、雖二武官一三位以上在二此列一、次少輔叙二五位以上一、召唱詞云、正おほい四乃位乃上ッ階シナ・従ひろき五乃位乃下津階等歟、准可レ知、但六位被レ叙二五位一者、置レ笏取二位記一、不二更取レ笏、立二新叙之標一、大・少輔暫還二立本標一、次兵部少輔叙二武官五位以上一、雖二文官加階一、兼二武官一者在二此列一、在二西列一者称唯、進跪二輔左一、置レ弓給二位記一、一拝取レ弓、起テ右廻、経二列上一従レ後復二本所一、五位叙二四位一者、即加二其標一、非参議中将叙二三位一者、不レ帯二弓箭一、可レ加二式部列一歟、但不レ如二不参一、両省輔共退出了、次叙人左右相共相二依馳道一、舞踏退出〈不三必待二一省出門一、東方叙者左廻、西方叙人右廻〉、次式・兵両省丞代、入レ自二日・月華門一、取二位記筥一退出〈兵部自二月華門一退〉、掃部寮入レ自二両門一、撤二位記案一、次王卿以下々殿

拝舞〈謂二之親族拝一、列二立左仗南頭一、西面北上、異位重行、諸大夫列二立幄前東一、西上北面〉、畢復座、

〔読み下し〕

次で卿代進み、最北案に就きて親王を叙す、案下に就き、笏を挿して筥を開く〈盖を以て東に置く〉、筥身を揚げて盖上に置く、位記を取り、右に傾むけて之を開く、召唱の後、叙せらるるの者進み、卿代の右辺に跪く、卿代相跪きて位記を授く、叙人笏を置きて位記を取る、居し乍ら一拝して把笏す、左に廻り、還りて本標に立つ、若し親王参らざれば、省丞進みて之を取り、録に授くと云々、叙し了り、筥を掩ひて笏を取る、左に廻りて直ちに退出し畢んぬ〈宣陽門自り入りて参上す〉、親王独り舞踏す、畢りて退出す〈四条抄に云ふ、列に帰りて独り拝舞す〉、次で大輔代公卿を叙す〈四位を以て大輔代と為す〉、叙人進みて賜ふ、還りて新叙標に立つ、召唱の詞に云ふ、正《おほい》三の位・従《ひろい》三の位等、三位及び四位参議以上也、武官と雖も三位以上此の列に在り、次で少輔五位以上を叙す、召唱の詞に云ふ、正《おほい》四の位の上つ階《しな》・従《ひろき》五の位の下つ階等歟、准じて知るべし、但し六位五位に叙せらるれば、笏を置きて位記を取り、更に笏を取らず、新叙の標に立つ、大・少輔暫く本標に還り立つ。次で兵部少輔武官五位以上を叙す、文官加階と雖も、武官を兼ぬれば此の列に在り、西列に在る者称唯し、進みて輔左に跪く、弓を置きて位記を給ふ、一拝して弓を取り、起きて右に廻り、列上を経て後従り本所に復す、五位四位に叙さば、即ち其の標に加ふ、非参議中将三位に叙さば、弓箭を帯さず、式部列に加はるべき歟、但し不参に如かず、両省輔共に退出し了んぬ、次いで叙人左右相共に馳道に相依り、舞踏して退出す〈必ずしも二省出門するを待たず、東方叙者左に廻り、西方叙人右に廻る〉、次で式・兵両省丞代、日・月華門自り入り、位記筥

を取りて退出す〈兵部月華門自り退く〉、掃部寮両門自り入り、位記案を撤す、次で王卿以下々殿して拝舞す〈之を親族拝と謂ふ、左仗南頭に列立す、西面北上、異位重行、諸大夫幄前東に列立す、西上北面〉、畢りて復座す、

〔大意〕

次に卿代が進み、最北の案で親王を叙品。案の許で、笏を挿して筥を開く。蓋を東に置く。筥の中身を持ち上げて蓋の上に置く。位記を取り、右に傾けて開く。召唱後に、叙品者が進み、卿代の右側に跪く。卿代も跪いて位記を手渡す。叙品者が笏を置いて位記を受け取る。跪いたまま一拝して把笏。左に廻り、戻って本の標に立つ。親王が不参ならば、省丞が進んで受け取り、録に手渡すという。叙品し終わり、筥を覆って把笏。左に廻ってすぐに退出。宣陽門から入閤して昇殿。親王が単独で拝舞。終わって退出。四条抄に言う。列に戻って単独で拝舞。次に大輔代が公卿を叙位。四位を大輔代とする。叙位者が進んで受け取る。戻って新叙の標に立つ。召唱の言葉に言う。正三の位・従三の位等。三位と四位参議以上である。武官でも三位以上はこの列。次に少輔が五位以上を叙位。召唱の言葉に言う。正四の位の上つ階・従五の位の下つ階等か。準じて理解するように。ただし六位が五位に叙位されるならば、笏を置いて位記を受け取り、改めて笏を手にせず、新叙の標に立つ。大・少輔は暫く本の標に戻って立つ。次に兵部少輔が武官五位以上を叙位。文官加階であっても、武官兼官ならばこの列。西列の者が称唯し、進んで輔の左に跪く。弓を置いて位記を受け取る。一拝して弓を取り、立って右に廻り、列の前を通って後から本所に戻る。五位を四位に叙位するならば、すぐにその標に加わる。非参議中将を三位

に叙位するならば、弓箭を身に付けず、式部の列に加わるのがよかろうか。ただし不参に越したことはない。両省の輔ともに退出。次に叙位者が左右共に馳道に寄り、舞踏して退出。必ずしも二省が出門するのを待たない。東側の叙位者は左に廻り、西側の叙位者は右に廻る。次に式・兵両省の丞代が、日・月華門から入閤し、位記筥を持って退出。兵部は月華門から退出。掃部寮が両門から入閤し、位記案を撤去。次に王卿以下が下殿して拝舞。これを親族拝という。左仗南側に列立。西面北上。異位重行。諸大夫は幄前の東に列立。西上北面。終わって復座。

〔解説〕

「最北案」は親王の位記筥を置く文官側の案（尋常版東一丈二尺に設置）。「筥身」は位記の束。「召唱」はここは位記記載の新たな品位と叙品者の名を喚ぶ。「被レ叙之者」は叙品される親王。「本標」は本来列立していた親王の標。「省丞」は式部丞。「録」は式部録。「親王独舞踏」は親王は臣下の叙位者とは別に単独で「舞踏」（ここは拝舞の意）するの意。「四条抄」は『北山抄』か。ただし、現存『北山抄』に親王叙品の式次第は不記載。『西宮記』に「親王取二位記一帰レ列、独拝舞出」とある。「新叙標」は叙位で昇進した新たな位階の標。親王は叙品されても親王の標。臣下は叙位により新たな位階の標に列立。「正三乃位・従三乃位」は正三位・従三位の和名。公卿叙位者に対する召唱の一例。この位階は位記記載の叙位される位階か。これによれば、叙位者の名ではなく、位階だけを召唱するか。「雖二武官一三位以上在二此列一」は武官叙位でも三位以上は式部列に列立するの意。「正四乃位乃上ッ階・従五位乃位乃下津階」は正四位上・従五位下の和名。四位・五位叙位者に対する召唱の一例。「准可レ知」は他の位階の召唱の詞もこの一例に準じて理解するようにの意。「六位被レ叙二五位一者、置レ笏取二位記一、不二更取レ笏、立二新叙之標一」は、笏は五位以上料と六位以下料では材質や形状が相違するため、五位に叙位（叙爵《じょしゃく》という）されると六位の笏は取らず、笏を持たないまま新たな位階の標に列立するの意か。『延喜式』弾正台に「凡五位以上、通二用牙笏・白木笏一、前詘後直、六位以下官人、用レ木、前挫後方」とある。ただし、これは文官叙位の場合。武官は弓箭佩帯（特に弓所持）のためにもとから笏は持たない。「大・少輔暫還二立本標一」は、文官叙位を終えた式部大・少輔は「本標」（舞台東側設置の式部省の標）に戻って式官叙位が終わるまで待つの意。叙位後、式部輔は兵部輔とともに退出。本文に「両者輔共退出」とある。「次兵部少輔叙二武官五位以上一」はここから武官叙位。位記を手渡す官人が兵部少輔のみのため、「武官五位以上」は四位・五位のみ。親王・公卿に武官叙位はない。「雖二文官加階一、兼二武官一者在二此列一」は「文官加階」（文官としての叙位）の場合も、武官兼官者は武官の標に列立の意。「在二西列一者称唯」は「西列」（武官列）に列立の叙位者が兵部少輔の召唱で称唯するの意。「経二列上一従レ後復二本所一」は、叙位後の武官は各人が叙位前に列立していた標の前を通り、その列の後ろに戻って列立するの意。これによれば、ここで対象としているのは四位・五位ともに同一位階内で叙位される者となるか。「五位叙二四位一者、即加二其標一」は五位が四位に叙位される場合は、叙位後は「其標」（四位の標）に列立するの意。なお、六位が五位に叙位される場合は不記載。五位の標に列立するか。「非参議中将叙二三位一者、不レ帯二弓箭一、可レ加二式部列一歟」は、非参議中将を三位に叙位する場合、非参議中将は「不レ帯二弓箭一」（武官の束帯ではなく文官の束帯での意か）、「式部列」（文官三位の標）に列立するの意。ただし、「歟」とあり、匡房にも不確実。「但不レ如二不参一」は匡房の意見。前句を受け、不審なので不参が無難の意。「親族拝」は、『内裏式』ではまさに叙位者の親族のみ実施。『西宮記』以降は親族に関わりなく内弁以下参列者全員が実施。

▼白馬奏の式次第

〔本文〕

次左右大将下殿、立二巽角壇上一、馬允奉二奏文一、史生持レ硯、大将先取レ奏見レ之、允取レ硯候、大将加署後、取レ文持、縦挿二文杖鳥口一参上、付二内侍一、退着二本座一、口伝云、左大将参上奏聞間、右大将東庇北間西面而立、左大将度レ前之後奏云々、是左大将為二大臣一、右大将為二納言一之例也、或私記云、左右共為二同職一者、左大将退帰間、右大将入二母屋一相交代者、又見二重明親王天慶三年記一、九条説云、大将一人不レ参者、並二挿一杖一独奏、共不レ参者、内弁奏レ之〈件奏留二御所一〉、件御馬本数二十一疋也、毎年左右寮各十疋進レ之、其残一馬称二之余馬一、隔年両寮互進レ之、大臣大将者只注二朝臣字一如レ常、天暦三年、右馬寮不二進奏一、内弁元方卿、経二奏聞一、挿二白紙一進奏、大将復二本座一、

〔読み下し〕

次で左右大将下殿し、巽角壇上に立つ、、馬允奏文を奉る、史生硯を持つ、大将先づ奏を取りて之を見る、允硯を取りて候ず、大将加署する後、文を取りて持つ、縦に文杖鳥口に挿して参上す、内侍に付し、退きて本座に着く、口伝に云ふ、左大将参上して奏聞する間、右大将東庇北間に西面して立ち、左

大将前を度るの後奏すと云々、是左大将大臣為りて、右大将納言為るの例也、或る私記に云ふ、左右共に同職為らば、左大将退き帰る間、右大将母屋に入りて相交代すてへり、又重明親王天慶三年記を見るに、九条説に云ふ、大将一人参らざれば、一杖に並び挿して独り奏す、共に参らざれば、内弁之を奏す〈件奏御所に留む〉、件の御馬本数二十一疋也、毎年左右寮各十疋之を進む、其の残り一馬之を余馬と称し、隔年に両寮互いに之を進む、大臣大将は只朝臣字を注すこと常の如し、天暦三年、右馬寮進奏せず、内弁元方《もとかた》卿、奏聞を経、白紙を挿して進奏す、大将本座に復す、

〔大意〕

次に左右大将が下殿し、巽角の壇上に立つ。馬允が奏文を奉る。史生が硯を持つ。大将がまず奏を受け取って確認。允が硯を受け取って祗候。大将が加署後に、文を受け取って持つ。縦に文杖の鳥口に挿して昇殿。内侍に託し、下がって本座に着座。口伝に言う。左大将が昇殿して奏聞の間、右大将は東庇北間に西面に立ち、左大将が前を通った後に奏上という。これは左大将が大臣で、右大将が納言の例である。ある私記に言う。左右ともに同じ官職ならば、左大将が下がって戻る間、右大将は母屋に入って交代するという。また重明親王の天慶三年記をみると、九条の説に言う。大将一人が不参ならば、一杖に一緒に挿して単独で奏上。ともに不参ならば、内弁が奏上。この奏は御所に留める。御馬の数は二十一頭である。毎年左右寮からそれぞれ十頭を差し出す。残りの一頭は余馬と言い、隔年で両寮が相互に差し出す。大臣大将は朝臣の字だけを記すのはいつも通り。天暦三年は、右馬寮が進奏せず、内弁元方卿は、奏聞のうえで、白紙を挟んで進奏。大将が本座に復座。

〔解説〕

白馬奏の式次第は『内裏式』『儀式』には不記載。『西宮記』から記載。白馬奏は引渡される白馬の目録。左右馬寮で各一通。奏上直前に左右御監《ごげん》が署名して奏上。『西宮記』に「左右御監奏二白馬奏一」（『北山抄』は「左右御監進二白馬奏一」）とある。左右御監は左右馬頭（馬寮長官）の上にあって寮馬を総裁する役。左右近衛大将兼官が常態。そこで『江家次第』では左右大将が奏上。御監の署名は大臣兼務の場合は「朝臣」のみ。実名は不記載。本文に「大臣大将者只注二朝臣字一如レ常」とある。一方、納言兼官の場合は実名を記載。なお、御監が節会不参の場合は御監の邸第で署名。『西宮記』に「不レ参者、於二里亭一取レ名」とある。「巽角壇上」は紫宸殿東階南側。『西宮記』に「御監等下、立二東階壇上一」とある。「口伝云」から「共不レ参者内弁奏レ之」まで『北山抄』の引用か。「左右共為二同職一者」は左右大将の兼官がともに大臣または納言で同格ならばの意。「又見二重明親王天慶三年記一、九条説云、大将一人不レ参者」は、『北山抄』には「又見二重明親王天慶三年記・九条記一云々、或記云、大将立二軒廊一、允入レ自二敷政門・宣仁門一云々、近例不レ然、允又従二日華門一参入、此日、若大将一人不レ参者」とある。ここに『江家次第』は改変と書き落とし（写し落とし）がある。「重明親王天慶三年記」は『吏部王記』天慶三年（九四〇）正月七日条か。「九条説」（「九条記」）は藤原師輔の『九暦』の説か。『北山抄』本文であれば、「或私記」の説が「重明親王天慶三年記」「九条記」双方にも記載されていることになる。これに対し、『江家次第』本文では、「或私記」の説は「重明親王天慶三年記」にのみ記載され、「九条説」は、これとは別に「大将一人不レ参者」から「内弁奏レ之〈件奏留二御所一〉」までとなる。「天暦三年」から

「挿二白紙一進奏」まで本文以外の写本段階での混入か。「元方卿」は藤原元方（八八八〜九五三）。管根《すがね》男。「天暦三年」（九四九）当時、従三位中納言。

▼白馬引渡の式次第

〔本文〕

次左右府生各一人取レ標〈出レ自二本陣一〉、次左将監跪取二尋常版位一〈出レ自二本陣一、置二殿巽角壇上一〉、近仗立、次左白馬陣度〈近衛舎人也〉、次左右馬頭度〈帯二弓箭一、雖二四位一入二尻鞘一、着レ靴〉、次白馬七疋、次左右允、次白馬七疋、次左右属、次白馬七疋、次左右助、次右白馬陣度畢、次白馬経二殿上前・無名門・明義門・仙華門一、度二御前一自二瀧口一出〈此間垂二御殿御簾一〉、雖二御物忌一猶度、次分参二三宮・東宮・斎院等一、

〔読み下し〕

次で左右府生各一人標を取る〈本陣自り出づ〉、次で左将監跪きて尋常版位を取る〈本陣自り出で、殿巽角壇上に置く〉、近仗立つ、次で左白馬陣度る〈近衛舎人也〉、次で左右馬頭度る〈弓箭を帯し、四位と雖も尻鞘《しりざや》を入れ、靴を着す〉、次で白馬七疋、次で左右允、次で白馬七疋、次で左右属、次で白馬七疋、次で左右助、次で右白馬陣度り畢んぬ、次で白馬殿上前・無名門・明義《みょうぎ》門《もん》・仙華《せんか》門《もん》を経、御前を度りて瀧《たき》口《ぐち》自り出づ〈此の間御殿御簾を垂る〉、御物忌と雖も猶ほ度る、次で分れて三宮《さんぐう》・東宮・斎院《さいいん》等に参る、

〔大意〕

次に左右府生各一人が標を撤去。本陣から出る。次に左将監が跪いて尋常版位を撤去。本陣から出て、殿の巽角の壇上に置く。近仗が起立。次に左の白馬陣が渡る。近衛舎人である。次に左右馬頭が渡る。弓箭を佩帯し、四位であっても尻鞘を入れ、靴を履く。次に白馬七疋。次に左右允。次に白馬七疋。次に左右属。次に白馬七疋。次に左右助。次に右の白馬陣が渡り終わる。次に白馬が殿上前・無名門・明義門・仙華門を通り、御前を渡って瀧口から出る。この間御殿の御簾を垂れる。御物忌であっても渡る。次に分かれて三宮・東宮・斎院等に参上。

〔解説〕

「左右府生各一人取レ標」「左将監跪取二尋常版位一」の理由は標・版位が白馬引渡の邪魔になるため。「本陣」は左右近の各陣座か。標・版位撤去の府生・将監は南階左右に不着陣か。「次左白馬陣度〈近衛舎人也〉、次左右馬頭度〈帯二弓箭一、雖二四位一入二尻鞘一、着レ靴〉、次白馬七疋、次左右允、次白馬七疋、次左右属、次白馬七疋、次左右助、次右白馬陣」は白馬引渡の行列。基本的に『儀式』以来同様（『内裏式』は明確には不記載）。「左白馬陣」は、『儀式』によれば左近衛舎人十名。また、殿《しんがり》の「右白馬陣」は右近衛舎人十名。「帯二弓箭一」は馬頭以外は不記載。ただし、近衛舎人と馬寮官人はすべて同様か。「帯二弓箭一、雖二四位一入二尻鞘一、着レ靴」は左右馬頭の装束。武官同様。「雖二四位一入二尻鞘一」は、官位相当は従五位下である左右馬頭が四位であっても「尻鞘」を入れるの意。「尻鞘」は野剱《のだち》（ここは毛抜型太刀）の鞘に入れる毛皮製サック。餝剱には不使用。その材質として『西宮記』巻十七・尻鞘に「豹〈公卿〉、虎・竹豹《ちくひょう》〈四位・五位〉」とある。しかし、その後変化。後鳥羽《ごとば》上皇（一一八〇～一二三九）の『世俗浅《せぞくせん》深秘《しんひ》抄《しょう》』下・四位五位尻鞘事に「凡尻鞘ハ、四位豹、五位虎也、但行幸之時、五位次将用二豹皮一、四位不レ入二尻鞘一故歟、舞人時、四位入二尻鞘一、然而猶五位輩或用レ豹、行幸之時、用二虎皮一人有レ之、時人難レ之云々」とある。これによれば、四位が豹皮。五位が虎皮。しかし、四位の尻鞘使用は舞人時等に限定されていたか。四位による尻鞘使用の限定された機会に白馬引渡の際の左右馬頭があるか。なお、『延喜式』左右馬寮によれば、各馬に銜《くつわ》（最前・最尾の馬用は金装、自余は烏装《うそう》〈黒塗〉）・尾袋《おぶくろ》・額当《ひたいあて》等の馬具を装着。また各馬に左近衛舎人の朧《くとり》（口取り）が付く。また、内裏では白馬の行列は日華門から入閤。紫宸殿前を渡り、月華門から退出。「次白馬経二殿上前・無名門・明義門・仙華門一、度二御前一自二瀧口一出〈此間垂二御殿御簾一〉、雖二御物忌一猶度、次分参二三宮・東宮・斎院等一」は月華門退出後の白馬行列の行程。「殿上前」は清涼殿殿上間小庭か（図⑤）。「無名門・明義門・仙華門」は図④参照。「御前」は清涼殿東庭。「瀧口」は瀧口武士の陣。清涼殿東庭北方の御《み》溝水《かわみず》の落ち口（図④）。瀧口武士は宮中警備の武士。寛平年間（八八九～九八）創設。「御殿御簾」は清涼殿東面の御簾。「雖二御物忌一猶度」は物《もの》忌《いみ》で天皇が清涼殿に籠もっている時も御前を渡るの意。「三宮」は三后。太皇太后《たいこうたいごう》・皇太后《こうたいごう》・皇后。「斎院」はここは賀茂斎王の居所紫野院《むらさきのいん》（場所未詳）。賀茂斎王は上下賀茂社に奉仕する未婚の皇女。なお、白馬が清涼殿東庭を通って三宮・斎院等に参上する点は『西宮記』にも記載。ただし、『建武年中行事』によれば、白馬が清涼殿東庭を通って中宮・東宮にも参上するのは、節会が終了して天皇が清涼殿に還御後。白馬節会の白馬引渡に連続しない。

▼供饌～三献の式次第

〔本文〕

酒部立〈内竪入レ自二日華門一、酒部入レ自二長楽・永安門一、立二胡瓶下一〉、采女撤二御膳帊一〈自レ階給二之於内膳官人一〉、内膳入レ自二月華門一、供二御膳一〈遅供時、内膳別当公卿起座催レ之、正以下令史等叉手前行、膳部相従、正・令史留立レ版、令史称二警蹕一、膳部等八人相並登二南階第一階一、采女迎取供レ之〉、群臣諸仗共立、供二御膳一間、采女磬折立、但陪膳居二帳台上一、供了、却着二草墪一、酢・鹽・酒・醤・餛飩・索餅・餲餬・桂心、毎レ物有二盖・擎子一、進物所自二西階一受レ盤、群臣諸仗共居、次自二西階一供レ膳〈餢子・黏臍・饆饠・団喜〉、次給二臣下餛飩一〈大膳大夫率二内竪一役送〉、次御箸下、臣下応レ之、供二鮑羹一〈便撤二索餅一〉、供二御飯一〈便撤二餛飩一〉、次供二進物所御菜十度一〈窪器二・盤六・汁二〉、次供二御厨子所御菜二二度〈一度八坏、一度四坏〉、次給二臣下飯・汁物・追物一、次御箸鳴、臣下応レ之、供二三節御酒一、一献、国栖奏〈於二承明門外一奏二歌笛一〉、二献、仰二御酒勅使一、内弁起座、磬折奏云、大夫達爾御酒当給、天許、了復座、内弁召二参議一人一〈詞云、某官朝臣、尋二在レ座人一召レ之〉、被レ召者進立二内弁巽角七尺一、内弁仰、大夫達爾御酒給へ、称唯、左廻下二東階一、召二外記一問二勅使等名一〈外記書進レ之〉、参議取二副於笏一還昇、進二南簀子第二間一〈自二庇第二柱一西去二尺許、西面立磬折、立二第二柱坤四許尺一、乾留レ之〉、召了後、微音仰云、大夫達爾御酒給へ〈不三必待二参進一〉、右廻復座、三献、

〔読み下し〕

酒部立つ〈内竪日華門自り入る、酒部長楽・永安門自り入り、胡瓶下に立つ〉、采女御膳帊を撤す〈階自り之

を内膳官人に給ふ〉、内膳月華門自り入り、御膳を供ず〈遅く供ずる時、内膳別当公卿起座して之を催す、正以下令史等叉手して前行す、膳部相従ふ、正・令史留りて版に立つ、令史警蹕を称ふ、膳部等八人相並びて南階第一階を登る、采女迎へ取りて之を供ず〉、群臣諸仗共に立つ、御膳を供ずる間、采女磬折して立つ、但し陪膳帳台上に居す、供じ了り、却りて草墪に着く、酢・鹽・酒・醤・餛飩・索餅・餲餬・桂心、物毎に盖・擎子有り、進物所西階自り盤を受く、群臣諸仗共に居す、次いで西階自り膳を供ず〈餢子・黏臍・饆饠・団喜〉、次で臣下に餛飩を給ふ〈大膳大夫内豎を率きて役送す〉、次で御箸下る、臣下之に応ず、鮑羹を供ず〈便ち索餅を撤す〉、御飯を供ず〈便ち餛飩を撤す〉、次で進物所御菜十度を供ず〈窪器二・盤六・汁二〉、次いで御厨子所御菜を供ずること二度〈一度八坏、一度四坏〉、次で臣下に飯・汁物・追物を給ふ、次で御箸鳴る、臣下之に応ず、三節御酒を供ず、一献、国栖奏〈承明門外に於いて歌笛を奏す〉、二献、御酒勅使を仰す、内弁起座し、磬折して奏して云ふ、大夫達に御酒当て給はむ、天許、了りて復座す、内弁参議一人を召す〈詞に云ふ、某官朝臣、座に在る人を尋ねて之を召す〉、召さるる者進みて内弁巽角七尺に立つ、内弁仰す、大夫達に御酒給へ、称唯す、左に廻りて東階を下る、外記を召して勅使等名を問ふ〈外記書きて之を進む〉、参議笏に取り副へて還昇す、南簀子第二間を進む〈庇第二柱自り西に去ること二尺許り、西面に立ちて磬折す、第二柱坤四許尺に立ち、乾に之を留む〉、召し了りて後、微音に仰せて云ふ、大夫達に御酒給へ〈必ずしも参進するを待たず〉、右に廻りて復座す、三献、

〔大意〕

酒部が起立。内豎が日華門から入閤。酒部が長楽・永安門から入閤し、胡瓶のもとに立つ。采女が御

膳の覆を取り除く。階から内膳官人に手渡す。内膳が月華門から入閤し、御膳を供える。供えるのが遅れた時は、内膳別当の公卿が起座して催促。正以下令史等が手叉して前行。膳部が従う。正・令史が留まって版に立つ。令史が警蹕を称える。膳部等八人が並んで南階一段目を登る。采女が受け取って供える。群臣・諸仗が一斉に起立。御膳を供える間、采女は磬折して立つ。ただし陪膳は御帳の中に控える。供え終わり、退いて草墪に着座。酢・酒・鹽・醤・餛飩・索餅・餲餬・桂心。物ごとに蓋と擎子がある。進物所が西階で盤を受け取る。群臣・諸仗が一斉に着座。次に西階から膳を供える。餢子・黏臍・饆饠・団喜。次に臣下に餛飩を給う。大膳大夫が内豎を引率して役送。次に御箸が下る。臣下が応じる。鮑羹を供える。すぐに索餅を下げる。御飯を供える。すぐに餛飩を下げる。次に進物所御菜十度を供える。窪器二、盤六、汁二。次に御厨子所御菜を供えること二度。一度は八杯。一度は四坏。次に臣下に飯・汁物・追物《ついもの》を給う。次に御箸が鳴る。臣下が応じる。三節御酒を供える。一献。国栖奏。承明門外で歌笛を演奏。二献。御酒勅使を命じる。内弁が起座し、磬折して奏上して言う。大夫達に御酒を給ひたい。天許。終わって復座。内弁が参議一人を喚ぶ。その言葉は、某官朝臣。座にある人を確かめて喚ぶ。喚ばれた者は進んで内弁の巽七尺に立つ。内弁が命じる。大夫達に御酒を給え。称唯。左に廻って東階を下る。外記を喚んで勅使等の名を問う。外記が書いて進上。参議が笏に取り副えて還昇。南簀子第二間に進む。廂の第二柱から西に二尺程に、西面に立って磬折。第二柱の坤四尺程に立ち、乾に留まる。喚び終わって後、微音に命じて言う。大夫達に御酒を給え。必ずしも参進を待たない。右に廻って復座。三献。

〔解釈〕

「自レ階給二之於内膳官人一」は「階」の前に「西」が欠字か。「供二鮑羹一」は「羹」の前に「御」が欠字か。「次給二臣下飯・汁物・追物一」の「追物」は追加の菜。『西宮記』『北山抄』は三節会とも不記載。『江家次第』も元日節会には不記載。ただし、「元日節会〈御忌月並不二出御一儀〉」（天皇不出御時の元日節会式次第〈本書では割愛〉）に「居二臣下飯一〈割書略〉、居二汁物一〈割書略〉、居二追物一」（「追物」に「ツイモノ」のルビ）とある。故実叢書本では「追物」に「謂レ菜也」の傍書。また、踏歌節会では「給二臣下飯一〈大炊頭率二内豎一〉、給二臣下汁物・菜等一〈大炊頭率二内豎一〉」とある。「鋪設部」によれば、諸卿の台盤には「腹赤切」が事前に設置。それに対する追加の菜で「追物」か。御饌の豊富さに比較すれば、諸卿にも追加の菜があって然るべきで、不記載だが元日節会でも飯・汁とともに追物（菜）が賜饌されたか。

「御酒勅使」は、『西宮記』に「三献、御酒勅使〈内弁奏聞、仰二参議一如レ例、式文云、楽後仰、或二献〉」とある。『北山抄』は「三献後、仰二御酒勅使一〈或二献後仰レ之〉」とある。元日節会同様に三献後が本来か。

「自二庇第二柱一西去二尺許、西面立磬折、立二第二柱坤四許尺一、乾留レ之」は、南廂第二柱から西に二尺程の位置に西面に立って磬折後、同じく第二柱の坤四尺程に移動し、そこで乾面に留まるの意か。ただし、元日節会には「立二第二柱坤四許尺一、乾留レ之」は不記載。なお、写本（尊経閣本）によれば、「乾留レ之」は「乾召レ之」とある。

▼舞妓奏の式次第

〔本文〕

内教坊別当〈若不レ候者、内弁奏レ之〉、奏二舞妓奏一〈別当次将令レ持二奏於将監一、於二巽角壇下一、伝取奉レ之、将監執レ筆候〉、〈別当加署後参上、付二内侍一奏レ之、件奏留二御所一〉、別当復座、

〔読み下し〕

内教坊別当〈若し候ぜずんば、内弁之を奏す〉、舞妓奏を奏す〈別当次将奏を将監に持たしめ、巽角壇下に於いて、伝へ取りて之を奉る、将監筆を執りて候ず〉、〈別当加署後参上し、内侍に付して之を奏す、件の奏御所に留む〉、別当復座す、

〔大意〕

内教坊別当が、舞妓奏を奏上。もしいなければ、内弁が奏上。別当次将が将監に持たせ、巽角の壇上で、受け取って奉る。将監が筆を持って祗候。別当が加署の後に昇殿し、内侍に託して奏上。この奏は御所に留める。別当が復座。

〔解説〕

「内教坊別当」は納言兼官の公卿別当と次将別当の二名。「舞妓奏」は舞妓の名を記載した目録。奏上直前に公卿別当が署名して奏上。舞妓奏は『内裏式』『儀式』には不記載。『西宮記』以降に記載。

▼女楽の式次第

〔本文〕

楽人等於㆓射場殿㆒発㆓音楽㆒〈先調子、次参音声、舞妓并楽女等、有㆓校書殿東庇座㆒〉、楽前大夫二人前行〈用㆓帯劔者㆒、若無者権帯、留㆓立橘樹坤㆒、或王卿唱歌〉、舞妓等登㆓舞台㆒、楽前大夫等退、次舞五曲〈必大曲一曲〉、皇帝破陣楽・玉樹後庭花・赤白桃李花・万歳楽・喜春楽等也、舞師一人以㆓大拍子㆒進㆓舞台下㆒、教㆓節度㆒、毎㆓一舞了㆒舞妓居、舞畢退出〈有㆓退音声㆒、若入㆑夜者、不㆔必可㆑奏㆓大曲㆒〉、次王卿以下々殿拝舞〈謂㆓之楽拝㆒、如㆓親族拝儀㆒〉、次各復座、

〔読み下し〕

楽人等射場殿に於いて音楽を発す〈先づ調子、次で参音声、舞妓并びに楽女等、校書殿東庇座に有り〉、楽前大夫二人前行す〈帯劔者を用ふ、若し無くんば権に帯す、橘樹坤に留まり立つ、或るは王卿唱歌す〉、舞妓等舞台に登る、楽前大夫等退く、次で舞五曲〈必ず大曲一曲〉、皇帝破陣楽《こうだいはじんらく》・玉樹後庭花《ぎょくじゅごていか》・赤白桃李花《せきはくとうりか》・万歳楽・喜春楽《きしゅんらく》等也、舞師一人大拍子を以て舞台下に進み、節度を教ふ、一舞了る毎に舞妓居す、舞畢りて退出す〈退音声有り、若し夜に入らば、必ずしも大曲を奏すべからず〉、次いで王卿以下々殿して拝舞す〈之を楽拝と謂ふ、親族拝儀の如し〉、次いで各復座す、

〔大意〕

楽人等が射場殿で音楽を発する。先ず調子。次に参音声。舞妓と楽女等は、校書殿東庇の座に待機。楽前大夫二人が先導。帯剣者を使用。もしいなければ仮に帯劔。橘樹の坤に留まり立つ。あるいは王卿が唱歌。舞妓等が舞台に登る。楽前大夫が退く。次に舞楽五曲。必ず大曲が一曲。皇帝破陣楽・玉樹後庭花・赤白桃李花・万歳楽・喜春楽等である。舞師一人が大拍子で舞台下に進み、節度を教授。一舞楽

が終わる毎に舞妓が座る。舞楽が終わって退出。退音声がある。夜になれば、必ずしも大曲を演奏する必要はない。次に王卿以下が下殿して拝舞。これを楽拝という。親族拝のようなもの。次にそれぞれが復座。

〔解説〕

「楽人」は楽所付属の男性楽人。「音楽」は「調子」「参音声」。参音声の楽名は不記載。元日節会の立楽では春庭楽。女楽でも調子・参音声は男性担当。「留二立橘樹坤一」の主語は楽前大夫。『西宮記』には「大夫留二立校書殿巽方一」とある。同じ場所か（図④参照）。「王卿唱歌」は『北山抄』にも記載。「唱歌」は楽の旋律を口で唱えること、または楽に合わせて歌を歌うこと。「大曲」は前後に序章・吹章《すいしょう》（終章）を有する多章形式の大規模な舞楽。「皇帝破陣楽」は皇帝・武徳太平楽《ぶとくたいへいらく》・安楽《あんらく》太平楽等とも。唐楽。大曲。六人舞。唐の太宗《たいそう》皇帝（五九八〜六四九）作。「玉樹後庭花」は玉樹とも。唐楽。舞妓十二人による女舞。陳の詩人叔宝《じょほう》（五五三〜六〇四）作。「赤白桃李花」は桃李花とも。唐楽。四人または六人舞。「喜春楽」は唐楽。四人舞。「万歳楽」を含めていずれも唐楽。女楽は唐楽・高麗楽の答舞形式にならない。なお、『西宮記』は四曲（皇帝・万歳・喜春・玉樹等）。『北山抄』は大曲一曲を含む五曲（楽名は不記載）。「舞師」は雅楽寮所属の雑舞教授者。「大拍子」は大型円頭型の両面に革を張った打楽器。「教二節度一」は指揮を執るの意か。舞師は大拍子で舞楽の指揮を執ったか。「楽拝」は『西宮記』より記載。『北山抄』では「女楽拝」とある。

▼禄準備の式次第

〔本文〕

次掃部寮入レ自二承明門一、立二禄ノ台ヲ於舞台左右一、大蔵省入レ自二同門一積レ禄、弁奏二目録一〈近代不レ見〉、給二禄物一後、立二舞台艮角一奏二物数一、詞云、絹フタチムラ、綿比と与スヘ万きタテまへると申、訖着二床子一、掃部寮立二参議以下省官以上床子於春興殿前艮庭一、

〔読み下し〕

次で掃部寮承明門自り入り、禄の台を舞台左右に立つ、大蔵省同門自り入りて禄を積む、弁目録を奏す〈近代見ず〉、禄物を給う後、舞台艮角に立ちて物数を奏す、詞に云ふ、絹ふたちむら、綿ひとよすへまきたてまへると申す、訖りて床子に着く、掃部寮参議以下省官以上床子を春興殿前艮庭に立つ、

〔大意〕

次に掃部寮が承明門から入閤し、禄台を舞台の左右に設置。大蔵省が同門から入閤して節禄を積む。弁が目録を奏上。近代は見ない。禄物を給わって後、舞台艮の角に立って物数を奏上。その言葉に言う。絹ふたちむら、綿ひとよすへたてまへると言う。終わって床子に着座。掃部寮が参議以下省官以上の床子を春興殿前艮の庭に設置。

〔解説〕

「禄ノ台」は節禄を置く台。元日節会の節禄（被）は唐櫃に収納。白馬節会の節禄（絹〈絁〉・綿）は台に積む。「弁奏二目録一」は弁官による禄奏。「目録」は節禄目録。『延喜式』太政官に「凡節会日、弁大

夫奏二禄目録一〈元日并大射无二件奏一〉」とある。正月三節会では禄奏は白馬・踏歌両節会のみ。ただし、『西宮記』白馬節会には不記載（踏歌節会では記載）。『江家次第』では「近代不レ見」。「給二禄物一後」から「訖着二床子一」まで弁官による禄奏の作法。「物数」は目録記載の節禄の数量。「フタチムラ」は絹の数量。故実叢書本に「二千」の傍書。二千疋か。「比と与スヘ万き」は綿の数量か。「タテまへる」は「奉る」か。「床子」は、「鋪設部」によれば禄床子か。舞台の乾・艮に各二脚設置。「参議」は禄所参議。賜禄担当。元日節会は不記載。踏歌節会は記載（次節参照）。「省官」は大蔵省官人。「春興殿前艮庭」は禄所となる日華門南東の位置か（図④参照）。

▼見参・宣命奏覧の式次第

〔本文〕

内弁着陣、外記進二見参一、了返給〈或七十以上者、雖二身不参一可レ預二見参一、但参議以上非レ有二宣旨一不レ入、五位以上一通、侍従・非侍従皆書加〉、内記奉二宣命一、見了返給、内弁起座、到二東階下一、外記取二宣命一、横挿二見参ヲ杖一、跪而進レ之、大臣執レ之参上、到二御帳東北御屏風妻一、付二内侍一如レ前、天覧了返給、大臣下殿、返二杖於外記一、取二宣命・見参一々上、復座召二参議一人一、多用二帯剱人一、被レ召人立二内弁後七尺一、内弁給二宣命一、参議給レ之、右廻着二本座一、又召二参議一人一〈多用二大弁一〉、被レ召如レ初立、内弁給二見参一、々議給レ之、右廻下殿〈出レ自二母屋一庇一間一〉、着二禄所一、以二見参一与レ弁、々下レ史、

〔読み下し〕

内弁着陣す、外記見参を進む、了りて返給す〈或るは七十以上は、身不参と雖も見参に預かるべし、但し参議以上宣旨有るにあらざれば入れず、五位以上一通、侍従・非侍従皆書き加ふ〉、内記宣命を奉る、見了りて返給す、内弁起座し、東階下に到る、外記宣命を取り、横に見参を杖に挿し、跪きて之を進む、大臣之を執りて参上す、御帳東北御屏風妻に到り、内侍に付すこと前の如し、天覧了りて返給す、大臣下殿し、杖を外記に返す、宣命・見参を取りて々上し、復座して参議一人を召す、多くは帯劔人を用ふ、召さるる人内弁後七尺に立つ、内弁宣命を給ふ、参議之を給はり、右に廻りて本座に着く、又参議一人を召す〈多くは大弁を用ふ〉、召されて初めの如く立つ、内弁見参を給ふ、々議之を給はり、右に廻りて下殿し〈母屋一庇一間自り出づ〉、禄所に着く、見参を以って弁に与へ、々史に下す、

〔大意〕

内弁が着陣。外記が見参を進上。終わって返給。あるいは七十以上は、本人は不参でも禄に預かってよい。ただし参議以上は宣旨がなければ入れない。五位以上は一通。侍従・非侍従をすべて記載。内記が宣命を奉る。見終わって返給。内弁が起座し、東階下に到着。外記が宣命を受け取り、横に見参を杖に挿し、跪いて進上。大臣が受け取って昇殿。御帳東北の御屏風の端で、内侍に託すのは前の通り。天覧終わって返給。大臣が下殿し、杖を外記に返却。宣命・見参を持って昇殿し、復座して参議一人を喚ぶ。多くは帯剣者を使用。喚ばれた人は内弁の背後七尺に立つ。内弁が宣命を手渡す。参議が受け取り、右に廻って本座に着座。また参議一人を喚ぶ。多くは大弁を使用。喚ばれて初めのように立つ。内弁が見参を手渡す。参議が受け取り、右に廻って下殿し、母屋の一庇一間から出る。禄所に到着。見参を弁

に手渡し、弁が史に下す。

〔解釈〕

「内弁着陣」は、『北山抄』に「或舞之間、着陣見レ之、触二事由次人一、不三必預二拝舞一也」とある。女楽と並行して宣命・見参を確認することもあった。「或七十以上者、雖二身不参一可レ預二見参一」は、七十才以上は節会に不参でも、見参に名が記載されて賜禄に預かるの意。『延喜式』中務省に「凡次侍従已上年七十以上者、雖二身不参一、給二節会禄一」とある。「但参議以上非レ有二宣旨一不レ入」は、七十才以上でも参議以上の不参は、宣旨がなければ見参に名が記載されないの意。なお、同様のことは『北山抄』元日節会にも記載され、さらに「不レ預二謝座一参上事、又如レ之」とある。「如レ之」は見参に名を記載しないの意。『延喜式』同に「凡節会日、次侍従已上不レ預二謝座・謝酒之礼一、不レ得レ賜レ禄、但参議已上并当日有二職掌一者、及羸老扶杖之輩、不レ在二此限一」とある。「羸老扶《るいろうふ》杖《じょう》之輩」は体の弱った老人の意。「五位以上一通、侍従・非侍従皆書加」は五位以上の見参一通に「侍従」（次侍従）・「非侍従」（次侍従以外の四位・五位）すべてを記載するの意。「又召二参議一人一」の「参議」は禄所参議。「右廻下殿」は『北山抄』では「左廻下殿」とある。ただし、故実叢書本は「左」に「右一本」の傍書。「母屋一庇一間」は「母屋東庇一間」の間違いか。なお、写本（尊経閣本）は「母屋一間庇一間」とある。「禄所」は日華門内。ちなみに、『北山抄』には「大臣奏二宣命・見参・録目録一」「又召二参議一給二見参・目録等一」とある。ただし、故実叢書本では「録目録」に「ナシ一本」の註記。「録目録」「目録」は衍字か。

▼宣命宣制の式次第

〔本文〕

内弁以下々殿、列二位左仗南頭一〈西面北上、仗頭南去五尺許、異位重行〉、諸大夫各立二幄前一、近仗起、宣命使就レ版〈出レ自二軒廊東二間一南行、当二日華門北扉一、乍二南向一揖、西折、経二公卿列南一、就二宣命版一揖〉、宣制一段、群臣再拝〈先可二称唯一、近代不レ然〉、又一段、群臣拝舞、宣命使復座〈欲レ離レ版、揖左廻、欲二北折一時、有レ揖〉、内弁以下復座〈右廻〉、諸仗居、

〔読み下し〕

内弁以下々殿す、左仗南頭に列立す〈西面北上、仗頭南を去ること五尺許り、異位重行〉、諸大夫各幄前に立つ、近仗起つ、宣命使版に就く〈軒廊東二間自り出でて南行す、日華門北扉に当たり、南に向き乍ら揖す、西に折れ、公卿列南を経、宣命版に就きて揖す〉、宣制一段、群臣再拝す〈先づ称唯すべし、近代然らず〉、又一段、群臣拝舞す、宣命使復座す〈版を離れんと欲し、揖して左に廻り、北に折れむと欲する時、揖有り〉、内弁以下復座す〈右に廻る〉、諸仗居す、

〔大意〕

内弁以下が下殿。左仗南側に列立。西面北上。仗頭南に五尺程に、異位重行。諸大夫がそれぞれ幄前に立つ。近仗が起立。宣命使が版に就く。軒廊東二間から出て南行。日華門北扉のところで、南に向きながら揖。西に曲がり、公卿列の南を通り、宣命版に就いて揖。宣制一段。群臣再拝。まず称唯する必要がある。近代はそうでない。また一段。群臣が拝舞。宣命使が復座。版を離れる時に、揖して左に廻

り、北に曲がろうとする時に、揖がある。内弁以下が復座。右に廻る。諸仗が着座。

〔解説〕

「列二位左仗南頭一」の「位」は「立」の間違い。「仗頭南去五尺許」は「仗南頭去五尺許」の間違いか。「群臣再拝〈先可二称唯一近代不レ然〉」は、再拝前の称唯が近代は割愛されるの意。『内裏式』『儀式』によれば、宣制一段後に「皇太子以下称唯再拝」とある。なお、これは又一段後の拝舞の際も同様。『内裏式』『儀式』によれば、「皇太子以下、称唯拝舞」とある。『江家次第』では拝舞前の称唯も不記載。なお、『西宮記』『北山抄』は宣命宣制式次第の記載が簡略なため不明。

▼賜禄・退出の式次第

〔本文〕

式部・兵部輔執レ簡、立二舞台東西一、召二唱之一〈近代不二必見一〉、王卿以下一々起座称唯、到二日華門下一、待レ次跪二蘆弊上一、挿レ笏取レ禄稽顙〈一拝也〉、右廻自二日華門一退出、省輔以下取二禄物一授二王卿一、禄所参議待レ次、取レ禄退出、天皇還御〈次将警蹕如レ常〉、

〔読み下し〕

式部・兵部輔簡を執り、舞台東西に立ち、之を召唱す〈近代必ずしも見ず〉、王卿以下一々起座して称唯す、日華門下に到り、次でを待ちて蘆弊上に跪く、笏を挿して禄を取りて稽顙す〈一拝也〉、右に廻りて日華門自り退出す、省輔以下禄物を取りて王卿に授く、禄所参議次でを待ち、禄を取りて退出す、天

皇還御す〈次将警蹕すること常の如し〉、

〔大意〕

式部・兵部輔が簡を手に、舞台の東西に立ち、召唱。近代は必ずしも見ない。王卿以下がひとりひとり起座して称唯。日華門下に行き、順を待って蘆弊の上に跪く。笏を挿して禄を受け取って稽顙。一拝である。右に廻って日華門から退出。省輔以下が禄物を取って王卿に手渡す。禄所参議が順を待ち、禄を受け取って退出。天皇が還御。次将が警蹕するのはいつも通り。

〔解説〕

「式部・兵部輔」は召唱役。召唱役は、『内裏儀式』以来、元日・踏歌両節会は中務輔、白馬節会は式部輔の担当。ここは異例。「兵部」は衍字か。「待㆑次」は順を待つの意。

なお、『江家次第』では、上記に続き、遅参王卿についての記載があるが割愛する。

以上が、『江家次第』の白馬節会式次第である。

第3節　踏歌節会

次に『江家次第』の踏歌節会式次第に移る。その式次第は、女踏歌関係が加わる点と諸司奏がない点を除けば、基本的に元日節会同様である。ただし、賜禄関係は白馬節会と同様となる。そこで本節では、読み下しと大意については紙数の関係もあるので割愛する。

▼冒頭（項目名）

〔本文〕

踏歌〈正月十六日被レ行由、事起無二所見一、今案、正月十五・六日月明時、京中士女踏歌云々、見二朝野僉載一〉

〔解説〕

「踏歌」は項目名。「アラレハシリ」のルビを付す。「正月十六日被レ行由、事起無二所見一、今案、正月十五・六日月明《つきあかりの》時、京中士女踏歌」は踏歌の起源を記載。「朝野《ちょうや》僉載《せんさい》」の記主は唐の文人張鷟《ちょうさく》（生没年不詳）。唐代の故事を集成。ここは中国での起源について記載するか。

▼本文冒頭（事前準備）

〔本文〕

装束司奉二仕上下装束一〈如二元日一〉、有二明日射礼行幸一時、不レ開二建礼門一由、見二旧記一、外記催二諸司一、蔵人催二内侍以下一〈泥絵ノ唐衣・纐纈ノ裳・華釵・錦鞋等〉、階下饗〈左近設二上官料一、右近設二殿上人料一〉、中務立レ標并置二宣命版一、坊家妓女装束依二請奏一給レ之〈其餝物兼日奏下〉、坊家妓女外、中宮・春宮妓女各二人催レ之〈被レ候二内裏一時〉、女蔵人奉仕〈内裏女蔵人四人必奉仕〉、蔵人頭渡二殿上見参於外記一〈近例出納〉、若非二一上一者可レ仰二内弁一、内弁奉レ仰着二外座一〈一ノ上本ヨリ着〉、召二外記一、令レ進二外任奏一付二蔵人一奏レ之〈仰、令レ候レ列〉

〔解説〕

「有二明日射礼行幸一時、不レ開二建礼門一由、見二旧記一」は踏歌節会特有の記載。「明日」は正月十七日。「射礼《じゃらい》行幸」は射礼御覧の行幸。「射礼」は朝廷の歩射《ぶしゃ》行事。節日に準じる正月十七日に実施。本来は大《たい》射《しゃ》（観射《かんしゃ》とも）といい、豊楽院で実施。『江家次第』当時は建礼門前で実施。「不レ開二建礼門一」は、『西宮記』にも「開門〈闈司着、有二射礼装束一者、不レ開レ之〉」とある。「見二旧記一」は、射礼行幸準備があるために建礼門を開門しないことが過去のものであることを示す。ただし、「旧記」は具体的には不明。なお、『江家次第』当時は射礼はあっても行幸はなし。「泥絵ノ唐衣・纐纈ノ裳・華釵・錦鞋等」は「内侍以下」の装束。元日節会・白馬節会では不記載。「泥絵ノ唐衣」は生地に泥絵《でいえ》で文様を描いた唐衣《からぎぬ》。「泥絵」は金泥《きんでい》・銀泥《きんでい》（金粉・銀粉を溶いた膠汁《にかわじる》）で描く装飾技法。「唐衣」は女子の正装たる女房装束の上着。「纐纈ノ裳」は纐纈《こうけち》染で文様を出した裳《も》。内侍の当色。「纐纈」は「コウケツ」のルビ。括染《くくりぞめ》の代表である纐纈染。生地を摘んで糸で縛って染め、糸で縛った部分を白いドーナツ状の文様として残す染色技法。「裳」は女房装束で長袴の上に纏う着具。唐衣とともに女房装束の基本要素。「坊家妓女」は内教坊妓女。踏歌舞妓。四十名（後述）。「餝物」は「カサリモノ」のルビ。舞妓の装身具か。「中宮・春宮妓女各二人催レ之〈被レ候二内裏一時〉、女蔵人奉仕〈内裏女蔵人四人必奉仕〉」は、踏歌舞妓は内教坊所属舞妓四十人以外に中宮・東宮から女蔵人各二人、さらに内裏女蔵人四人が舞妓として加わるの意か。「被レ候二内裏一時」は中宮・東宮が内裏に居住の場合の意。中宮・東宮が内裏居住でない場合は女蔵人は出さない。なお、『西宮記』に「坊家外妓女、内裏及内蔵人、自二内蔵寮一給二餝物一、被レ催二内后・東宮蔵人等一勤仕、坊家奏二請鋳物一」とある。「坊家外妓女」は内教坊妓女以外の舞妓。「内裏及内蔵人」が内裏女蔵人。「内后・東宮蔵人」が中宮・東宮各女蔵人。内裏女蔵人は内蔵寮より鋳物を下賜されるが、中宮・東宮の女蔵人は内教坊から申請して下賜されるの意か。ちなみに『延喜式』内蔵寮に「踏歌人等装束料」として「女蔵人四人」「内教坊歌頭《かとう》四人」「水司女孺《もいとり》二人」「東豎子《あづまわらわ》四人」の装束料が記載。「内教坊歌頭」は舞妓長。「水司」は後宮十二司の一。後宮の飲料水等の水関係を管轄。「東豎子」は東豎とも。内侍司所属の下級女官。行幸供奉の場合は姫松とも。年少者を使用。水司・東豎子も踏歌舞妓か。「外座」は端座。

▼遷御〜内弁着兀子の式次第

〔本文〕

天皇渡二御南殿一、内侍二人持二爾・剱一、命婦・女蔵人各四人相従、蔵人頭候二御裾一、蔵人持二式・御靴等一扈従、御厨子所候二明義門内一、設二腋御膳一〈又云、腋御膳里内不レ供〉、近衛引レ陣〈将曹一人前行、自二日華門一進、遅参時、右自二殿上方一出、左自二陣方一出、先令二官人一立二仗槍一云々〉、主上着二御帳中倚子一〈近仗警〉、置二剱爾於左机一、置二式筥於右机一、内弁着レ靴、着二宜陽殿ノ兀子一

〔解説〕

「御厨子所候二明義門内一」は元日節会に「御厨子所候二殿乾角壇上一」とあるのと同位置か（図④参照）。「腋御膳里内不レ供」は『江家次第』のみ記載。「里内」は里内裏。『江家次第』当時は内裏・里内裏並用

の時代。時代相の反映か。不記載だが元日節会・白馬節会も同様か。

▼王卿着外弁～三献・立楽の式次第

〔本文〕

王卿着二外弁一〈出レ自二宣陽門一、入二鳥ノ曹司東戸一着レ靴、出二南戸一、経二弁・少納言床子北一西行、若逼レ北立時、令二召使引レ之、登レ自二石階一着、弁・少納言着二壇下床子一〈共五位少納言着レ北、弁為二四位一着レ北〉、若非二第二上卿一者、令レ下二式筥一〈仰二召使一令レ下レ之〉、令レ召二外記一、問二諸司具不一、外記乍レ立申〈大臣可レ跪〉、大舎人候哉、国栖候哉〈外記毎度申云、候不〉、上宣、令レ候与、若有二後参々議以上一、弁少納言起二床子一〉、内弁於二閑所一令レ押二笏紙一〈一上自二里亭一押参入、給二外記一令レ押也、大将者、或給二随身一令レ押云々、件笏紙、納言後相具可レ参云々、若不レ具時、仰二外記一令レ書レ之〉、天皇出御、近仗称レ警、内弁於二陣後一着レ靴、着二宜陽殿兀子一〈聞二近仗警声一着レ之、宜陽殿西壇着二額南間兀子一云々〉、内侍臨二東檻一〈出レ自二東御屏風妻一、自二母屋北障子辺一東行、副二東格子一南行、到二東檻階上一、暫居退入、近代職事一人引道〉、内弁起座、微音称唯、経二宜陽殿壇上一北行、出レ自二軒廊東一、練行也、謝座拝也、二間斜行、列二左近将胡床南頭一〈南去七尺、西六寸〉、謝座再拝〈右廻経二軒廊第二間・東階等一、着二殿上座一、着レ南〉、開門〈左右将曹率二近衛八人一、開二承明及左右門一、左右兵衛開二建礼門一〉、闈司二人着座〈出レ自二射場殿一斜行、着二承明門左右座一〉、内弁召二舎人一〈二〉、大舎人四人称唯〈同音於二承明門幔外一称〉、少納言代就レ版〈入レ自二承明門左扉一〉、此間、外弁公卿起座、経二屏幔南一、鴈二行於左兵衛陣南頭一、内弁宣、大夫達召、少納言称唯、出召〈於二幔外一息帰出、去レ壇七・八尺、北面称唯〉、王卿已下参入〈入レ自二承明門左扉一〉、列二立標下一〈異位重行、北面西上〉、諸仗立、内弁宣、侍座、群臣再拝〈謂二之謝座一〉、酒正授二空盞於貫首人一〈相跪取レ之〉、置レ笏取レ之、不レ取レ盤、酒正持帰、到二左仗東一間、貫首人乍レ居一拝立、群臣再拝〈酒正来、丞相跪返レ之、取レ笏、乍レ居一拝立〉、次第右廻、入レ自二軒廊東二間一参上着座、侍従着レ幄、諸仗居、中務録点検〈近代無レ之〉、酒部立〈内竪入レ自二日華門一立二軒廊一、了左右八人入レ自二長楽・永安門一、立二胡瓶子下一〉、采女撤二御台盤ノ杷一〈陪膳撤レ之、役供以レ盤受二鎮子・杷等一、帰二西階一〉、内膳入レ自二日華門一供二御膳一〈遅々時、内膳別当公卿下殿催レ之、内膳正以下令史等叉手前行、膳部等擎二御膳一相従、正・令史留レ版、令史称レ警、膳部八人相並登二南階第一級一、采女等出レ自二御前次間一、迎取供レ之、酢・酒・鹽・醤・餛飩・索餅・餲餬・桂心〉、群臣諸仗共立〈晴御膳供了居〉、次供レ膳〈自二西階一供レ之、自レ此後皆如レ此、餢子・黏臍・饆饠・団喜〉、次給二臣下餛飩一〈大膳大夫率二内竪一給〉、御箸下、臣下随下レ箸〈可レ搢レ笏、近代倚二台盤一〉、次供二鮑羹一〈便撤二索餅一〉、次供二御飯一〈便撤二餛飩一〉、次供二進物所御菜一十度〈窪器二・盤六・汁二〉、次供二御厨子御菜一二度〈一度八坏・一度四坏〉、給二臣下飯一〈大炊頭率二内竪二〉、給二臣下汁物・菜等一〈大炊頭率二内竪一〉、御箸鳴、臣下応レ之、供二三節御酒一〈不レ給二臣下一、甘糟也、盛二青瓷一〉、一献、采女供二御酒一、酒正給二臣下一、国栖奏二歌笛一〈於二承明門外一奏レ之、或内弁仰二参議大弁一令レ催、大弁下二東階一、仰二外記一令レ催レ之〉、二献、仰二御酒勅使一、内弁起座磬折申云、大夫達御酒当給、御許了復座、召二参議一人一〈其詞訓召レ之〉、参議進立二内弁後七尺一、内弁仰、大夫達御酒給、称唯左廻、下二東階一問二外記一〈書進レ之〉、還昇、進二南簀子敷第二間一〈西進二尺許、西面召〉、召畢、右廻復座、三献、立楽〈先調子・参音声、左万歳楽、右地久、左賀殿、右延喜楽云々、用二舞装束一〉、治部・雅楽率二楽人一、自二長楽・永安門一到二承明門北庭一、各

奏二一曲一了退出〈有二退音声一〉、

〔解説〕

基本的に元日節会同様。「随身」は太上天皇（上皇）・摂関・左右近衛大将・次将等の身辺警固担当の武官（主に近衛下級武官）。朝廷から派遣。「同音於二承明門幔外一称」は「称」の後に「唯」が欠字。「次供二御厨子御菜一二度」は「子」の後に「所」が欠字。

▼坊家奏・女踏歌・女楽拝の式次第

〔本文〕

坊家別当奏レ図〈別当不参、内弁奏レ之、別当少将於二階下一授レ之、進奏儀如二見参等一、留二御所一、先披見後、乍レ令レ持レ杖挿レ之〈不レ加二署名一取レ之〉〉、了復座、左右近府生取二標札一、舞妓出〈西宮抄、四十人至二版位下一、折南行、更還北行、踏舞三廻、了如レ元退〉、楽前大夫二人〈帯剱者〉前行、当二校書殿南端一東向立、妓分自レ殿西進、当二校書殿南端一東折、夾二馳道一分進レ南、更北二還、作二大輪一右廻一匝、又分二左右一南行、更折レ自レ内北進、了退、留二校書殿東庭一、東向唱歌、了退入、了参二三宮一云々、王卿下殿拝舞〈西面北上、異位重行〉、謂二之女楽拝一、立二左仗陣頭一、了復二本座一〈内弁或不レ登着陣〉、

〔解説〕

「坊家別当奏レ図〈別当不参、内弁奏レ之、別当少将於二階下一授レ之、進奏儀如二見参等一、留二御所一、先披見後、乍レ令レ持レ杖挿レ之〈不レ加二署名一取レ之〉〉」は内教坊公卿別当による坊家奏の式次第。基本的に白馬節会舞妓

奏同様。「図」は踏歌進路の指図。『北山抄』に「是踏歌指図也」とある。『江次第抄』正月・踏歌（以下同様）に指図が記載（図⑦）。画面下方が北。紫宸殿南階を描く。「不レ加二署名一」は舞妓奏には内教坊公卿別当が署名しないの意。「舞妓出」以下は女踏歌の式次第。『江次第抄』所引『九条年中行事』に「有二楽前大夫二人一、于レ時索二舞妓等四十人一、出レ自二射場殿一南行、大夫二人留二立右近陣東庭一、四十人之外、君・内裏・中宮妓、列二立於南庭一両行、至二版位一南行、又北行、踏歌三・四、退入了」とある。「四十人至二版位下一、折南行、更還北行、踏舞三廻、了如レ元退」は「西宮抄」（『西宮記』）の式次第。以上からまず内教坊所属踏歌舞妓が四十人であることがわかる。ただし、現存『西宮記』は「舞妓出〈有二楽前大夫二人一、（中略〈雨儀関係記載〉）三廻了、退参二三宮一〉」のみ。「当二校書殿南端一東向立」は『九条年中行事』の「大夫二人留二立右近陣東庭一」に対応（図④参照）。「妓分自レ殿西進」の「妓分」は踏歌舞妓が二行になっての意。「自レ殿西進」は『九条年中行事』の「出レ自二射場殿一南行」に対応か。「殿」は射場殿（弓場殿）。「西進」は「南進」の間違いか。なお、元日節会・白馬節会の「鋪設部」に相当する部分は踏歌節会では本文末尾に記載。それによれば、舞妓待機場として、「射場殿板敷上、檻欄内、南北行鋪レ筵二行〈毎レ行、輔二黄端畳二枚一〉（「輔」

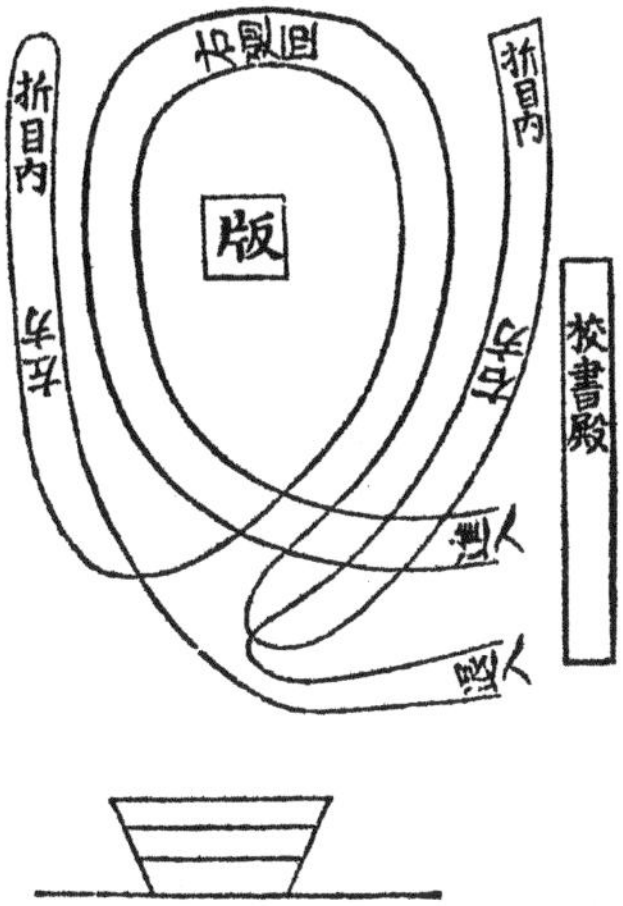

図⑦　女踏歌行程図　『江次第鈔』正月・踏歌（『続々群書類従』法制部）

は「鋪」の間違い）、校書殿北第一・二間東廂板敷上、南北行鋪レ薦三行、其上各鋪二長筵一、其東壇上、南北行鋪二薦二枚一〈並舞妓座〉」とある。「当二校書殿南端一東折、夾二馳道一分進レ南、更北ニ還、作二大輪一右廻一匝、又分二左右一南行、更折レ自レ内北進、了退」は女踏歌の行程。図⑦に合致。この行程が「西宮抄」や『九条年中行事』記載の行程と一致かどうかは不明。ただし、『江家次第』は「作二大輪一右廻一匝」。「西宮抄」は「踏舞三廻」。『九条年中行事』は「踏歌三・四」。周回の回数は不一致。「了参二三宮一云々」は伝聞。過去のことであることを示す。『西宮記』は「退参二三宮一」とある。なお、三宮に参上する点は白馬引渡同様。「王卿下殿拝舞〈西面北上、異位重行〉、謂二之女楽拝一、立二左仗陣頭一、了復二本座一」は女楽拝の式次第。白馬節会女楽拝同様。

▼禄準備～還御の式次第

〔本文〕

掃部立二禄案一、大蔵積レ禄、弁奏二目録一〈近代不レ見〉、内弁着陣〈脱レ靴〉、外記進二見参一、内記進二宣命一〈見了返給〉、内弁到二階下一、外記取二宣命一、横挿二加見参杖一進レ之、内弁経二王卿座東北一、到二御屏風南頭一、付二内侍一奏レ之、抜レ笏、退二立東障子戸西柱下一、坤面〈右廻〉、奏覧了返給、内弁進搢レ笏取レ之、左廻退下、於二東階下一、返二書杖ヲ外記一、取レ文、参上着座、召二参議一人一給二宣命一〈給レ之、右廻復二本座一〉、召二参議一人一給二見参一〈給レ之、左廻下殿、就二日華門内禄床子一〉、内弁以下々殿列立〈如レ上〉、近仗立、宣命使下殿就レ版、出レ自二軒廊東二間一斜行、当二日華門北扉一、南向一揖、経二公卿下一、着二宣命版一〉、宣制一段〈群臣再拝〉、又一段、宣命使復座、内弁以下復座、中務輔召唱〈近代不レ見〉、群臣下殿〈到二日華門前一待レ唱、跪二廬弊上一、取レ禄一拝〈向レ乾、出レ自二日華門一〉〉、天皇還御、

〔解説〕

基本的に白馬節会同様。ただし、「中務輔召唱」が元日節会同様。なお、「東障子戸西柱下」の「東障子」は「東北障子」か。元日節会では「東北障子」（白馬節会は不記載）。また「給レ之、左廻下殿」は、白馬節会で「給レ之、右廻下殿」。

なお、既述のように本文末尾に、元日・白馬両節会の「鋪設部」に相当する部分が続く。ただし、記載内容は少なく、既述した舞妓待機場以外は、尋常版・宣命版の設置位置と、節会参列者列立標設置位置と同じく雨儀の場合の位置。その位置は白馬節会同様。他の鋪設は「殿上并所々装束同二元日儀一」とある。

以上が、『江家次第』の踏歌節会式次第である。

第4章　『三節会次第』にみえる節会

第1節　元日節会

『三節会次第』の特徴　本章では『三節会次第』の節会式次第を元日節会と白馬節会・踏歌節会の二節に分けて解説する。『三節会次第』は、序章で既述したように節会内弁の故実・作法に特化した儀式書。本文冒頭に「元日節会次第〈内弁作法〉」とある。その式次第は基本的に『江家次第』を継承する。換言すれば、『江家次第』の式次第での内弁の故実・作法を詳細に記載したのが『三節会次第』。そこで、『三節会次第』は儀式書というよりも、節会内弁の故実・作法を集成した故実書ともいえる文献である。そのため、内弁以外の式次第や故実・作法は記載が簡略か不記載。それに対し、内弁の故実・作法はその一挙一動が詳細に記載されている。しかもそれは『西宮記』『北山抄』はもとより、『江家次第』にも記載されていないものが大半である。そのために、『江家次第』と『三節会次第』を比較するだけでは、各故実・作法が『江家次第』当時から（あるいはそれ以前から）存在していたのか、あるいは『江家次第』当時にはまだ存在せず、その後に形成されたものかの判断は難しい面がある。

その判断のためには、『江家次第』前後の「日記」等から実例を追っていくしかない。そうしたなかで、九条《くじょう》道家《みちいえ》（一一九三〜一二五二）の『玉蘂《ぎょくずい》』承元四年（一二一〇）正月一日条に道家が内弁を務めた元日節会の詳細な記載がある。それは『三節会次第』の故実・作法と重なる部分が多い。しかもそのなかには本文が一致している箇所さえあり、『三節会次第』執筆の参考にされたことがわかる。実際に『三節会次第』では右の当該条にみえることを明記して引用する場合もある（後述）。そこで、詳細な考察は今後の課題とするが、『三節会次第』記載の故実・作法は、少くとも鎌倉初期からの継承であることが推察できる。

ところで、『三節会次第』が『江家次第』の式次第を継承するといっても、節会の場は『江家次第』とは異なる。『三節会次第』の節会の場は、やはり序章で既述したように、平安宮内裏ではなく土御門東洞院内裏（土御門内裏）である。そこで、最初に土御門内裏の概要をまとめておく。

土御門内裏　土御門内裏は里内裏であり、現在の京都御所の前身である。里内裏とは本来は平安宮内裏が焼亡等で利用できない時に天皇が仮居した臨時の内裏。里第・里亭・里内等（いずれも「りだい」と読む）とも。天徳四年（九六〇）に平安宮内裏が初めて焼亡。時の村上天皇が後院《ごいん》（退位した天皇の隠居場として設定された御所）である冷泉院《れいぜいいん》に仮居したのが初例。以後、後醍醐天皇の時代までに様々な変遷があった。特に安貞元年（一二二七）に再建途中の平安宮内裏が焼亡以後は、内裏といえば里内裏だけとなる。その後、元弘元年（一三三一）に北朝の光厳天皇が土御門内裏の前身土御門東洞院殿で即位。以後、南朝天皇を除き土御門内裏は内裏として定着。近世になると規模を拡大。特に寛政二年（一七九〇）再建では、紫宸殿・清涼殿・宜陽殿・承明門・建礼門等の主要とする建物・施設が平安宮内裏の規模と様式で復元。それが安政二年（一八五五）再建時にも継承され、明治二年（一八六九）の東京遷都後に京都御所となる。従って、少なくとも摂関期以降の節会の空間的な雰囲気は、現在の京都御所でも味わえることになる。

さて、中世の土御門内裏の所在地は土御門大路北・東洞院大路東・正親町小路南・高倉小路西の地（平安京北東部〈図①参照〉）。平安宮内裏とはかけ離れた位置にある。『三節会次第』記主一条兼良の存命中（一四〇二〜八一）に限れば、土御門内裏は応永九年（一四〇二）と康正二年（一四五六）の二度再建。兼良がどちらの土御門内裏を想定して記載しているかは不明だが、この二度再建された土御門内裏の指図はどちらも現存する。両者を比較すると基本的に相違はない。そこで本章では、複数現存する康正再建の指図のうち現存最古と考えられる、万里小路《までのこうじ》秀房《ひでふさ》（一四九二〜一五六三）が永正十五年（一五一八）に書写したという京都御所東山御文庫蔵『土御門内裏指図』（『大日本史料』九編―八所収）から、節会に関わる紫宸殿周辺（図⑧）と清涼殿部分（図⑨）を「土御門内裏図」として使用する。

これを平安宮内裏図（図④）と比較すると、敷地中央に内裏の主殿となる紫宸殿、その北西に清涼殿が位置する点は同様。また、紫宸殿南庭東西に桜樹（東）・橘樹（西）、また南庭西側に月華門、東側に日華門（図⑧範囲外）がある点も同様である。しかし、それらの建物・施設の規模や構造は平安宮内裏とは大きく相違する。

特に節会で重要な役割を果たす陣座・軒廊・宜陽殿等の建物・施設は、平安宮内裏ではみな紫宸殿東側に所在するのに対し、土御門内裏ではいずれも紫宸殿西側に所在。つまり平安宮内裏では内裏東側中

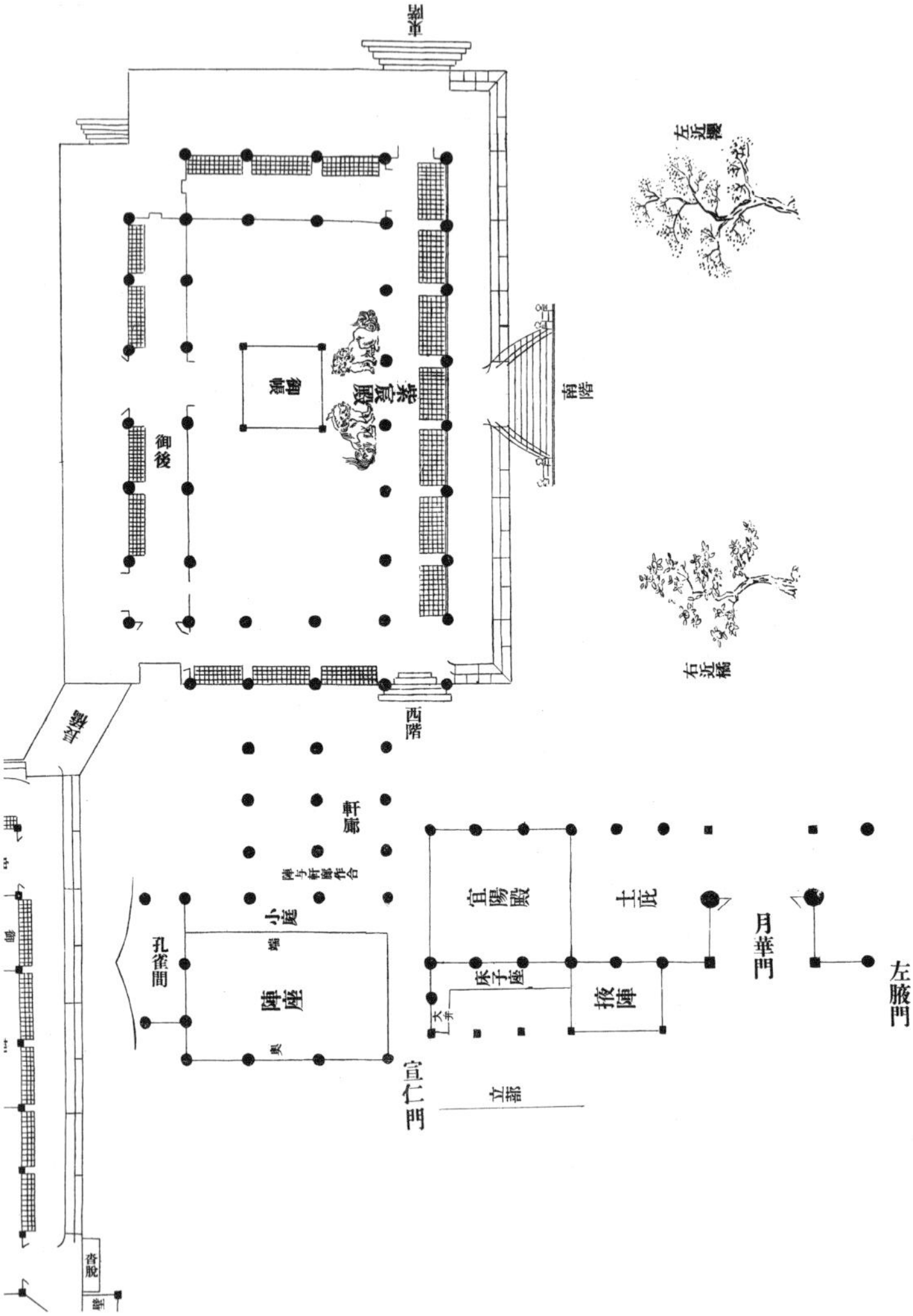

図⑧　土御門内裏紫宸殿周辺図　東京大学史料編纂所編『大日本史料』九編一八

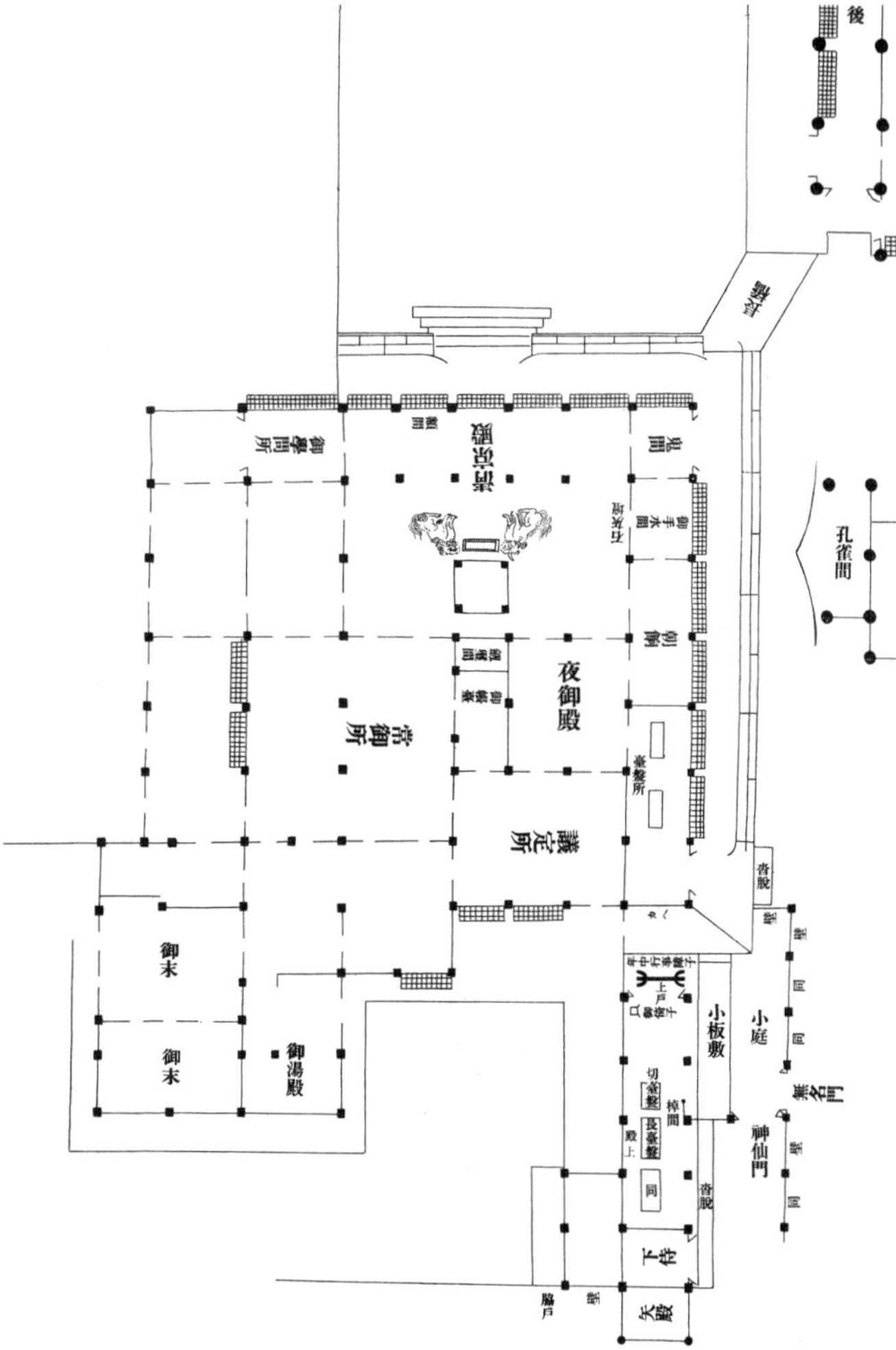

図⑨　土御門内裏清涼殿図　東京大学史料編纂所編『大日本史料』九編一八

心に節会が進行するのに対し、土御門内裏では西側中心に進行する。そこで、前者を「東礼《とうれい》」、後者を「西礼《さいれい》」という（後述）。つまり『三節会次第』は厳密には西礼での内弁の故実・作法を記載。その点で東礼の式次第を記載した『江家次第』とは基本的に東西や左右が逆になる。しかし、式次第自体は『江家次第』の継承である。このように状況が変化するなかで、変化する部分が生じるのは致し方ないにしても、それでもあくまで先例（伝統とも）を守ろうとするのが公家文化の特徴といえる。それは『内裏式』『儀式』の国家儀礼から『西宮記』以降の宮中儀礼への変化のなかでも同様であった。

それはともかく、『三節会次第』の解説に必要な範囲で、土御門内裏の建物・施設の平安宮内裏との基本的な相違点をさらにまとめるとつぎのようになる。まず紫宸殿。平安宮内裏では母屋は桁行九間・梁行三間（図⑥）。西廂は塗込。北一間は小間。母屋中央やや北寄りに御帳台を設置。また母屋の四方に各一間の廂と簀子。西廂は塗込。南階十八段。南廂東西にある東階・西階は各九段（詳細は第1章第1節参照）。これに対し、土御門内裏の紫宸殿は母屋の桁行六間・梁行三間（北一間は実際には小間ではないが「小間」とよぶ）。桁行六間のために御帳台・南階は母屋中央より東寄りの東第三間に設置。母屋四方に各一間の廂があるが、東廂が塗込。簀子は北・南・東各側にあって西側にはない。また、南階と南廂東西の東階・西階の各階級は平安宮内裏よりも低い（具体的段数は未詳）。なお、紫宸殿への昇殿は、東礼では東階を使用するが、西礼では西階を使用。

陣座は平安宮内裏では桁行三間・梁行一間の東西行。北面が壁。南面が小庭。土御門内裏は桁行一間・梁行三間の南北行。西面が壁。東面が小庭。軒廊は平安宮内裏では小庭を挟んで陣座南側。土御門内裏では小庭・作合を挟んで陣座東側（南東側）となる。さらに平安宮内裏は南に承明門、その外に建礼門。内弁と外弁は承明門で分離。しかし、土御門内裏は南側に承明門や建礼門に相当する門はない。東洞院大路に面した西側が正面。内弁と外弁は月華門で分離。

以上のような各建物・施設の相違に応じ、内弁以下節会参列者の列立位置をはじめ式次第や故実・作法の様々な面で、平安宮内裏の場合との相違がみられる。それらは解説で随時指摘する。

では、『三節会次第』の元日節会式次第を解説する。本文を内容ごとに細分して解説を加え、読み下しと大意は割愛する。なお、本章では本文の記載に従い、「式次第」ではなく「作法」の語句を用いる。また、既述のように『三節会次第』は西礼の作法を記載。西礼であることは原則として解説ではふれない。さらに、群書本と西園寺本を比較すると語句の異同が少なくない。序章でふれたように本文は群書本によるが、西園寺本と相違する箇所で西園寺本の方が解釈しやすい場合は西園寺本に従う。その際には解説でその旨を明記する。

▼参内の作法

〔本文〕

元日節会次第〈内弁作法〉、午尅着㆓束帯㆒参内〈魚袋・餝剱・有文巡方帯・紫緂平緒、具㆓笏紙・靴等㆒〉、随身、府生束帯、番長以下褐冠・狩袴〈左二藍、右萌木〉、近衛紅梅袴、無㆓随身㆒之人、具㆓衛府長㆒〈号㆓沓取官人㆒〉〈束帯、但大納言之時布衣歟〉、

〔解説〕

「午尅」は参内時刻。午前十一時~午後一時。「束帯」は参内装束。ただし、『三節会次第』当時は日常の参内は衣冠。束帯は節会等の特別な場合にのみ着用。また、その束帯も物具のみ。「魚袋・餝剱・有文巡方帯・紫緂平緒、具二笏紙・靴等一」は物具の構成要素。「魚袋」は石帯の右腰に垂らした魚型意匠の腰飾。「餝剱」は外装金物や鞘の漆工装飾の相違で、如法餝剱・螺鈿剱《らでんのたち》・細剱《ほそだち》の種類がある。如法餝剱がもっとも正式。節会で使用。「有文巡方帯《うもんずんぽうのおび》」は公卿以上使用の晴儀用石帯。石帯の腰には主に鉱物製の銙《か》とよぶ飾りを十個前後付設。その銙の形状が方形のものを巡方、円形のものを丸鞆《まるとも》といい、巡方が晴儀用。また銙に彫文様を施したのが有文、施さないのが無文。有文は公卿以上の料。「紫緂平緒」は晴儀用平緒。「紫緂」は色の名。紫と白を交互に配した配色。「具二笏紙・靴等一」は笏紙・靴は持参するの意。靴も物具の要素。なお、靴は随身等に持たせ、笏紙は自身が懐中。「随身」はここは「府生」「番長」「近衛」(近衛舎人)の構成。この構成は洞院公賢の撰という(異説もある)『拾芥抄《しゅうがいしょう》』中によれば摂関の随身構成。具体的人数は府生二名・番長二名(以上、騎馬)・近衛六名。内弁は原則は左大臣(一上)。内弁となる摂関は大臣兼官のみ。『三節会次第』の内弁は左大臣兼官の摂関を想定か。「番長以下褐冠・狩袴〈左二藍、右萌木〉、近衛紅梅袴」は番長・近衛の装束。「褐冠《かちかむり》」は冠に褐衣《かちえ》の姿。褐衣は盤領・闕腋の濃紺色の上着。随身の当色。「狩袴《かりばかま》」は六《む》幅《の》の括袴《くくりばかま》(裾括《すそくくり》のある袴)。襖袴《おうこ》とも。「〈左二藍、右萌木〉」は狩袴の色。左近番長は「二藍《ふたあい》」(藍・紅二度染めの色)、右近番長は「萌木《もえぎ》」(萌《もえ》葱《ぎ》〈黄緑色〉)、近衛六人は「紅梅袴《こうばい》」(薄紅色の狩袴)の意。「衛府長《えふのおさ》」は雑色長《ぞうしきのおさ》。雑色はここは諸家雑色人。諸家に属する下級の家務従事者。「号二沓取官人一」は傍書。「沓取《くつとり》官人」は参内・帰宅時は主人の靴を持ち、主人が靴を着用時は浅沓を持つ役。「束帯」は衛府長の装束。「大納言之時布衣」は主人が大納言の場合は沓取官人の装束は「布衣《ほうい》」（狩衣）となるの意。

▼殿上間昇殿の作法

〔本文〕

着二殿上一〈依レ可レ有二小朝拝一也〉、大臣入二無名門一、昇レ自二小板敷一、納言入二無名門并神仙門一、昇レ自二沓脱一、奥・端相分着座、番長之外、不レ可レ入二小庭一、次有二小朝拝事一〈其儀在レ別〉、

〔解説〕

「殿上」は殿上間。以下、適宜、図⑤・⑧・⑨参照。平安宮内裏では清涼殿南廂。土御門内裏では清涼殿南廂西側に突き出して所在。ただし、内部構造は平安宮内裏をほぼ踏襲。「依レ可レ有二小朝拝一也」は殿上間に昇殿する理由。元日は節会前に小朝拝があるため、参内後は殿上間に着座。白馬節会・踏歌節会は参内後は直ちに着陣（後述）。「無名門」は殿上間前庭の小庭への入口。平安宮内裏では東面。土御門内裏では南面。「小板敷《こいたじき》」は殿上間南面東側にある縁。大臣等上﨟の殿上間への上がり口。「神仙《しんせん》門《もん》」は無名門同様に小庭への入口。平安宮内裏・土御門内裏ともに西面。「沓脱《くつぬぎ》」は殿上間南面西側に設置の通常の上がり口。ここで履き物を脱ぐための名称。縁はない。小板敷・神仙門・沓脱の位置は平安宮内裏・土御門内裏同様。「奥・端」は殿上間の奥座・端座。殿上間中央には東西行に台盤三台（東

から切台盤・長台盤二台）が設置。奥座は台盤北座。端座は台盤南座。共に東が上位。内弁は端座東端に着座。平安宮内裏・土御門内裏同様。

▼一上押笏紙の作法

〔本文〕

次入二宣仁門一着二仗座一、一上先於二宣仁門外一押二笏紙一、直着二端座一、已次大臣以下、不レ押二笏紙一、着二奥座一、笏紙、有二随身一之人、使二随身押一レ之、無二随身一之人、召二六位外記一、於レ前令レ押レ之〈上置二一寸二・三分一、予令レ持二続飯於随身一也、自二懐中一取二出笏一、上爾可レ押ヤウニ置二給之一也、一上於二里亭一押二笏紙一例也、然而元日依レ有二所々礼拝一、参内以後押レ之也、或説、拝礼者臨時儀也、雖二元日一、猶於二里亭一可レ押レ之云々、此説非也〉、

〔解説〕

「宣仁門」は陣座入口。平安宮内裏では陣座東面、土御門内裏では陣座南西に所在（図④⑧）。「仗座」は陣座。「一上先於二宣仁門外一押二笏紙一」は、一上の内弁は宣仁門に入る前に笏紙を押すの意。ここで「内弁」ではなく「一上」とあるのは、記載の作法が節会に限らず、他の公事でも同様のためか。なお、『北山抄』『江家次第』では、内弁が笏紙を押すのは、諸卿外弁移動後に「閑所」で（『江家次第』では「陣座後」の場合も）。「端座」は陣座端座。平安宮内裏では南座。土御門内裏では東座。一上の座は、平安宮内裏では南座西端。土御門内裏では東座北端。「已次大臣以下」は右大臣以下。「奥座」は陣座奥座。平安宮内裏では北座。土御門内裏では西座。右大臣の座は、平安宮内裏では北座西端。土御門内裏では

西座北端。「六位外記」は大外記。「於レ前令レ押レ之」は一上の目の前で押させるの意か。「上置二一寸二・三分一」は笏紙を押す位置。「上」（上端）から「一寸二・三分」（約四センチ程）の位置。「続飯」は飯粒を捏ねた糊。笏紙を押す接着剤。「自二懐中一取二出笏一」の「笏」は笏紙を押すための笏。笏紙を押すための笏は通常の笏よりも幅広となる。つまり内弁は笏を二種類用意。「上爾可レ押ヤウニ置二給之一也」は、笏の笏紙を押すべき位置に笏紙を載せて随身や六位外記に手渡すの意か。「所々拝礼」は院拝礼や室町殿拝礼。小朝拝も含むか。『江家次第』に「雖二一上一依レ可レ有二小朝拝一、自二里第一不レ押レ之」とある。

▼一上着陣の作法

〔本文〕

着二陣座一作法、一上直着二端座一〈雖レ為二右大臣・内大臣一、蒙二一上宣一者、直可レ着レ端也、執柄臣為二左大臣一令三右大臣行二一上事一之時、猶可レ仰二内弁一、依二左大臣闕一、右大臣為二一上一之時不レ仰〉、懸二左膝一、次懸二右膝一着座、則直二右足一、乍二西面一揖、次直二左足一居、向二座下方一〈南面也〉、以二左手一繆二置裾於板敷端一〈右手乍レ持レ笏繆レ之〉〈裾末可レ垂レ之、故実也〉、

〔解説〕

「雖レ為二右大臣・内大臣一、蒙二一上宣一者、直可レ着レ端也」は、逆に右大臣・内大臣でも「一上宣」（一上宣旨）を受けなければ端座に着座できないの意。「直可」は群書本になし。西園寺本に従う。「執柄臣

為二左大臣一令三右大臣行二一上事一之時」は「執柄臣」（摂関）が左大臣兼官（つまり左大臣欠員ではなく）で右大臣に「一上」（内弁）を行わせる時はの意。「猶可レ仰二内弁一」は内弁任命が必要の意。「右大臣為二一上一之時不レ仰」は、左大臣欠員で右大臣が一上の場合は内弁任命は不要の意。「懸二左膝一、次懸二右膝一着座、則直二右足一、乍二西面一揖、次直二左足一居、向二座下方一〈南面也〉」は陣座昇殿・着座の作法。具体的動作が理解しにくい。ただし、陣座は平安宮内裏・土御門内裏ともに低い板敷間。土御門内裏の場合は北面・西面（奥座側）は壁、南面と小庭に面する東面（端座側）は吹き抜け。また公家の座法は胡座《こざ》。膝を左右に曲げて両足裏を合わせる座法。さらに内弁は宣仁門から小庭に廻って着座。以上を前提に類推すると、内弁は陣座東面北端（内弁の座前）から左・右の順に膝を突いて昇殿。なお、不記載だが内弁以下諸卿の履物はこの段階では浅沓。内弁も昇殿時は浅沓を脱ぐ。昇殿後は座に膝行。西向きに膝立した態勢から右足のみ胡座の態勢を取って揖。次いで左足を胡座の態勢とし、南面するの意か。「以二左手一縿二置裾於板敷端一」は左手で下襲の裾を「板敷端」（陣座東端）に手繰り寄せるの意。「右手乍レ持レ笏縿レ之」は傍書。右手は把笏のまま、左手だけで裾を手繰り寄せるの意。「裾末可レ垂レ之」は、手繰り寄せた裾の末は背後の板敷から外に垂らすの意。

▼一上以外着陣の作法

〔本文〕

已次大臣・納言先着二奥座一、其儀、進二奥座南端一、揖脱二左沓一、則懸二左膝一、次脱二右沓一、ヤガテ踏立テ、奥座壁ニ傍テ北へ歩テ、突二左膝一着座、直二左足一、揖直二右足一、次以二右手一引二寄裾一、畳二置之一〈第二公卿着陣之時、請二益大臣一、入二宣仁門一也、一大納言伺二気色一事也、不レ請二益大臣一云々、一上在二端座一時事也、非二常儀一歟〉、

〔解説〕

「奥座南端」は諸卿の陣座への昇殿位置。「揖脱二左沓一、則懸二左膝一、次脱二右沓一、ヤガテ踏立テ、奥座壁ニ傍テ北へ歩テ、突二左膝一着座、直二左足一、揖直二右足一」は諸卿の陣座への昇殿・着座の作法。内弁同様に類推すれば、奥座南端で揖。左の浅沓を脱いで左膝を就き、次に右足の浅沓を脱ぎ、昇殿して立つ。陣座西面（奥座側）の壁に沿って北行。自身の座に左・右の順に膝を突き、同じ順に胡座の態勢となるか。「第二公卿」は一上に次ぐ公卿。原則は右大臣。内大臣や大納言の場合も。「請二益大臣一、入二宣仁門一也」は、先に着座する左大臣に「請益《しょうえき》」（会釈して許しを乞うこと）して宣仁門に入門するの意。「一大納言伺二気色一事也、不レ請二益大臣一」、大納言が第二公卿の場合は、一上に請益せずに様子を伺って着陣の意。「一上在二端座一時事也」は、逆に一上不参の場合は第二公卿が請益する必要も、大納言が様子を伺う必要もないの意。

▼奥座から端座に移動の作法

〔本文〕

承二内弁一之後、移二着端座一作法、一上不参之時、職事来二第二公卿座下方一仰云、内弁、第一人向二職

事一小揖、職事退、次第二人移二着端一、其儀直二右足一揖、起座南行〈経二諸卿後一也〉、跪二板敷端一〈先突二右膝一〉、着レ沓〈先右〉、左廻向二座方一〈北面也〉揖、引二下裾一右廻、経二柱内一〈片手持レ笏〉、着二端座一〈作法見レ上〉、次諸卿次第着座、

〔解説〕

「第二公卿座下方」は東面に着座の公卿の右側（南側）か。「向二職事一」は蔵人側（南側）に身体を向けるの意か。「直二右足一」は南側向けた身体を再び正面（東面）に向けるの意か。「板敷端」は陣座南端。昇殿した場所。「経二柱内一」は後考を俟つ。図⑧によれば、土御門内裏陣座南面・東面には柱はない。「作法見レ上」は一上昇殿作法と同様の意。

▼陣座での事前準備

〔本文〕

次召二官人一〈二音、不レ引レ声〉、内弁仰云、軾〈微音〉、官人持参敷レ之、此次仰云、沓直〈官人不レ候之時、以二随身一令レ置レ軾、寛治七正十六江記、内弁内府〉、次召二官人一〈又二音〉、内弁仰云、外記召世、

〔解説〕

「官人」を喚ぶ作法。「官人」はここは召使。「不レ引レ声」は官人を二音に喚ぶ声を延ばさないの意。「沓直」は陣座昇殿の際に脱いだ浅沓を揃えるようにの意。「寛治七正十六江記」は大江匡房の『江記《ごうき》』寛治七年（一〇九三）正月十六日条。その記載が「官人不レ候之時、以二随身一令レ置レ軾」。「内弁内府」は

その時の内弁が「内府」の意。この「内府」は藤原師通。

〔本文〕

大外記参レ軾〈六位外記候二小庭一、承レ仰〉、内弁仰云、諸司候哉〈外記申二候由一〉、又仰云、諸司奏候哉〈同〉、又仰云、国栖・酒正候哉〈同〉、仰云、候世ヨ、外記称唯退下〈或不レ仰二此詞一、直問二外任奏事一、常説也〉、

〔解説〕

諸司等の具不確認の作法。「大外記」の「大」は群書本はなし。西園寺本に従う。「六位外記」が大外記。「或不レ仰二此詞一、直問二外任奏事一、常説也」は、外記を一旦退下させずに外任奏の確認を行うのが通常の意。「此詞」は「候世ヨ」。

〔本文〕

次召二官人一〈二音〉、内弁仰云、外記召世〈初度勤仕之人、多用二此説一、後後不レ然〉、大外記参レ軾、内弁仰云、外任奏候哉〈外記申二候由一〉、仰云、持参、外記称唯退下、次外記持二参外任奏一〈入レ筥、有二礼紙一、無二裏紙一〉、内弁置レ笏〈奥右方〉、引二寄筥一、披二礼紙於筥中一〈二倍押折〉、取レ文披見〈於二筥中一見レ之〉、如レ本巻レ文入レ筥、目二外記一令二退去一、次内弁取レ笏、以二官人一〈毎度二音召レ之〉召二職事一〈其詞、頭中将此方爾、他官准レ之〉、内弁付二外任奏一〈乍レ持二笏於右手一、以二左手一押二遣筥文一、引二廻之一、下為二職事方一〉、職事取レ筥、内弁奏云、諸司奏内侍所爾、次職事取レ筥退去、

〔解説〕

外任奏奏上の作法。「初度勤仕之人」は始めて内弁を務める人。「此説」は外記を一旦退下させ、再び喚んで外任奏の指示をすること。これが本来の作法。「後後不レ然」は内弁経験者は外記を退下させずに外任奏の指示をするの意。つまり「或不レ仰二此詞一、直問二外任奏事一」は内弁経験者の作法となる。「礼《らい》紙《し》」はここは本紙の包紙。「裏紙」は本紙の裏に重ねた白紙。「奥右方」は内弁が南面であれば西側か。「二倍押折」は礼紙を二つ折りにするの意。なお、群書本は「置右方」の後に挿入。西園寺本は「筥中」の傍書。西園寺本に従う。「取レ文披見」の「文」は外任奏本文。「如レ本巻レ文」は元のように外任奏に裏紙を重ねて畳むの意。なお、内弁は礼紙で包まず、手渡された職事が礼紙に包むか。「以二左手一押二遣筥文一、引二廻之一、下為二職事方一」は、内弁側の向きにあった外任奏を左手で押し遣る際に筥を回転させて職事側の向きに替えるの意。「下」は外任奏下側。なお、「引二廻之一」は群書本はなし。西園寺本は傍書。西園寺本に従う。「内弁奏云、諸司奏内侍所爾」は、内弁が職事を通じ、諸司奏を内侍所に託す勅許を天皇に申請するの意。

〔本文〕

奏聞了、返二給外任奏一、内弁結申、其儀、置レ笏〈右〉、引二寄筥一、披二礼紙〈一説、不レ結、保延五年正十六、但於レ文者披見、不レ可レ結レ之〉、於筥内一〈二重押折〉、取レ文、向二右方一披レ之、当レ前披見、左方へ押合、職事合眼、職事仰云、令レ候レ列ヨ、内弁微唯〈近代其由許也〉、巻レ文、如レ本加二礼紙一、入レ筥、職事重仰云、諸司奏事聞食了、次召二外記一、賜二外任奏一〈乍レ持レ笏、指二出筥文一、下為二外記方一、一説、置而給レ之、中家、外記結二申之一〉、内弁仰云、列候ハ世ヨ、外記称唯、次内弁重仰云、諸司奏内侍所爾、外記称唯退出、次諸卿着㆓外弁㆒〈其儀在㆑別〉、内弁先居㆓向奥座方㆒、示㆘可㆑着㆓外弁㆒之由諸卿㆖〈其詞、外弁爾、或不㆑仰㆓此詞㆒、直起座〉、

〔解説〕

天皇から返給された外任奏処理の作法。「結申」は、返給された外任奏を確認後に再び畳んで礼紙で包むの意か。「巻㆑文、如㆑本加㆓礼紙㆒」と同義か。「不㆑結」は内弁は礼紙に包まないの意か。「保延五年正十六、但於㆑文者披見、不㆑可㆑結㆑之」は「一説」の実例。「保延五年正十六」は保延五年（一一三九）正月十六日。「但於㆑文者披見、不㆑可㆑結㆑之」の主語は内弁。「当㆑前披見」は正面で披見の意か。「職事合眼」は内弁が外任奏確認が終わったことを職事に目で合図するの意か。「近代其由許也」は、「近代」（『三節会次第』当時）は「微揖」（微かな揖）もせずその雰囲気を出すだけの意か。「置而給㆑之」は笏を置いて外任奏を外記に手渡すの意。「中家、外記結㆓申之㆒」は、「中家」（中原家）の作法では、手渡された外記が外任奏を礼紙で包むの意。中原家は明法家《みょうぼうけ》。局務《きょくむ》家。摂関期以降、外記職特にその上首である局務を世襲。中原家が担当外記の場合、内弁は外任奏を包まずに手渡し、外記に包ませたか。「其儀在㆑別」は諸卿着外弁の作法はここでは記さないの意。本書がまさに内弁作法だけを記載することを示す。「直起座」は内弁の起座をもって、諸卿が外弁に着く合図とするの意。

▼一　上以外の内弁が笏紙を押す作法

〔本文〕

天皇御二南殿一、近衛引レ陣〈着二御倚子一以前、立二胡床前一〉、次内弁起座、於二宣仁門外一着レ靴、非二一上一之人勤二仕内弁一者、此次令レ押二笏紙一〈以二随身若六位外記一令レ押レ之〉、或承二内弁一、移二着外座一之次、先於二宣仁門外一、押二笏紙一着二外座一〈此異説也、内弁及二度度一者、可レ用レ之、承安五年白馬節会、内弁月輪殿、有二此御作法一〉、

〔解説〕

「於二宣仁門外一着レ靴、非二一上一之人勤二仕内弁一者、此次令レ押二笏紙一〈以二随身若六位外記一令レ押レ之〉」が本説。「或承二内弁一、移二着外座一之次、先於二宣仁門外一、押二笏紙一着二外座一」は「異説」。「外座」は端座。「承安五年白馬節会、内弁月輪殿、有二此御作法一」は異説の実例。「承安五年白馬節会」は承安五年（一一七五）正月七日の白馬節会。「月輪殿」は九条兼実《かねざね》（一一四九～一二〇七）。時に右大臣。

▼内弁謝座・着座の作法

〔本文〕

次宸儀御二御帳中倚子一、近仗警蹕、了居二胡床一、内弁着二宜陽殿兀子一、取レ笏入二宣仁門一、経二宜陽殿東壇上一南行〈随身不二相具一〉、自二柱外一立二兀子前一〈兀子立二南第二間一、与レ柱平頭也〉、揖而居〈東面〉、引二直裾一、内侍臨二西檻一、次内弁謝座・昇殿・着座〈内侍居二階上一之間、内弁敬折〉、

〔解説〕

適宜、図⑧参照。「自二柱外一立二兀子前一」は、建物内部に入らず、壇上からそのまま兀子の前に立つ

の意か。「南第二間」は土御門内裏宜陽殿中央間東壇上。「与レ柱平頭也」は柱列と同様の南北行にの意。「内侍臨二西檻一」は東礼の「内侍臨二東檻一」に対応。「内侍居二階上一」は「内侍臨二西檻一」同義。「敬折」は「磬折」。

〔本文〕

其儀、立二兀子前一敬折、微音称唯、揖自二砌上一北行、入二軒廊西端一、尚立二西第二間一、南面刷二衣裳・平緒等一〈随身若官人相従〉、暫容止、出二同間一南行、於二橘樹坤程一練始〈先右足〉、斜東行〈スチカヘテ東へ練行ハ、退入之時、下襲ノ翻也、仍事外南へ練出、更東へ練廻、故実也、胡床本或六尺許云々、知足院殿如レ此〉、到二右仗南頭一〈去レ南一許尺、進レ東一許尺〉留、立二東面一一揖、立直向レ艮〈引二左足於坤方一也〉、再拝〈先突二左膝一、起時右膝〉、乍レ向レ艮一揖、訖両三歩許同方サマ爾練出テ、大輪爾左方練旋〈先右足多進レ之、次左足頗少進レ之、両足進出寸法不レ同也〉、斜練行〈於二練始所一練留〉、

〔解説〕

内弁謝座の作法。「砌上《みぎりのうえ》」は宜陽殿東壇上。「軒廊西端」は土御門内裏軒廊西一間。「西第二間」は軒廊中央間。「容止《ようし》」は威儀を整える。「同間」は軒廊中央間。「於二橘樹坤程一練始〈先右足〉」は橘樹南西位置で右足から練歩を始めるの意。「斜東行」は南東方向に練歩するの意。「スチカヘテ東へ練行ハ、退入之時、下襲ノ翻也、仍事外南へ練出、更東へ練廻、故実也」は南東方向に練歩する場合の故実。「スチカヘテ東へ練行」は南東方向に直線的に練歩するの意。「退入之時」は謝座が終わって軒廊に戻る時。「下襲ノ翻也」は下襲の裾が退入方向に残ったままになるの意。「事外南へ練出、更東へ練廻」は、

南から東へ大廻りに練歩するの意。こうすると下襲の裾が退入方向に極端には残らない。なお、「廻、故実也」は群書本はなし。西園寺本に従う。「胡床本或六尺許」は後考を俟つ。なお、「本」は群書本は欠字。西園寺本に従う。「知足院殿《ちそくいんでん》」は藤原忠実。「如レ此」は「スチカヘテ東へ練行ハ、退入之時、下襲ノ翻也、仍事外南へ練出、更東へ練廻、故実也、胡床本或六尺許」をいうか。「到二右仗南頭一〈去レ南一許尺、進レ東一許尺〉留」の「留」は群書本では「尚」。西園寺本に従う。「両三歩許同方サマ爾練出テ」は二三歩坤方向に前進するの意。東面から艮を向いて謝座する際に少し弛んだ下襲の裾を背後に延ばすためか。「大輪爾左方練旋〈先右足多進レ之、次左足頗少進レ之、両足進出寸法不レ同也〉」は左足を軸に大きく左旋回するの意。「斜練行」は、退路は北西方向に直線的に練歩するか。

〔本文〕

皈入二軒廊内一東進〈此間、東面立刷二衣裳一〉、昇二西階一〈傍二南欄一、以二右足一為レ先、不レ歴レ階〉、経二南廂西面戸一、自二母屋柱外一〈里内柱内無二便宜一也〉、入二当間一着二兀子一〈自二座下方一着レ之、先立二座前一、揖而居、計二我座一着レ之、大臣両面兀子、納言緑縁〉、

〔解説〕

内弁着座の作法。「傍二南欄一」は西階の「南欄」（南側欄干）側を昇るの意。「欄」は群書本はなし。西園寺本に従う。「以二右足一為レ先、不レ歴レ階」は、西階を左右の足で一段ずつ昇るのではなく、右足を軸に一段昇る毎に階上で両足を揃えるの意か。「南廂西面戸」は土御門内裏紫宸殿南廂西面の妻戸。平安宮内裏では紫宸殿南廂東西面には妻戸が設置（図⑥）。土御門内裏でも同様か。ただし、図⑧には不記

載。「自㆓母屋柱外㆒」は「母屋柱外」（南廂）を東に進むの意。「里内柱内無㆓便宜㆒也」は「里内」（ここは土御門内裏）の「柱内」（母屋）は狭く通行できないの意。母屋に設置の諸卿の座は、平安宮内裏では御座東側に南東行。内弁座は南座西側。土御門内裏では御座西側に南西行。内弁座は南座東側。「当間」は母屋の内弁座設置の間。内弁はここまで南廂を進む。「兀子」は内弁以下納言以上の座具。「両面兀子」は両面錦の茵《しとね》（座布団に相当）を敷いた兀子。「緑縁」は緑縁茵。納言の兀子の敷物。

〔本文〕

謝座之間、随身等在㆓軒廊南庭㆒、練立之後、不㆑追㆑前、皈入之時追㆑之、或拝了練之間追㆑前、両説也〈見㆓承安五御記㆒〉、

〔解説〕

内弁謝座時の随身作法。「練立之後、不㆑追㆑前」は、練歩を始めた後は先導しないの意。「皈入之時追㆑之」は、練歩が終わって軒廊に入る時は先導するの意。「拝了練之間追㆑前」は、謝座が終わって帰りの練歩の時は先導するの意。「両説也〈見㆓承安五御記㆒〉」は、この両説とも「承安五御記」にみえるの意。「承安五御記」は『玉葉』承安五年（一一七五）記か。なお、「見」は群書本では「具」。これでも意は通じるが、西園寺本に従う。

〔本文〕

拝時向方事〈揖・拝共向㆑艮、雖㆑略秘説也、揖・拝共向㆑東、下品説也〉、

〔解説〕

「拝時向方事」は謝座する方向。「雖レ略秘説也」は単純なことだが秘説であるの意か。

▼開門の作法

〔本文〕

次開門〈開二承明門一、里内西礼開二月華門一〉、内弁顧二座上方一催レ之〈其詞、開門仕礼〉、近代、陣官人申二開門之由一、次闈司二人分居、内弁顧二座上一問レ之〈其詞、闈司罷寄スルカ〉、或先催下可二着座一之由上〈其詞、闈司座ニ罷寄レ〉、

〔解説〕

「開二承明門一」は平安宮内裏（東礼）の開門。「里内西礼開二月華門一」は土御門内裏の開門。「内弁顧二座上方一催レ之」は、内弁が自身の座の「上方」に当たる天皇方（つまり右側）を顧みて開門を催促するの意。内弁による開門の催促は『江家次第』には不記載。『江家次第』によれば、左右近衛将曹が近衛各八人を引率して承明門を開門。「陣官人申二開門之由一」は、「陣官人」（ここは開門担当の左右近衛将曹か）が開門後に開門したことを内弁に報告するの意か。『江家次第』には不記載。「闈司二人分居」は西礼では月華門内。東礼では承明門内。「内弁顧二座上一問レ之」は内弁による闈司着座の確認。『江家次第』には不記載。「座上」は「座上方」同義か。「先催下可二着座一之由上」は内弁による闈司着座の催促。『江家次第』には不記載。

▼外弁諸卿の入閤・列立・謝座・謝酒・着座の作法

〔本文〕

次内弁召二舎人一〈二音、両音之間、置二三噫気一、其音高長、有二口伝一〉、大舎人同音称唯、次少納言参入就二版位一〈少納言不レ候之時、以二少将一為二代官一〉、此間、外弁公卿起座、雁二列右兵衛陣一〈北上東面〉、次内弁宣、大夫達召、顧二座上一見二少納言立定一、向レ北仰レ之、少納言称唯、出二月花門一召レ之、

〔解説〕

外弁諸卿を喚ぶ作法。「両音之間、置二三噫気一、其音高長」は二音の故実。「置二三噫気《あいき》一」は三呼吸置くの意。「雁二列右兵衛陣一〈北上東面〉」は西礼月華門前の作法。「顧二座上一見二少納言立定一、向レ北仰レ之」は少納言に命じる際の内弁作法。「座上」を顧みて少納言が尋常版に就くのを確認後、「北」（正面）を向いて命じるの意。

〔本文〕

次外弁王卿入二月花門一、各立二標下一〈異位重行、東上北面〉、近仗立〈王卿入門程〉、次内弁宣云、志木尹〈一説、シキヰニ、暦応二、向レ北〉、見二王卿悉立定了一仰レ之、入レ夜之時、外弁上首以二咳声一示二列立由一、次群臣謝座酒、昇殿着座。兀子不足之時、内弁仰二参議一、令三内豎立二加之一、折時亦同、諸仗居、

〔解説〕

外弁諸卿の入閤・謝座・謝酒・着座の作法。外弁諸卿の作法ために記載は簡略。「暦応二、向レ北」は、暦応二年（一三三九）の例では内弁は「北」（正面）を向いて「志木尹」と命じたの意か。通常は「座上」

を顧みて命じるか。「咳声」は咳払い。「兀子」は納言以上着座の兀子。「折時亦同」は兀子破損時も内豎に命じて交換させるの意。

▼饗宴の作法

〔本文〕

次陪膳采女撤二御台盤杷一、次内膳供二御膳一〈自二南階一供レ之、餛飩・索餅・餲餬・桂心〉、供間、群臣・諸仗共立、供了各居〈問二陪膳采女一知レ之〉、遅々時、内膳別当下殿催レ之、別当不レ候者、内弁仰二参議一催レ之、次供二残御膳一〈自二東階一供レ之、群臣不レ起〈䭔子・黏臍・饆饠〉〉、遅々時、内弁直仰二職事一催レ之、

〔解説〕

供饌の作法。「自二東階一供レ之」は東礼では「西階」となる。「饆饠」は西園寺本は「果実・団喜」。群書本・西園寺本ともに混乱がある。

〔本文〕

次賜二臣下餛飩一〈内豎役レ之〉、内弁仰二参議一催レ之、居了、大弁候二気色一、内弁正笏、乍レ居向二御所方一、候二天気一、御箸鳴〈以二御扇一令レ鳴二馬頭盤上御箸一給也〉、臣下応レ之〈先挿二笏於右尻下一、尋常説、逆倚二大盤足一〉、先立レ箸〈不レ建レ匕〉、更如レ形食、了如レ本立レ箸、近代一向不レ及レ食レ之、

〔解説〕

賜饌の作法。「大弁候二気色一」は大弁が餛飩の配膳終了を内弁に雰囲気で伝えるの意か。この「大弁」

は「内弁仰二参議一催レ之」の「参議」同人。「内弁正笏、乍レ居向二御所方一、候二天気一」は、「正笏」（把笏）した内弁が着座のまま「御所方」（天皇方）を向き、臣下への配膳終了を天皇（実質的には陪膳采女か）に雰囲気で伝えるの意か。「以二御扇一令レ鳴二馬頭盤上御箸一給」は『江家次第』には不記載の作法。『三節会次第』当時、天皇は箸を取らない。つまり実際には食べない。「先挿二笏於右尻下一、尋常説、逆倚二大盤足一」は食事中の笏の処理法。二説記載。「挿二笏於右尻下一」が正説。「尋常説」は当時流布している説。これが「逆倚二大盤足一」。笏を上下逆に台盤脚に立て掛けるの意。「足」は群書本は「下」。西園寺本に従う。なお、『江家次第』によれば、食事中の笏の処理法は「可レ搢レ笏、近代倚二台盤一、或倚二台盤一、或置二尻下一、近代不レ指也」とある。これによれば、『江家次第』当時、笏の処理は①石帯後腰に挿す、②尻下に敷く、③台盤に立て掛けるの三説。①が本来。②③が新説。これが『三節会次第』当時は、①は消滅。②が正説で、③が「尋常説」となる。「先立レ箸〈不レ建レ匕《さじ》〉」は『江家次第』には不記載の作法。「更如レ形食」は箸を抜いて食べるまねをするの意か。「近代一向不レ及レ食レ之」は「近代」（『三節会次第』当時）はまったく食べないの意。賜饌を実際には食べなくなり、食品に箸を立てる（さらに匕も立てる〈後述〉）作法が成立か。

〔本文〕

次供二鮑羹一、次供二御飯一、次供二進物所御菜一、次供二御厨子所御菜一〈催時不レ加二御菜字一〉、以上御膳・菜等、近代陪膳采女無下知二故実一者上、仍不レ守二本式一、一度供二進之一、不レ及二内弁相催一也、

〔解説〕

供蚫羹・御飯・御菜の作法。「催時不レ加二御菜字一」は催促の時に「御厨子所」とのみ言うの意。「以上御膳・菜等」の「等」は群書本はなし。西園寺本に従う。「不レ守二本式一、一度供二進之一」は、「本式」（故実通り）に順番に供えず、一括して供えるの意。「不レ及二内弁相催一也」は、一括で供えるようになったために、内弁がその都度催促する（あるいは内弁が参議を通じて催促する）必要がなくなったの意。なお、ここに「遅々時」という催促する理由は不記載。また、『江家次第』によれば、供饌・賜饌・供蚫羹・御飯・御菜・賜飯・汁いずれも内弁による催促は不記載。これによれば、『江家次第』以後、羹・御飯・進物所御菜・御厨子所御菜の場合、それぞれを「遅々」に関わらず、内弁がその都度催促することが作法化。「近代」は一括で供えるようになったために、内弁が催促する必要がなくなったか。

〔本文〕

次給二臣下飯・汁一、先撤二昆屯一〈此時抜レ箸、置二台盤一〉、内弁仰二参議一催レ之〈其詞、飯・汁一度催レ之〉、参議下殿毎度有二其煩一、仍内弁座ナガラト仰レ之、其時参議以二内豎一仰レ之、時分ハ不レ定、且可レ依二内弁之人一也〈玉英〈元徳三〉、内豎撤二昆屯一、此時、抜レ箸、居二台盤一、人々皆取レ笏、而予一身不レ取レ之、笏之条、東山殿仰云、不レ取為レ可云々、見二仁治三年十一月口筆一云々、玉葉〈仁安二十六〉云、次内豎等居レ飯、余云、雖二人不レ着所一、可レ居レ之、随レ命居レ之、則居レ汁如レ飯、仍余云、至二于汁・菜等一者、可レ随二人数一也〉、居了、大弁候二気色一、内弁候二天気一如レ初、御箸鳴、臣下応レ之〈先箸立レ内、次匕立レ外〉、

〔解説〕

賜飯・汁の作法。「内弁仰二参議一催レ之〈其詞、飯・汁一度催レ之〉」は『江家次第』に不記載。「参議下

殿毎度有二其煩一、仍内弁座ナガラト仰レ之」は、参議が毎回下殿して催促するのは大変なので、内弁は「座ナガラ」（着座のまま）での催促を認めるの意。参議に対する内弁の温情。「其時参議以二内竪一仰レ之」は内弁の許可を得れば参議は着座のまま内竪を通じて催促するの意。「時分ハ不レ定、且可レ依二内弁之人一也」は、参議に着座のままの催促を認めるのは内弁の裁量次第で、それがいつの催促の時になるかは決まっていないの意。「玉英〈元徳三〉」は一条《いちじょう》経通《つねみち》（一三一八～六五〈兼良祖父〉）の『玉英《ぎょくえい》』元徳三年（一三三一）条（正月一日条か）。「見二仁治三年十一月口筆一」までその引用。「予一身」は経通。「笏之条、東山殿仰云、不レ取為レ可云々」は、西園寺本では「取レ笏之条、東山殿仰云、不レ為レ可云々」。つまり「取」の位置が相違するが意味は同様。「東山殿」は九条道家。「不レ取為レ可」は道家の意見。「見二仁治三年十一月口筆一」は、この道家の意見は「仁治三年十一月口筆」にみえるの意。「仁治三年十一月口筆」は仁治三年（一二四二）十一月に道家の口伝を口述筆記したものか。つまり経通はこの口筆に従って餛飩撤去時に把笏しなかった。「玉葉〈仁安二十六〉」は『玉葉』仁安二年（一一六七）正月十六日条か（月部分が欠字）。「可レ随二人数一也」までその引用。「余」はいずれも兼実。「雖二人不レ着所一、可レ居レ之」は内竪に対する兼実の指示。飯は空席の前にも配膳するの意。「随レ命居レ之、則居レ汁如レ飯」は主語は内竪。「命」は兼実の指示。「居レ汁如レ飯」は汁も空席の前に配膳したの意。「仍余云」の「仍」は、群書本は「仰」。西園寺本に従う。「至二于汁・菜等一者、可レ随二人数一也」も兼実の指示。汁・菜については出席者分だけを配膳するの意。「先箸立レ内、次匕立レ外」は『江家次第』には不記載。実際に食さなくなってからの新たな作法。なお、箸・匕ともに飯に立てる。

〔本文〕

次供二三節御酒一〈三盃三度往反〉、不レ賜二臣下一、次供二一献一、其儀、陪膳采女取二御酒盞一、伝献二主上一、自取則返給、

〔解説〕

供三節御酒・一献の作法。「三盃三度往反」は『江家次第』には不記載。三節御酒各種一盃ずつをそれぞれ三度飲むの意か。「自取則返給」の主語は天皇。これによれば、天皇は実際には飲酒しないか。また、三節御酒も飲むまねのみか。なお、供三節御酒・一献は内弁による催促は不記載。催促しないか。

〔本文〕

賜二臣下一〈内竪勧レ奥、酒正勧レ端、各自二座下一勧レ之〉、以二左手一乍レ盤取レ盃、以二右手一盃取放テ飲了、漱二酒於台盤中一、如レ本居レ盤返給、両行唱平、人別勧レ之、内弁毎度仰二参議一催レ之〈其詞、一献トフ〉、

〔解説〕

賜一献の作法。「盃取放テ飲了」は群書本は「取レ盃放飲了」。西園寺本に従う。「漱二酒於台盤中一」は盃に残った酒の滴を台盤に垂らして盃を漱ぐの意。「内弁毎度仰二参議一催レ之〈其詞、一献トフ〉」は内弁による参議を通じての一献の催促。「一献トフ」は「一献トク」の間違いか。一献早くの意。一献の催促については『江家次第』には不記載。

〔本文〕

次国栖奏〈近代無二其実一〉、内弁抜レ箸〈不レ抜レ匕〉、取レ笏起揖、左廻降二西階一〈傍二北欄一為レ先二左足一〉、

着二軒廊坤壇上兀子一〈南面、無レ揖〉、以二随身一召二外記一、仰二国栖可レ催之由一、歌笛一節、了復座〈内弁及二度度一之後、仰二参議一催レ之〉、

〔解説〕

国栖奏の作法。ただし、国栖奏は「近代無二其実一」。「抜レ箸〈不レ抜レ匕〉」は食事中断の合図。「内弁及二度度一之後、仰二参議一催レ之」は、内弁経験者は国栖奏催促のために自身が下殿せず、参議に催促させるの意。これによれば、ここに記載の内弁が下殿する作法は、初度内弁の作法となる。つまり内弁下殿が本来の作法。ただし、国栖奏催促のための内弁の下殿は『江家次第』には不記載。

〔本文〕

次供二一献一、賜二臣下一、次御酒勅使〈早入御之時、不レ奏、直仰レ之〉、内弁抜レ箸、取レ笏、起敬折、向二御所方一、奏云、大夫達ニ御酒給ハム、御揖了居レ座、次召二参議一人一〈入レ夜、先問二其人在レ座哉否於傍人一召レ之、不レ入レ夜不レ問レ之、召詞用レ訓、三位以上官・姓・朝臣、有二兼官一召レ之、不レ召二兼国一、無二兼参議一、猶用二訓詞一、四位名・朝臣〉、参議進二内弁後一、内弁仰云〈不レ顧レ面〉、大夫達ニ御酒給〈微音仰レ之〉、仰了、立レ箸置レ笏、参議下殿、召二夾名一参上、作法畢復座、

〔解説〕

御酒勅使の作法。「供二一献一、賜二臣下一」に対しては内弁による催促は不記載。賜一献の流れで実施か。「早入御之時、不レ奏、直仰レ之」は、天皇がすでに入御の時は、内弁は勅許を経ず、参議に直接御酒勅使のことを命じるの意。「敬折」は「磬折」。「入レ夜、先問二其人在レ座哉否於傍人一召レ之、不レ入レ夜不

レ問レ之」は『北山抄』に「臨レ暗之時、慥知二有無一召レ之」とある。「召詞用レ訓、三位以上官・姓・朝臣、有二兼官一召レ之、不レ召二兼国一、無二兼参議一、猶用二訓詞一、四位名・朝臣」は参議を喚ぶ際の喚び方。三位以上の参議は兼官ある者を喚び、その喚び方は和名による官名と姓・朝臣。「兼国」（受領兼官参議）は喚ばない。もし兼官参議が不参ならば、ただの参議を喚ぶが、その場合は参議の和名（「おおまつりごとびと」）で喚ぶ。四位参議の場合は名・朝臣で喚ぶの意。『西宮記』に「召二参議一、其司之某朝臣」、『北山抄』に「召二参議一〈三位参議召二兼官一、兼官長官者、其（一本某）官乃姓朝臣、兼二権官若次官一者、其官・其職云々、無二兼官一者、可二何召一乎、或云、可レ召二政大夫一、有二兼国一者、某守云々、未詳」とある。これによれば、『北山抄』当時は兼国参議も喚んだことになる。「仰了」は群書本は「即」。西園寺本に従う。

〔本文〕

次供二三献一、賜二臣下一、次立楽〈治部・雅楽立二庭中一、各奏二一曲一、万歳楽・地久・賀殿・延喜楽〉、内弁仰二参議一催レ之、参入音声之間復座、

〔解説〕

立楽の作法。「次供二三献一、賜二臣下一」に対しても内弁による催促は不記載。「内弁仰二参議一催レ之」は内弁の参議を通じての立楽の催促。この催促も『江家次第』には不記載。

▼宣命・見参奏上の作法

〔本文〕

次内弁着陣、見二宣命・見参一〈立楽三・四曲之間起座〉、其儀、抜レ箸取レ笏、揖降二西階一、出二軒廊西間一、入二幔門一、着二陣端座一〈乍レ着レ靴、懸二片尻於板鋪端一、引二上右足一、南面居〉、令二官人置一レ軾、以二官人一仰下内記可レ持二参宣命一之由上〈置レ軾之次仰レ之〉、次内記挿二宣命於杖一持参、内弁置レ笏、取レ文置レ前、了内記座定、披見了置レ前、目二内記一、内記取二空杖一出二幔外一了、次以二官人一仰下外記可レ持二参見参一之由上、次外記〈六位〉持二参之一、挿レ杖候二小庭一、内弁目レ之、外記称唯、着レ軾奉レ文〈見参二通、元日無二禄法一間、一礼紙、挿二一杖一〉、外記暫候レ軾、内弁置レ笏、取レ文、置レ前披見、如レ本巻レ之、相二加宣命一、一度給二外記一、外記取レ之挿二一杖一〈片鳥口堅挿二宣命一、巻終当二今片鳥口一也、次以二見参等一〈一通巻二一礼紙一〉、挿二合片鳥口一、同縦挿也、指二入書二通之間一也、巻終当二宣命一〉、退候二小庭一

〔解説〕

宣命・見参確認の作法。「立楽三・四曲之間起座」は内弁着陣の時期。『江家次第』には不記載。「軒廊西間」は軒廊西第一間。「幔門」は作合・小庭の境界に設置か。内弁は軒廊・作合を西に直進して着陣か。「次内記挿二宣命於杖一持参」は、群書本は「令二官人置一レ軾」の後。西園寺本に従う。「了内記座定」は、内記は宣命を内弁に手渡した後に軾に控えるの意か。「目二内記一、内記取二空杖一出二幔外一了」は『江家次第』に不記載。『江家次第』では内記は宣命を手に外記と共に階下まで内弁に従う。「見参二通」は西園寺本に従う。群書本はこの前に「非侍従一通」とある。しかし、これは西園寺本によれば、「見参二通」の傍書の一部。傍書全文は「次侍従・参議已上、非侍従一通」。これによれば、「見参二通」は次侍従・参議以上一通・非侍従一通の二通の意か。本来、元日節会参列者は皇族・公卿と次侍従。見参

も公卿以上一通・次侍従一通の二通。『江家次第』当時以来の次侍従不参の実状のもと、見参の在り方にも混乱が生じているか。「元日無二禄法一」の「禄法」は節録目録に相当か。白馬節会・踏歌節会では記載。しかし、『江家次第』までは白馬節会・踏歌節会でも不記載。『江家次第』によれば、元日節会を除く白馬節会・踏歌節会では見参・宣命奏上とは別に弁官による禄奏（節録目録奏上）が記載。ただし、「近代不レ見」とある。『江家次第』当時に中絶した禄奏に代わり、禄法奏上が成立か。「一礼紙、挿二一杖一」は目録二通を一枚の礼紙に包み、一括で文杖に挿すの意。「一礼紙」の前に「巻」が欠字か。本文に「一通巻二一礼紙一」とある。「片鳥口堅挿二宣命一、巻終当二今片鳥口一也」は宣命の鳥口への挿し方。「片鳥口」は片方の鳥口。「巻終」は礼紙の包み口。通常は文書裏側。「今片鳥口」はもう片方の鳥口。宣命は巻終を上下にした鳥口の下側に当てて縦に挿すの意か。なお、『江家次第』では宣命は横に挿す。「次以二見参等一〈一通巻二一礼紙一〉、挿二合片鳥口一、同縦挿也、指二入書二通之間一也、巻終当二宣命一」は見参の鳥口への挿し方。これによれば、見参は宣命の上に縦に挿すか。「指二入書二通之間一也」は後考を俟つ。なお、『江家次第』は見参を挿す方向は不記載。

〔本文〕

次奏聞了復座、其儀、伴二外記一経二小庭一、進二立軒廊東一間一〈南面〉、指レ笏、取レ杖夾二右脇一〈両手間一尺五・六寸許〉、表衣前下程、劔柄上程持レ之〈鳥口当レ口程也〉、昇二西階南頭一、自二簀子一北行、入二西庇南妻一北進、入二母屋北小間一東行、到二屏風南妻一留立〈不レ到二屏風三尺許一〉、内侍出向、内弁取二立杖一、三歩許歩寄、蔵二身於御屏風一、以二右手一付二内侍一、了両三歩許退、抜レ笏左廻、至二北障子西第二柱下一〈自二母屋西柱一第二柱也〉、右廻向レ東立〈或巽面、無レ揖〉、御覧了、内侍取二加宣命・見参於杖一進出、内弁参進〈不二徐歩一〉、挿レ笏、如レ初三歩許進寄、以二右手一取レ之、又両三歩歩退、左手取レ文、以二右手一取二杖文上一〈頰チカヘサマ爾杖ヲ取加〉、右廻経二本路一〈傍二西階北欄一〉、立二本所一〈取レ杖所南面、外記預候〉、以二右手一持二宣命一、以二左手一取二加見参与レ杖、給二外記一、了取二副宣命於笏一復座、

〔解説〕

宣命・見参奏上の作法。「指レ笏、取レ杖夾二右脇一〈両手間一尺五・六寸許〉、表衣前下程、剱柄上程持レ之〈鳥口当レ口程也〉」は文杖の持ち方。「両手間一尺五・六寸許」は文杖を持つ両手の距離。「表衣《うえのきぬ》前下程、剱柄《たちのつか》上程」は腰よりやや上の位置。「鳥口当レ口程也」は鳥口がほぼ口の位置の高さ。「簀子」は南簀子か。「三歩許歩寄」の後の「歩」は群書本はなし。西園寺本に従う。「抜レ笏左廻」の「左廻」は『西宮記』同様。『北山抄』『江家次第』は「右廻」。「自二母屋西柱一第二柱也」は群書本では「或巽面」の後。西園寺本では「西第二柱下」の傍書。西園寺本に従う。「内侍取二加宣命・見参於杖一進出」の「進」は群書本は「退」。西園寺本に従う。「左手取レ文、以二右手一取二杖文上一〈頰チカヘサマ爾杖ヲ取加〉」は、左手に「文」（宣命・見参）を持ち、その上に杖を「頰チカヘサマ爾」（文と十文字になるように）置き、その上を右手で押さえるの意か。『江家次第』によれば、内侍は宣命・見参を文杖に挿さずに返却。なお、西園寺本では「取加」に「以二左大指一挿二杖上一」の傍書。これによれば、「左大指」（左手親指）で杖を押さえ、その上に右手を置いたか。「右廻経二本路一」の「右廻」は『西宮記』同様。『北山抄』『江家次第』は「左廻」。

〔本文〕

入御時、進二弓場一、付二職事一奏レ之、起二陣座一、出二宣仁門一、立二弓場殿一〈当二無名門北面一〉、職事来向、内弁指レ笏、取二文杖一授レ之、抜レ笏立、御覧了返給〈文与レ杖取二加之一〉、内弁指レ笏、取レ之給二外記一、経二本路一〈外記相従〉、至二軒廊東一間一〈南面〉立、外記自二西方一進二書杖一〈如レ本挿レ書〉、内弁夾二笏於左脇一取レ文、披二見端許一、返二給見参一、了取二副宣命於笏一、昇殿着座、

〔解説〕

天皇入御時の奏上の作法。『江家次第』には不記載。「弓場」は弓場殿。「当二無名門北面二〉」は土御門内裏の弓場殿の位置（図⑦）。「文与レ杖取二加之二」は「文」（宣命・見参）を文杖に挿していないの意。「披二見端許二」の目的は宣命と見参の識別のため。弓場殿で奏上の場合は、職事から返却後、宣命・見参合わせて一旦外記に手渡すために、内弁による識別が必要になる。

▼宣命宣制の作法

〔本文〕

次召二参議一人一賜二宣命一〈召詞、同二御酒勅使一、但不レ奏〉、参議進立二内弁後一、内弁乍レ持二笏於右手一、以二左手一取二宣命一〈文頗上程〉、自二座下方一、袖蔵様ニテ微々給レ之〈以二文下一為二使方二〉、参議如レ指レ笏取レ之、復座、

〔解説〕

参議に宣命を手渡す作法。「但不レ奏」は、御酒勅使では参議を指名する際に勅許が必要だが、宣命の場合は不要の意。「袖蔵様《そでにかくるよう》ニテ微々給レ之」は宣命を袖に隠すようにしてあからさまに手渡さないの意。

〔本文〕

次群臣下殿、列ニ立右仗南頭一〈北上東面〉、起座揖、経ニ西階并軒廊西二間等一、列ニ立右仗南頭一〈去ニ胡床一五許尺、異位重行〉、里内庭狭者、仰ニ陣官一、令レ撤ニ胡床一〈西礼右近〉、上臈立ニ宣命版程一也、次宣命使下殿就レ版、次宣制一段、群臣再拝、又一段、群臣拝舞、次宣命使復座〈右廻〉、次群臣復座〈左廻〉、

〔解説〕

「里内庭狭者」は里内裏で南庭が狭い場合はの意。「西礼右近」は、西礼では諸卿が南庭西側に列立するために、右近側の胡床を撤去するの意。これによれば、里内裏でも東礼の場合は左近側の胡床を撤去することになる。「上臈立ニ宣命版程一也」の「上臈」は上卿（内弁）の意か。内弁が宣命版の位置に立ち、そこから北上東面に異位重行するの意か。「次群臣復座〈左廻〉」は『江家次第』では「右廻」。『西宮記』『北山抄』は不記載。「次宣命使復座〈右廻〉」の「右廻」かどうかは『江家次第』にも不記載だが、『江家次第』では、群臣が「右廻」ならば、宣命使は「左廻」となるか。

▼賜禄・退出の作法

〔本文〕

次抜レ匕〈或欲二下殿一之時抜レ匕、不二復座一直向二禄所一、略儀也〉、次内弁已下下殿、出二軒廊西間一、到二月華門下一、跪二蘆弊上一、挿レ笏、給レ禄、向二御所方一、乍レ居一拝退出、出二月華門一、脱レ靴、着二浅履一、自放二笏紙一退出〈承元四玉蘂云、故殿御記云、検二宇治左府記一、多不レ臨二禄所一、仍予不レ臨二禄所一退出〉、

〔解説〕

「抜レ匕」は食事終了の合図。なお、不記載だが、箸は宣命宣制時の下殿の際に抜く。「或欲二下殿一之時抜レ匕、不二復座一直向二禄所一、略儀也」は、略儀では宣命宣制時の下殿で箸・匕ともに抜き、宣命宣制後は復座せずに直接禄所に向かうの意。「承元四玉蘂」は、本章冒頭で示した『玉蘂』承元四年（一二一〇）正月一日条。なお、「蘂」は群書本は「葉」。西園寺本に従う。「故殿御記」は『玉葉』。『玉葉』の引用は「仍予不レ臨二禄所一退出」まで。「予」は九条兼実（『玉葉』記主）。「宇治左府記」は藤原頼長《よりなが》（一一二〇〜五六）の『台記《たいき》』。『台記』の引用は「多不レ臨二禄所一」のみ。これによれば、すでに『台記』当時には禄所に赴かずに退出する事例が多発。節会において節禄をもらうことが意味をなさなくなった。序章でふれたように、節会への参列は本来は官人にとっての勤務。参列者に与えられる節禄は勤務に対する俸禄に相当した。官人にとって節録を貰うことが節会参加の目的であったが、『台記』当時は意味を持たなくなった。公家社会における節会の性格（意味）の変質を示す事例である。なお、この引用部分は現存『玉蘂』にそのまま記載。

以上が『三節会次第』の元日節会作法である。以下、本文は元日節会での「雨儀」等の通常以外の作法や実例についての記載が続く、しかし、それらは割愛する。

第2節　白馬節会・踏歌節会

次に『三節会次第』白馬節会作法に移る。また、ここで同踏歌節会作法も一括する。

◎白馬節会

▼内弁参内の作法

〔本文〕

白馬節会次第、一上於二里亭一押二笏紙一、午剋着二束帯一〈随身装束等同二元日一〉、

〔解説〕

「一上於二里亭一押二笏紙一」は白馬節会・踏歌節会の作法。節会前に行事がないため。

▼陣座での事前準備

〔本文〕

入二宣仁門一着二仗座一〈一上直着二端座一、已次先着レ奥、承二内弁一之後、移レ端〉、使二官人敷レ軾〈此次令レ直レ沓〉、

次以二官人一召二外記一、大外記参レ軾、内弁仰曰、諸司候哉〈申二候由一、馬頭・助不参申二其由一〉、御弓奏之諸

司候哉〈或不レ加二諸司字一、当二卯日一者、有二卯杖奏一、仍内弁諸司之奏ハ候哉ト仰レ之〉、国栖・酒正候哉、或問、輔代候哉〈仁安四・安元二、月輪殿問レ之給〉、内弁仰曰、候ハ世ヨ、外記称唯退下、或不レ仰二此詞一、直問二外任奏事一〈常説也〉、

〔解説〕

陣座での諸司・諸司奏確認の作法。白馬節会では内弁は参内後直ちに着陣。「馬頭・助不参申二其由一」は『江家次第』には不記載。白馬節会では節会関係諸司に馬寮官人（馬頭・助）が追加。ただし、当時は不参が常態化。そこで諸司確認時に馬頭・助の不参報告が作法化したか。「御弓奏之諸司」は御弓奏担当の兵部省と兵庫寮。『江家次第』には陣座での諸司奏（諸司奏担当諸司）の確認は不記載。「当二卯日一者、有二卯杖奏一、仍内弁諸司之奏ハ候哉ト仰レ之」は、卯杖奏が加わる場合は「御弓奏之諸司候哉」の内弁の言葉が「諸司之奏ハ候哉」に変わるの意。なお、『江家次第』によれば、白馬節会の諸司奏は、御弓奏・卯杖奏のほかに、元日に遅れた場合の腹赤奏も加わる。この腹赤奏については『三節会次第』では不記載。腹赤奏は当時は形骸化したために白馬節会に延びることがないためか。「輔代候哉」の「輔代」は叙位担当の式部・兵部二省の各代官。『江家次第』当時すでに二省の輔・丞は代官が常態化。「仁安四・安元二、月輪殿問レ之給」は代官確認の先例。「月輪殿」は九条兼実。そこで「仁安四・安元二」は『玉葉』仁安四年（一一六九）記と安元二年（一一七六）記か。なお、ここで『玉葉』の事例を記載するのは、『三節会次第』当時でも代官確認は異例のためか。「或不レ仰二此詞一」の「此」は群書本はなし。西園寺本に従う。

〔本文〕

次以二官人一更召二外記一、外記参レ軾、仰云、外任奏候哉〈申二候由一〉、即仰云、持参、外記称唯退去、次外記持二参外任奏一〈入レ筥、有二礼紙一、無二裏紙一〉、内弁披二見外任奏一〈作法同二元日一〉、次内弁取レ笏、以二官人一召二職事一〈頭若五位蔵人〉、職事参レ軾、内弁付二外任奏一、職事取レ筥、内弁奏曰、御弓奏諸司不具ス、内侍所爾〈或略二諸司不具之四字一、常説也、卯日者、諸司奏内侍所ニト奏レ之〉、馬頭不参者、此次奏曰、左馬頭〈右同〉有レ障不参者〈康治二年、左右馬頭不参、可レ給二代官一之由奏レ之〉、次職事奏聞、了返二給外任奏一、内弁結申〈作法同二元日一〉、職事仰云、令レ候レ列ヨ、次職事又仰云、御弓奏、可レ付二内侍所一之由聞食了、又其馬頭代某官姓名朝臣〈左右随二申請一、近代多用二近衛少将一、無二少将一之時、用二中将一例、康平四年良基、久安元年為通・公通、或用二諸衛佐一、承安五年右兵衛佐盛定〉、内弁目レ之〈職事退皈、此間取レ笏〉、

〔解説〕

外任奏等奏上の作法。「御弓奏諸司不具ス」は御弓奏を内侍所に託す理由。なお、「不」は群書本は「等」。西園寺本に従う。『江家次第』元日節会によれば、諸司奏を内侍所に託す理由のひとつに「諸司不具時」があった。諸司奏を内侍所に託すことが常態化しても、形式的であれ理由を奏上する必要があったか。ただし、「或略二諸司不具之四字一、常説也」ともある。当時は理由の奏上割愛も常態化。「馬頭不参者、此次奏曰、左馬頭〈右同〉有レ障不参者」は馬頭不参奏上の作法。これが代官申請ともなる。『江家次第』には不記載。馬頭・助不参が常態化したための作法。「康治二年、左右馬頭不参、可レ給二代官一之由奏レ之」は左右馬頭不参で代官申請の例。「康治二年」は西暦一一四三年。「内弁結申〈作法同二元

日一」の「作法同二元日一」は群書本では「了返二給外任奏一」の後。西園寺本に従う。「其馬頭代某官姓名朝臣」は天皇が指示した馬頭代官の官・姓・名。「左右随二申請一」は、代官の左官・右官は不参の馬頭の左右に従うの意か。これによれば、馬頭の代官は左右どちらかが原則か。「無二少将一之時」の「無二少将一」は群書本は不記載。西園寺本に従う。「康平四年良基、久安元年為通・公通」は馬頭代官を中将とした例。「康平四年良基《よしもと》」は康平四年（一〇六一）の藤原良基（右中将〈一〇二三〜七五〉）。「久安元年為《ため》通《みち》・公通《きんみち》」は久安元（一一四五）の藤原為通（左中将〈一一一二〜五四〉）・藤原公通（右中将〈一一一七〜七三〉）。「承安五年右兵衛佐盛定」は馬頭代官を兵衛佐とした例。承安五年（一一七五）の盛定（姓不詳）。「右兵衛佐盛定」の「兵」は群書本はなし。西園寺本に従う。

〔本文〕

次以二官人一召二外記一、賜二外任奏一、内弁仰云、列ニ候ハセヨ、外記称唯、内弁重仰云、御弓奏内侍所ニ、又仰云、其馬頭代某官姓朝臣、外記称唯退下、次六位外記参二小庭一、申二代官一〈其期不レ定、若懈怠者、内弁加レ催〉、其詞、申二二省輔代官一〈用二訓詞一、式ノ省・兵ノ省輔・丞、代官給ラン〉、内弁宣云、誠タリヤ〈或如レ此仰レ之〉、外記申云、其官代某誠テ候、内弁仰云、候ハセヨ、外記称唯退下、

〔解説〕

外任奏等処理の作法。「列ニ候ハセヨ」の「ニ」「ハセヨ」は群書本はなし。西園寺本に従う。「次六位外記参二小庭一申二代官一」の「代官」は式部・兵部二省の輔・丞の代官。「其期不レ定」は外記による代官申請は外任奏等処理時に限らないの意。『江家次第』によれば、「問二諸司具否一之間可レ申」とある。「誠

タリヤ」の「タリヤ」は群書本はなし。西園寺本に従う。「其官代某誡テ候」は代官を懲戒することになり不審。「代」は衍字で、不参の輔・丞を懲戒したの意か。

〔本文〕

加叙事〈有無・遅速不レ定〉、職事就レ軾、仰二加叙輩一〈注二折紙一下レ之〉、有二位記被レ止之者一、此次仰レ之、内弁申二下下名一〈公卿許加叙者、不レ可二申下一、公卿不レ載二下名一之故也〉、職事下二下名於大臣一〈預入二懐中一、申請之時、取二出之一〉、内弁取レ之置レ前〈不二結申一〉、職事退去之後、披二見之一、次内弁以二官人一、伝下仰外記可レ持二参硯一之由上〈参議不レ候二陣座一之時、未レ置レ硯以前、以二官人一可レ召二着之一〉、次外記持二参硯一、置二参議座上頭一、次内弁気二色参議一〈多用二大弁一、或用二毎度勤仕人一云々、或置二大弁一用二堪能人一〉、参議復座之後、摺レ墨染レ筆、先候二気色一、書二入下名一〈書二本位所一、不レ書二新叙所一〉、返二上内弁一、内弁取レ之置レ前〈折紙必可二召返一、可レ賜二内記一之故也、暫可二懐中一也〉、若有下止二位記一者上、令二参議摺除一〈延久元年京極、安元二年・承安五年、或切二続之一〉、次内弁委披見、了置レ前〈有レ誤令レ直レ之、其書様、分二四位・五位・六位一、各書二本位一〉、

〔解説〕

下名修正の作法。「加叙」は叙位儀後の追加叙位。『江家次第』には不記載。「有無・遅速不レ定」は、追加叙位があるかどうか、いつ追加されるかは決まっていないの意か。「位記被レ止之者」は叙位停止者。叙位停止者も下名修正の要因。「参議不レ候二陣座一之時」の「参議」は下名修正の参議。「以二官人一可レ召二着之一」は「可」と「召」の間に「令」が欠字か。「毎度勤仕人」は大弁兼官のなかでも下名修正に慣れた参議の意。「置二大弁一用二堪能人一」は大弁兼官以外でも下名修正に慣れた参議を使用するの意。

「書二本位所一、不レ書二新叙所一」は下名の書様。叙位者の名前を下名の「本位所」（叙位前の位階の部分）に記載し、「新叙所」（叙所後の位階の部分）には記載しないの意。本文に「其書様、分二四位・五位・六位一、名書二本位一」、『江家次第』巻二・叙位に「書様〈四位・五位書二姓・尸・名一、六位不レ書レ尸、依レ数書二其本位一、無レ漏二一人一、公卿不レ入二下名一〉」とある。「折紙必可二召返一、可レ賜二内記一之故也」は、加叙者の名を記載した折紙は、位記を作成する内記に手渡すために、下名修正の参議から必ず取り返すようにの意。なお、「内記」は群書本は「外記」。西園寺本に従う。「暫可二懐中一也」は、折紙は内記に手渡すまで内弁が懐中するようにの意。「摺除」は墨で線を引いて消すこと。ミセ消チの意。「延久元年京極」は「摺除」の例。延久元年（一〇六九）の藤原師実が内弁（右大臣）の時。「安元二年・承安五年、或切二続之一」は、安元二年（一一七六）・承安五年（一一七五）の両例（年紀の逆転は本文のまま）では叙位停止者の部分を切り取り、紙継したの意。

〔本文〕

次以二官人一伝下外記可レ持二参筥一之由上、外記持二参之一、置二内弁前一、次内弁取二下名一、入レ筥〈或不レ入レ筥返二上之一、一説也〉、折紙暫入二懐中一、次以二官人一召二職事一〈仰二加叙事一之人可レ召レ之〉、職事参レ軾、内弁置レ笏、押二出筥一〈不レ入レ筥之時、猶置レ笏、授レ之〉、職事取レ筥退出〈件筥不レ返二給外記一、尋二取蔵人一〉、

〔解説〕

修正した下名返上の作法。「以二官人一伝下外記可レ持二参筥一之由上」の「筥」は修正した下名を入れる筥。「仰二加叙事一之人可レ召レ之」は、加叙を内弁に伝えたのと同じ職事を喚ぶようにの意。なお、「可」は群

書本はなし。西園寺本に従う。「件筥不二返給一、外記尋取二蔵人一」は、修正した下名を入れた筥は蔵人側からは返却されず、外記側が蔵人側に出向いて受け取るの意。

〔本文〕

次内弁以二官人一召二大内記一〈不レ候者、六位猶直参レ軾〉、仰云、其位ニ其人々々、令レ作二位記一〈先仰二上階一也、有二折紙一者下二給之一、被レ仰二上階許一之時、不レ書二入下名一、只仰二内記一、件位記不二上覧一、直付二省官一、省官置二庭中案上一也〉、

〔解説〕

加叙分の位記作成と処理の作法。「六位」は大外記等の大内記以外の六位か。後考を俟つ。「其位ニ其人々々」は大内記に対する内弁の命令。加叙者の加叙される位階と名。なお、「ニ」は群書本はなし。西園寺本に従う。また「々々」は群書本は「人々」。西園寺本に従う。ただし、「云々」の間違いか。「被レ仰二上階許一之時」は加叙が上階だけの場合の意。内弁は内記に加叙者の位記を作成させる際、上階は口頭だけで伝え、上階以外は口頭と同時に折紙を下賜。「件位記不二上覧一、直付二省官一」は、加叙者の位記は「不二上覧一」（奏覧せず）に直接「省官」（式部・兵部二省官人）に手渡すの意。「省官置二庭中案上一也」は、加叙者の位記は位記筥に納めずに直接「庭中案上」（位記筥を置く案上）に置くの意か。以上、ここまでが陣座での事前準備。

▼位記筥を内弁座前に置く作法

〔本文〕

内侍置二位記筥於台盤上内弁前程一〈解二結緒一置レ之、式上・兵下、有二上階一之時、式二合、兵部下・式一中・式二上〉、

〔解説〕

天皇出御・下名下賜以前に位記筥を内弁座前に置くのは『江家次第』の継承。「結緒」は位記筥の結緒。「式上・兵下」は群書本は「或上筆」。西園寺本に従う。兵部省（武官）の位記筥の上に式部省（文官）の位記筥を重ねて置くの意。「有二上階一之時、式二合」は、上階ある時は式部省の位記筥が上階用と四位・五位用の二合になるの意。「兵部下・式一中・式二上」は、式部省位記筥が二合になる場合、位記筥は兵部省用・「式一」（式部省上階用）・「式二」（式部省四位・五位用）の順に重ねて置くの意。位記筥下賜の際にこの順に手渡すため（後述）。

▼下名下賜の作法

〔本文〕

天皇御二南殿一、次内弁起座、於二宣仁門外一着レ靴、已次大臣此次押二笏紙一、或承二内弁一、移二着端座一之次押レ之〈同二元日一〉、此間内弁以二随身一〈無二随身一之人用二官人一〉、令レ見二内侍出哉否一〈或不レ然〉、内侍持二下名一、出二居西階上一〈職事扶持〉、次内弁取二下名一着二兀子一、其儀、正レ笏入二宣仁門并軒廊西間一、進立二西

階下一〈無レ揖、或揖、寄レ南〉、挿レ笏、昇二一・三級一〈為レ先二右足一、階高時昇二四・五級一、低時昇二一級一〉、懸二右膝一、以二左右手一取二下名二通一〈右手取レ之、副二左手一〉、退立二階下一〈為レ先二左足一〉、乍レ持二下名於右手一抜レ笏〈無レ揖、或揖〉、取二副下名一〈式部有二表書一、或無二表書一之時、以二大巻一為レ式、式右・兵左、東礼之時、式左〉、右廻自二軒廊一西行、経二宜陽殿壇上一南行、立二兀子前一、揖着座〈裾在二上方一、以二左手一引二遣後方一〉、

〔解説〕

内弁への下名下賜の作法。「此間内弁以二随身一〈無二随身一之人用二官人一〉、令レ見二内侍出哉否一」は『江家次第』には不記載。西園寺本に従う。ただし、「或不レ然」とあり、必ずしも定着していない。「内侍持二下名一」の「持」は群書本は欠字。西園寺本に従う。「出二居西階上一」は「臨二西檻一」同義。「挿レ笏、昇二一・三級一」は『江家次第』同様。「階高時昇二四・五級一、低時昇二一級一」は里内裏を想定。『三節会次第』当時の土御門内裏西階がいずれかは不明。「懸二右膝一」は階上で右膝を突いて跪くの意か。「以二左右手一取二下名二通一〈右手取レ之、副二左手一〉」は「下名二通」〈式部省用・兵部省用各一通〉を右手で一括して受け取り、左手を副えるの意。「式部有二表書一」の「部」は西園寺本は「兵」。群書本に従えば表書《うわがき》は式部省下名のみとなり、西園寺本に従えば、式部・兵部各下名に表書となる。ただし、「或無二表書一之時、以二大巻一為レ式」とあり、これによれば、式部省下名にのみ表書したか。「式右・兵左」は式部省下名は右手、兵部省下名は左手の意か。「東礼之時、式左」は、東礼では式部省下名は左手、兵部省下名は右手に持つの意か。「右廻自二軒廊一西行」の「右廻」は『江家次第』では「左廻」。「裾在二上方一」は宜陽殿東面壇上を南下するため、下襲の裾が北方に残るの意。「以二左手一引二遣後方一」の「引」は群書本は「副」。西園寺本に

従う。

〔本文〕

次内弁正レ笏召二内竪一〈二音〉、内竪入二月華門一、立二宜陽殿東壇下一〈北面〉、内弁仰云、式ノ省・兵ノ省召、内竪称唯、退出召レ之、次二省丞入二月華門一、立二宜陽殿東壇下一〈着レ靴、其所問二内竪二□〉、東上北面〉、内弁宣云、式ノ省〈二省立定、召レ之〉、式部称唯、練行北進、更西折、挿レ笏、膝行就二内弁南頭一、内弁賜二下名一、持下笏与二兵部下名一於左手上、以二右手一頗文ノ上方ヲ取、縦持レ之、漸文下ヲ丞方へ向、横臂持健差給レ之、丞取レ之、退二於柱下一、抜レ笏取二副文一、経二本路一、自二兵部後一復二本列一、次内弁宣云、兵ノ省〈式部立定、揖時召レ之〉、兵部参上、内弁給二下名一〈一同二式部一〉、次二省丞相共退去〈兵部未レ復二本列一之前、式部先退出〉、次内弁起二兀子一揖、暫皈入、徘二徊宜陽殿艮角辺一

〔解説〕

式部・兵部二省に下名下賜の作法。「内竪入二月華門一立二宜陽殿東壇下一」「次二省丞入二月華門一立二宜陽殿東壇下一」の「月華門」は、東礼ではともに日華門。「宜陽殿東壇下」も東礼では西壇下。「式ノ省・兵ノ省召」の「ノ」はともに群書本は「部」。西園寺本に従う。『江家次第』によればここは訓詞使用のため。「其所問二内竪二□」の「問」は群書本はなし。西園寺本に従う。欠字は三字程度。二省丞が「其所」（列立位置）を内竪に確認するの意か。「東上北面」は東礼では西上北面。「式ノ省〈二省立定、召レ之〉」の「ノ」は群書本は「部」。西園寺本に従う。「膝行就二内弁南頭一」は式部・兵部が下名を受け取る作法としては旧例（前章第2節参照）。なお、「頭」は群書本はなし。西園寺本に従う。「横臂持

健差給レ之」は下名を式部丞に手渡す際の内弁の動作か。西園寺本も同文。ただし、読み下し・解釈ともに後考を俟つ。誤字や欠字があるか。「自二兵部後一復二本列一」は『江家次第』では「経二兵部前一立二本所一」とある。これも西礼と東礼の相違か。「兵ノ省」の「ノ」は群書本は「部」。西園寺本に従う。

▼王卿着外弁・出御・内弁謝座・昇殿・着座・開門の作法

〔本文〕

次王卿着二外弁一、近衛引レ陣〈遅々時、仰二陣官一催レ之〉、次天皇御二御帳中倚子一、近仗警蹕、了居二胡床一、次内弁着二宜陽殿兀子一〈如レ初〉、内侍臨二西檻一、次内弁謝座、昇殿着座、其儀同二元日一、次開門、内弁顧二座上一催レ之〈同二元日一〉、次闈司二人分居、内弁顧二座上一問レ之〈同二元日一〉、

〔解説〕

「次王卿着二外弁一」は実際は下名下賜と同時進行。

▼叙位宣命奏上の作法

〔本文〕

次内弁奏二叙位宣命一、其儀、起座揖、降二西階一〈傍二北欄一、為レ先二左足一〉、立二軒廊東一間一〈南面、不レ出二柱外一、或立二壇上南頭一、内記立二壇下一、以二官人一〈或随身〉、仰下内記可レ持二参叙位宣命一之由上、次内記挿二宣命於杖一、参二進内弁西方一、揖寄レ杖、内弁挿二笏於腰一、取レ文披見、了返二給内記一、内記取レ之挿レ杖〈縦様

入二片鳥口一〉、内弁取レ杖、夾二右腋一〈両手間一尺五・六寸許〉、持レ之〈鳥口当二我口程一〉、昇二西階一、自二簀子一北行、入二西庇南妻一北行、入二母屋北小間一東行、到二御屏風南妻一留立〈不レ及二屏風一三尺許〉、内侍出二向御屏風南妻一、内弁取二立杖一、三歩許歩寄、蔵二身於御屏風一、以二右手一付二内侍一、両・三歩許歩退、抜レ笏〈頰向レ艮〉左廻〈内廻也〉、至二賢聖障子西第二柱下一右廻、向二還立一〈或向二東方一、或向レ巽、無レ揖〉、御覧了、内侍取二加宣命於杖一進出、内弁参進〈不二除歩一〉、挿レ笏、如レ初両・三歩歩退、左手取レ文、以二右手一取レ杖了、頰打二懸文上一〈以二左大指一押二書杖上一也、左・右手間、自二参時一ハ頰近〉、右廻〈外廻也〉経二本路一、下二西階一立二本所一〈取レ杖所也〉、左手持二宣命一〈縦持レ之、当二表衣前一〉、以二右手一取レ杖、給二内記一、抜レ笏、取二副宣命於笏一、昇殿復座〈暫入二宣命於懐中一〉、有二出御一之時、於二軒廊一見レ之、無二出御一之時、着陣見レ之〈雖レ無二出御一、猶於二軒廊一見レ之有レ例〉、

〔解説〕

「抜レ笏〈頰向レ艮〉左廻〈内廻也〉」の「左廻」は、『江家次第』では「把笏右廻〈九条年中行事左廻〉」とある。「向二還立一」はここに到った経路（宣命を内侍に手渡した御屏風南妻方向）を向くの意か。「右廻〈外廻也〉経二本路一」の「右廻」は『江家次第』では「左廻」。「左手持二宣命一〈縦持レ之、当二表之前一〉、以二右手一取レ杖給二内記一」は、元日節会の節会宣命奏上では「以二右手一持二宣命一、以二左手一取二加見参与レ杖給二外記一」。宣命を持つ手と文杖を持つ手が左右逆となる。「左手持二宣命一〈縦持レ之、当二表衣前一〉」は、宣命を左手で縦に「表衣前」（体の正面）で持つの意。なお、「衣」は群書本は「之」。西園寺本に従う。

「有二出御一之時、於二軒廊一見レ之、無二出御一之時、着陣見レ之〈雖レ無二出御一、猶於二軒廊一見レ之有レ例〉」は、

内弁が奏上前に内記から手渡された宣命を確認する作法。「無二出御一之時、着陣見レ之」は、『北山抄』にも「或於二陣座一見畢、不出御時例也、見二天暦四年私記一」とある。

〔本文〕

早入御時、就二弓場代一奏レ之、見了令レ持二内記一、経二宣仁門一、進立二弓場代一〈無名門代前〉、職事出向、内弁指レ笏、取レ杖授二職事一、抜レ笏而立、職事奏聞、了返二給之一、内弁挿レ笏、取レ之給二内記一、抜レ笏、経二本路一立二本所一〈内記相従〉、内弁夾二笏於脇一、取レ文副レ笏、復座、着陣見レ之時、乍レ靴懸二片尻一、以二官人一召二内記一見レ之、

〔解説〕

天皇入御時の宣命奏上の作法。

▼位記筥下賜の作法

〔本文〕

次内弁正笏召二内豎一〈二音、宜陽殿ノヨリハ高ク召レ之〉、内豎称唯、進二橘樹下一、内弁宣云、式ノ省・兵ノ省召〈高声不レ仰レ之、只内豎聞及程也、不レ聞者、告二召之由一、不レ可二再拝一〉、内豎唯、退召レ之、次二省輔代率レ丞参進、立二橘樹西方一〈北上東面、着レ靴〉、若及レ暗不二見得一、揚レ音問レ之、陣官令レ申二参進之由一〈是非二作法一〉、次内弁宣、式ノ省〈音程如レ初、見二立定一仰レ之〉、式部輔代昇二西階一、入レ自二南庇西妻戸東一、進立二内弁後坤角一、内弁給二位記筥一、其儀、如レ揖笏挿二左尻下一、以二左右手一取レ筥、乍レ居、自二座下方一給

レ之〈文下為二我方一〉、取レ笏候〈式筥有二二合一之時、先取二式一一給レ之、仰下可二皈参一之由上〉、輔代挿レ笏取レ筥、経二本路一退下、授レ丞〈有二上階一之時、更皈参、内弁給二式一筥一、其儀如レ初〉、次内弁宣云、兵ノ省、兵部輔代参上、内弁賜二位記筥一〈如二式部一〉、次二省丞置二位記筥於庭中案上一退去、

〔解説〕

「宜陽殿ノヨリハ高ク召レ之」は宜陽殿での下名下賜の時よりは声高に喚ぶの意。ここでは内弁は紫宸殿に着座しており、宜陽殿の時よりも内豎までの距離が遠いため。「式ノ省・兵ノ省召」の「ノ」はともに群書本は「部」。西園寺本に従う。「只内豎聞及程也」の「及」は群書本は「定」。西園寺本に従う。「不レ聞者、告二召之由一、不レ可二再拝一」は後考を俟つ。ただし、「再拝」は「再宣」等の間違いで、内豎に聞こえなくても、再びは宣しないといった意か。「内豎唯」は「唯」の前に「称」が欠字か。「若及レ暗不二見得一、揚レ音問レ之、陣官令レ申二参進之由一」は『江家次第』には不記載。暗くなって二省輔・丞の参進が分からなければ、声を出して「陣官」（陣官人）に聞き、陣官人に報告させるの意。ただし、「是非二作法一」とある。臨時の処置の意。『三節会次第』当時、節会の実施は夜中が常態化していたが、日中実施が原則のためか。「式ノ省」の「ノ」は群書本は「部」。西園寺本に従う。「音程如レ初」は「高声不レ仰レ之」に対応。「内弁給二式一筥一」の「一」は群書本はなし。西園寺本に従う。なお、ここで「式一筥」が上階用であることがわかる。「兵ノ省」の「ノ」は群書本は「部」。西園寺本に従う。

▼外弁諸卿入閤～着座の作法

〔本文〕

次内弁正レ笏召二舎人一〈二音、同二元日一〉、次少納言参入就レ版、内弁宣、刀禰召〈一音〉、顧二座上一見二立定了一、向レ北仰レ之、少納言称唯、於二西中門一召レ之、次外弁王卿入二中門一参列〈異位重行、東上北面、第一人、尋常版南去一丈、当二南階西端一北面而立〉、近仗立、次内弁宣、敷尹〈一音、同二元日一〉、次群臣謝座、謝酒、昇殿着座、諸仗居、

〔解説〕

「西中門」「中門」はともに月華門。「謝酒」の「謝」は群書本はなし。西園寺本に従う。

▼叙位宣命宣制の作法

〔本文〕

次内弁仰二参議一催二叙列一、参議下殿催レ之、次二省引二叙人一列立〈式東、兵西、各立二本位標一〉、次叙位宣命拝、内弁自二懐中一取二出宣命一、副レ笏召二宣命使一〈先見二定可レ召之人一召レ之、用二訓詞一〉、有二上階一之時用二納言一〈或用二参議一、有レ例〉、無二上階一之時用二参議一〈或用二納言一、有レ例〉、宣命使進立二内弁後坤一、内弁給二宣命一、宣命使如レ挿レ笏取レ之復座、次内弁以下下殿、列二立右仗南頭一〈去二胡床一南五尺、北上東面、異位重行〉、里内庭狭之時、仰二陣官一令レ撤二胡床一〈西礼撤二右近一〉、次宣命使着レ版、宣制一段、群臣再拝〈叙人不レ拝〉、又一段、群臣再拝〈叙人不レ拝〉、宣命使復座、群臣復座〈左廻〉、

〔解説〕

「叙列」は叙位者列立。「参議下殿催レ之」は『江家次第』に不記載。

▼叙位の作法

〔本文〕

次二省賜二位記於叙人一〈式文官、兵武官〉、次叙人相二寄馳道一拝退出〈内弁之人加階、有二叙位列一〉、諸仗居、次撤二位記筥案一、遅々時内弁仰二参議一催レ之、次親族拝、内弁以下降殿、列二右仗南頭一〈如二宣命拝一〉、拝舞了復座、

〔解説〕

「遅々時内弁仰二参議一催レ之」は『江家次第』に不記載。

▼白馬奏加署の作法

〔本文〕

次奏二白馬奏一、左右大将留、立二軒廊一〈或復座之後更下殿〉、諸卿復座之後、見レ奏、其儀、左右大将南面竝立〈上臈東、下臈西、不レ依二左右一〉、大臣大将立二壇上一、納言大将立二西一間一、共大臣大将竝立二壇上一〈或軒廊〉、共納言時、左立二一間一、右立二其西間一、内弁大臣取之時、立二壇上一〈南面、或軒廊西二間〉、以二随身一〈或官人〉催レ奏、左右馬允持二参奏杖一、竝立二砌外一〈北面、左東、右西〉、史生持レ硯候二允後一、非二大将一之内弁、見レ奏時不レ持二参硯一、大将目レ允、允進来指二寄杖一〈白木〉、両大将挿二笏於腰一、以二左右手一

抜二取奏一、披二礼紙一〈奥・端共夾下人指与二中指一之間上也〉、披二見奏一〈此間、馬頭置レ杖、取レ硯候、内弁見之時、□レ硯〉、到二署所一召レ筆〈先染レ筆献レ之〉、加署〈大臣之時加二朝臣一、納言名二字〉返二給筆一、允取レ之入レ硯、返二給史生一取レ杖候、非二大将一之内弁不二加署一、次巻二奏文一加二礼紙一〈宜二二巻一也〉、乍レ令レ持二杖於允一、縦指二入鳥口一〈杖長之時使二随身切一レ之〉、

〔解説〕

「左右大将留、立二軒廊一」は、左右大将は叙位宣命拝後に復座せずに軒廊に立つの意。これは略儀。「或復座之後更下殿」が本義。「上臈東、下臈西、不レ依二左右一」は、大将はその左右によらず、兼官の上下で上臈が東、下臈が西に並び立つの意。「大臣大将立二壇上一、納言大将立二西一間一」は左右大将の一方が大臣兼官で他方が納言兼官の場合、前者は「壇上」（土御門内裏紫宸殿西壇上）、後者は軒廊西第一間に立つの意。「或軒廊」は軒廊での立ち位置は不記載。西第二間か。「左立二二間一」の「二間」は軒廊西第二間。「以二随身一〈或官人〉催レ奏」は、随身ある人は随身、随身なき人は官人に白馬奏を催促するの意。なお、『江家次第』は「左右大将下殿、立二巽角壇上一」とあるのみ。兼官の相違は想定されていない。「左右馬允持二参奏杖一」の「奏杖」は文杖同義か。あるいは「奏」（奏文）と「杖」の意か。「竝立二砌外一」の「砌外」は土御門内裏紫宸殿南壇下か。「大将目レ允」は、左大将は左馬允、右大将は右馬允に目配せするの意か。「允進来指二寄杖一〈白木〉」の「白木」は群書本は「泉」。西園寺本に従う。「白木」は文杖の材質（初見）。木製素地。「奥・端共夾下人指与二中指一之間上也」は、加署の間、礼紙の「奥・端」（左右両端）を合わせて二つ折りとし、左手（右手は筆を持つため）の「人指」（人差し指）と「中

指」の間に挟んで持つの意か。西園寺本の傍書に「大将以夾㆓左指㆒、右手執㆑筆、可㆓加署㆒故也」とある。「〈此間、馬頭置㆑杖、取㆑硯候、内弁見之時、□㆑硯〉、到㆓署所㆒召㆑筆」は群書本はなし。西園寺本に従う。ただし、「馬頭」は「馬允」の間違いか。また「□㆑硯」の欠字は判読不能。後考を俟つ。「到㆓署所㆒召㆑筆」は奏文を冒頭から確認し、加署すべき所に到った時に筆を求めるの意。「允取㆑之入㆑硯」の「允」は群書本は「先」。西園寺本に従う。「次巻㆓奏文㆒加㆓礼紙㆒〈宜㆓二一巻㆒也〉」の「宜二」は、群書本は「空」。西園寺本に従う。奏文を二重に巻くの意か。「杖長之時使㆓随身切㆒之」は、材質が白木であることと併考すれば、白馬奏の文杖は新調を使用し、長さは使用時に調整か。

〔本文〕

若大将一人不参者、先見㆓我方奏㆒〈右近ハ先見㆑右、左准㆑之〉加署、了挿㆑杖、允持㆑之退候、次見㆓他府奏㆒〈不㆓加署㆒〉、如㆑本巻㆑之〈此間、允持㆓空杖㆒退下〉、挿㆓今片方鳥口㆒也、両大将不参時、内弁立㆓壇上㆒、見㆓両府奏㆒、左右共不㆓加署㆒〈大将於㆓里亭㆒加署、仍不㆑具㆑硯〉、先見㆓左奏㆒、了挿㆑杖〈允取㆑杖退候〉、次見㆓右奏㆒、了挿㆑杖〈允取㆑杖退候〉、内弁取㆓并二杖㆒奏㆑之、雖㆑不㆑兼㆓大将㆒一杖例〈挿㆓左近杖㆒、承安二年〉、

〔解説〕

大将不参の場合の作法。『江家次第』に『北山抄』を引用して「九条説云、大将一人不参者、並㆓挿一杖㆒独奏、共不参者内弁奏㆑之」とある。つまり大将一人不参の場合、ひとつの文杖に左右両方の奏文を挿して奏上。「允持㆑之退候」の「允」は参列大将側の馬允。なお、「允」は群書本は「先」。西園寺本に

従う。「允持二空杖一退下」の「允」は不参大将側の馬允。不参大将側の馬允は「空杖」（空となった文杖）を持って退出の意。なお、この「允」も群書本は「先」。西園寺本に従う。「挿二今片方鳥口一也」は、不参大将側の奏文も参列大将側の奏文と同じ文杖に挿すの意。「允取レ杖退候」の「允」は左馬允。なお、この「允」も群書本は「先」。西園寺本に従う。次の「允取レ杖退候」の「允」は右馬允。この「允」も群書本は「先」。西園寺本に従う。また「退」は群書本はなし。西園寺本に従う。「雖レ不レ兼二大将一一杖例〈挿二左近杖一、承安二年〉」は、大将兼官でない内弁が奏上する場合でも、左近側の文杖一杖に挿した例として承安二年（一一七二）の例があるの意。これは「内弁取二并二杖一奏レ之」に対応し、大将兼官でない内弁が奏上する場合、左右それぞれの杖に奏文を挿して奏上。

▼白馬奏奏上の作法

〔本文〕

取二奏杖一昇二西階一、経二西庇一北行、入二母屋北小間一東進、到二御屏風南頭一〈不レ及三尺許〉、取二立杖一、二・三歩歩寄、蔵二身於御屏風一、以二右手一授二杖於内侍一〈件奏乍レ杖留二御所一〉、両・三歩歩退、抜レ笏右廻、経二本路一西行、経二西庇一南行、下二簀子一、入二西面妻戸一着二兀子一、左大将為二大臣一、右大将為二納言一之時、左大将奏聞之間、右大将立二西庇北間一〈東面〉、左大将奏了、過レ前之後、相代参進奏レ之、左右為二同官一之時、左大将退皈之間、右大将相交入二母屋一、

〔解説〕

「入二西面妻戸一着二兀子一」は殿上の内弁座に復座の意。白馬奏は「件奏乍レ杖留二御所一」ため、内弁は奏上後はただちに復座。「左大将為二大臣一、右大将為二納言一之時、左大将奏聞之間、右大将立二西庇北間一〈東面〉、左大将奏了、過レ前之後、相代参進奏レ之、左右為二同官一之時、左大将退皈之間、右大将相交入二母屋一」は、『江家次第』に『北山抄』を引用して「口伝云、左大将参上奏聞間、右大将東庇北間西面而立、左大将度レ前之後奏云々、是左大将為二大臣一、右大将為二納言一之例也、或私記云、左右共為二同職一者、左大将退帰間、右大将入二母屋一相交代者、又見二重明親王天慶三年記一」とある説を西礼に替えて継承。「右大将立二西庇北間一」の「大将」は群書本は「大臣」。西園寺本に従う。

〔本文〕

無二出御一時、進二弓場代一付二職事一、於二軒廊一見、了抜レ笏、相二伴允一、出二宣仁門一、進二弓場代一〈無名門前〉、挿レ笏取レ杖〈允自レ西献レ之〉、付二職事一、経二本路一復座、

〔解説〕

不出御の場合の白馬奏奏上の作法。「無二出御一時」は入御の際も含むか。「相二伴允一」の「允」は群書本は「先」。西園寺本に従う。なお、西園寺本はここに「挿二笏於腰一」の傍書。

▼白馬引渡の作法

〔本文〕

次内弁仰二参議一令レ取二版・標等一、左右府生取レ標、左将監取二尋常版一置二坤壇一、内弁為二大将一者、見二

白馬奏二之間令レ撤、近仗立、白馬渡即居、次白馬渡、遅々者、仰二参木一催レ之、先左陣〈近衛舎人〉、次左右馬頭、次白馬七疋、次左右允、次白馬七匹、次左右属、次白馬七疋、次左右馬助、次右陣、

〔解説〕

「近仗立、白馬渡即居」は群書本はなし。西園寺本に従う。「遅々者、仰二参木一催レ之」は『江家次第』には不記載。

▼饗宴の作法

〔本文〕

次陪膳采女撤二御台盤帊一、次内膳供二御膳一〈八盤、自二南階一供レ之〉、次供二残御膳一、次給二臣下粉熟一〈同二元日餛飩二〉、御箸鳴、次臣下応レ之、次供二蚫羹一、次供二御飯一、次供二進物所御菜一、次供二御厨子所御菜一、次給二臣下飯汁一、御箸鳴、臣下応レ之、次供二三節御酒一、次供二一献一、賜二臣下一、次国栖奏、次供二二献一、賜二臣下一、次御酒勅使、次供二三献一、賜二臣下一、以上儀、一同二元日一、

〔解説〕

「粉熟《ふずく》」は、米粉や小麦粉等の餅を茹で、甘葛《あまづら》をかけて捏ね、竹筒に入れて押し出した唐菓子。「同二元日餛飩二」は元日節会の餛飩に相当するの意。

▼舞妓奏奏上・女楽の作法

〔本文〕

次奏二舞妓奏一、内教坊別当下殿、於二坤角壇上一、召二外記一催レ奏、別当次将持二参奏一〈令レ持二杖於将監一、進二壇下一奏レ之、将監取レ硯、候二別当後一、次将不レ候者他衛将〉、別当見レ奏加署〈内弁奏之時不二加署一〉、巻レ文挿レ杖〈縦〉、取レ之昇殿、付二内侍一復座〈件奏留二御所一、其儀如二白馬奏一〉、別当不レ候之時、内弁奏レ之、入御之時進二弓場一奏レ之、次舞妓参進、次舞妓拝、群臣下殿、拝舞了復座〈如二親族拝一〉、

〔解説〕

「次将不レ候者他衛将」は群書本はなし。西園寺本に従う。「巻レ文挿レ杖〈縦〉」の「杖」は群書本はなし。西園寺本に従う。「次舞妓参進」は、西園寺本に「当時無二舞姫一、即奏二立楽許一也」と傍書。「当時」は西園寺本書写当時（いつかは不明）か。女楽は形式化。立楽のみとなる。

▼宣命・見参・禄法奏上の作法

〔本文〕

次内弁奏二宣命・見参・禄法一〈内弁或不レ列、未レ拝、譲二次人一着陣〉、抜レ箸取レ笏、降二西階一着陣〈乍レ着レ靴、懸二片尻一〉、以二官人一仰下内記可レ持二参宣命一之由上〈置レ軾之次仰レ之〉、内記挿二宣命於杖一持二参之一、内弁披見、内記取二空杖一退去、次以二官人一仰下外記可レ持二参見参一之由上、次外記〈六位〉持二参之一〈挿レ杖、見参有二礼紙一、禄法無二礼紙一〉、候二小庭一、内弁目レ之、外記称唯、進着レ軾奉レ文、内弁置レ笏取レ文、置レ前

披見、以㆓次侍従見参㆒、加㆓礼紙㆒小巻、加㆓非侍従見参㆒小巻、加㆓禄法㆒巻㆓礼紙㆒了、相㆓加宣命㆒、一度給㆓外記㆒、外記取㆑之、挿㆓一杖㆒〈片鳥口縦挿㆓宣命㆒、今片鳥口縦挿㆓見参㆒〉、退㆓候小庭㆒

〔解説〕

宣命・見参・禄法確認の作法。白馬節会のため「禄法」が追加。

〔本文〕

次奏聞了復座、其儀、相㆓伴外記㆒、進㆓立軒廊東一間㆒〈南面〉、指㆑笏取㆑杖、昇㆓西階㆒、経㆓西庇㆒、進㆓御屏風南妻㆒、付㆓内侍㆒奏㆑之、抜㆑笏退、立㆓第二柱下㆒〈向㆑東、或巽〉、御覧了返給、内弁進寄、挿㆑笏取㆑之、経㆓本路㆒立㆓本所㆒、左手取㆑文、以㆓右手㆒給㆓杖於外記㆒、抜㆑笏、取㆓副笏㆒復座〈宣命左、見参右〉、入御之時、進㆓弓場㆒、付㆓職事㆒奏聞、了帰立㆓軒廊㆒、取㆓宣命・見参㆒復座、

〔解説〕

宣命・見参・禄法奏上の作法。「左手取㆑文、以㆓右手㆒給㆓杖於外記㆒」の「文」は宣命・見参・禄法一括。元日節会では「以㆓右手㆒持㆓宣命㆒、以㆓左手㆒取㆓加見参与㆑杖給㆓外記㆒」とある。見参（白馬節会では禄法一括）を、元日節会では外記に、白馬節会では禄所参議（後述）に手渡すことと相俟ち、元日節会と白馬節会では、文（元日節会は宣命のみ）を持つ手と外記に杖を返す手が左右逆となる。「宣命左、見参右」は宣命は左手、見参（禄法も一括）は右手に持つの意。

〔本文〕

次召㆓参議一人㆒賜㆓宣命㆒〈召儀同㆓御酒勅使㆒〉、内弁乍㆑持㆓笏并見参・禄法於右手㆒、以㆓左手㆒取㆓宣命㆒、

自二座下方一給レ之、参木取レ之復座、或欲レ召二参木一之時、入二見参・禄法於懐中一給二宣命一、復取二出見参一副レ笏〈承平二年并北山抄〉、次召二大弁一給二見参・禄法一〈大弁不参者他参木〉、宣命使復座之後召レ之、三通一度給レ之〈巻二一礼紙二〉、大弁即着二禄所一〈月花門南掖立二床子一為二其所一〉、

〔解説〕

宣命・見参・禄法を参議に手渡す作法。「承平二年并北山抄」は、「或欲レ召二参木一之時、入二見参・禄法於懐中一給二宣命一、復取二出見参一副レ笏」が承平二年（九三二）の実例で『北山抄』にもみえるの意。現存『北山抄』に「蹔懐二見参一」とある（『北山抄』当時は禄法なし）。なお、「承平二年」は西園寺本は「□永二年」（欠字は判読不能）。「次召二大弁一給二見参・禄法一」の「大弁」が禄所参議。「三通」は見参二通（次侍従一通・非侍従一通）と禄法一通。「大弁即着二禄所一」の「即」は群書本は「良」。西園寺本に従う。

▼宣命宣制～退出の作法

〔本文〕

次群臣下殿列立〈如二叙位宣命拝一〉、次宣命使下殿着レ版、次宣制一段、群臣再拝、又一段、群臣拝舞、次宣命使復座、次群臣復座、次抜レ匕、次内弁以下下殿、於二月花門下一給レ禄、乍レ居一拝退出〈家礼参木為二禄取一之時、内弁取レ禄之間避レ座云々、保延五召〉、

〔解説〕

「家礼参木為二禄取一之時、内弁取レ禄之間避レ座」は、禄所参議が「家礼《かれい》」（内弁家の家礼）の場合、内弁に賜禄の際には一旦禄所を離れるの意。『江家次第』には不記載。家礼からの賜禄は身分的に不都合のためか。「保延五召」は、保延五年（一一三九）はそのまま禄所に留まらせたの意か。

以上が『三節会次第』の白馬節会作法。本文には続き、白馬節会に関わる「叙列揖事」「雨儀」「雑例」等の簡略な記載がある。しかし、それらは割愛する。

◎踏歌節会

次いで『三節会次第』にみえる踏歌節会作法に移る。

▼内弁参内～立楽の作法

〔本文〕

踏歌節会次第、一上於二里亭一押二笏紙一、入レ夜、着二束帯一参内、魚袋・餝劔・紫緂平緒、随身、府生束帯、番長以下褐冠、近衛白襖袴、入二宣仁門一着二仗座一〈一上直着レ端〉、使二官人敷レ軾〈此次令レ直レ沓〉、次以二官人一召二外記一、大外記参レ軾、内弁仰云、諸司候哉、国栖・酒正候哉、外任奏候哉〈正説、更召仰レ之〉、仰云、持参、外記称唯退下、次外記持二参外任奏一、内弁披二見外任奏一、如レ本巻レ之、入レ筥目二外記一、外記退去、次内弁以二官人一召二職事一、付二外任奏一、次職事奏聞了返給、内弁結申、次召二外記一賜二外任奏一、仰云、列ニ候ハセヨ、外記退下、次可レ着二外弁一之由告二諸卿一、天皇御二南殿一、近衛列陣、王卿着二外弁一、内弁於二宣仁門外一着レ靴、宸儀御二御帳中倚子一、近仗警蹕、了居二胡床一、内弁着二宜陽殿兀子一、内侍臨二西檻一、内弁謝座昇殿、次開門、次闈司二人分居、次内弁召二舎人一、少納言相替就二版位一、内弁宣、大夫達召世、次外弁参列、内弁宣二云、敷尹、次王卿謝座謝酒、昇殿着座、次陪膳采女撤二御台盤杷一、次内膳供二御膳一、次供二残御膳一、次賜二臣下餛飩一、御箸鳴、臣下応レ之、次供二鮑羹一、次供二御飯一、次供二進物所御菜一、次供二御厨子所御菜一、次給二臣下飯・汁一、御箸鳴、臣下応レ之、次供二三節御酒一、次供二一献一、次賜二臣下一、次国栖奏、次供二二献一、賜二臣下一、次御酒勅使、次供二三献一、賜二臣下一、次立楽〈万歳楽・地久・賀殿・延喜楽〉、内弁下殿催レ之〈如二国栖一〉、参入音声之間、復座、或仰二参議一催レ之、

〔解説〕

「入レ夜」は参内時間。元日節会・白馬節会は「午尅」。元日節会・白馬節会は日中、踏歌節会は夜中実施が原則か。ただし、『三節会次第』当時は元日節会・白馬節会ともに深夜実施が常態化。「白襖袴」は近衛舎人の褐冠の袴。元日節会では「紅梅袴」。「列ニ候ハセヨ」の「ニ」「ハセヨ」は群書本はなし。西園寺本に従う。

▼坊家奏の作法

〔本文〕

次内教坊別当奏二坊家図一〈不参者内弁奏レ之〉、其儀、楽終、頭下殿、立二殿坤角壇上一〈南面〉、仰二外

記一催二坊家奏一、為二別当一之次将〈不参者他次将〉一人、令レ持二杖於将監一参二壇下一、即伝二取杖一奉レ之、別当挿二笏於腰一、抜二取文許一、披二礼紙一〈奥・端挿下左手人指与二中指一之間上如レ常〉、見訖、如レ本巻レ之、加二礼紙一〈件奏不二加署一〉、乍レ令レ持二杖於次将一、縦指二入片鳥口一、了刷二衣裳一〈持様如二白馬奏一〉、昇二西階一、経二西庇母屋北小間一東行、到二御屏風南妻一、授二内侍一〈奏・杖留二御所一、如二白馬奏一〉、経二本路一復座、無二御出一時、進二弓場一付二職事一、於二軒廊一見、了抜レ笏、相二伴次将一〈路間令レ持二杖於将監一〉、進二弓場代一、挿レ笏取レ杖〈次将伝二献之一〉、付二職事一、抜レ笏、経二本路一復座、

〔解説〕

「楽終」は立楽終了の意か。「頭下殿」の「頭」は内教坊公卿別当の意か。「令レ持二杖於将監一参二壇下一、即伝二取杖一奉レ之、別当挿二笏於腰一」の「下、即伝二取杖一奉レ之、別当」、「如レ常」、「了刷二衣裳一」の「了」、「奏・杖留二御所一、如二白馬奏一」の「如二白馬奏一」はいずれも群書本はなし。西園寺本に従う。

▼踏歌の作法

〔本文〕

次左右府生取レ標〈胡床同撤レ之〉、坊家別当参之時、取レ奏之次、仰二外記一令レ撤レ之、別当不参之時、内弁仰二参議一令レ撤レ之、次舞妓進出、内弁乍レ居レ座、仰二職事一催レ之、楽前大夫二人前行、率二舞妓一出二射場殿一〈近代自二内侍所方一出〉、副二南殿南砌一西行、更南行、又東折、更折、更北行、作二大輪一廻二前庭一、左廻三匝、了退出、先レ是掃部寮敷二筵道於南庭一、次女楽拝〈内弁或不レ立二此拝一、直向レ陣見二宣命一〉、群

臣下殿列立〈北上東面〉、拝舞了復座、

〔解説〕

「取レ奏之次、仰二外記一令レ撤レ之」は、坊家公卿別当が坊家奏を外記から受け取る時に外記に標・胡床の撤去を命じるの意。「〈近代自二内侍所方一出〉、副」は群書本はなし。西園寺本に従う。「内侍所」は春興殿。平安宮内裏では日華門南（図④）。土御門内裏では日華門北（図⑧範囲外）。「副二南殿南砌一西行、更南行、又東折、更折、更北行、作二大輪一廻二前庭一、左廻三匝」は舞妓か内侍所より出た場合の踏歌進路。「出二射場殿一」場合は、「西行」が「東行」、「東折」が「西折」、「左廻三匝《みめぐり》」が「右廻三匝」となる。なお、「更折、更北行」の「折、更」は群書本はなし。西園寺本に従う。ただし、「更」は衍字か。

▼宣命・見参・禄法奏上～退出の作法

〔本文〕

次内弁奏二宣命・見参・禄法一〈同二白馬一〉、次召二参議一人一賜二宣命一、次召二大弁一給二見参・禄法一、次群臣下殿列立、次宣命使下殿着レ版、次宣制一段、群臣再拝、又一段、群臣拝舞、次宣命使復座、次群臣復座、次抜レ匕、次内弁以下下殿、出二月華門下一給レ禄、一拝退出、

〔解説〕

以上が『三節会次第』の踏歌節会作法。以下、これに続き、「雨儀」等記載は多いがすべて割愛する。

終章　節会式次第の変遷

本書検討の四書　本書では『内裏儀式』『内裏式』『江家次第』『三節会次第』の各書にみえる節会の式次第・作法を詳細に分析した。『内裏儀式』『内裏式』は国家儀礼を記した「儀式」。『江家次第』は宮中儀礼を記した儀式書。『三節会次第』は内弁作法の故実書。文献としての性格やまた記載態度は四者四様である。また、節会実施場所も、『内裏儀式』は平安宮内裏。『内裏式』は豊楽院。『江家次第』は平安宮内裏。『三節会次第』は土御門内裏と様々。さらに儀礼体系も、『内裏儀式』は跪礼。『内裏式』以降は唐礼となる。ただし、同じく唐礼でも、『江家次第』は東礼。『三節会次第』は西礼というように変化する。なお、『内裏式』と『江家次第』の間には、「儀式」として『儀式』、儀式書として『西宮記』『北山抄』等が存在する。したがって、『江家次第』の式次第は特に『西宮記』『北山抄』を経て形成されたものであることも理解する必要がある。

そうしたなかで、別表A～Cはそうした各書にみえる主要な式次第を、様々な差異や形成過程を超え、各項目の用語やまとめ方を統一して一覧にしたものである。本章では、この別表に基づき、各書の性格や記載態度の差異を超え、『内裏儀式』から『三節会次第』におよぶ式次第の時代的変遷を節会ごとにまとめて結びとしたい。

元日節会の式次第　まずは別表A（元日節会）。全体像としては、元日節会式次第は、『内裏儀式』で

別表A（元日節会）

『内裏儀式』	『内裏式』	『江家次第』	『三節会次第』
			内弁参内
			殿上間昇殿
		内弁着陣	内弁着陣
天皇遷御	天皇遷御	天皇遷御	天皇遷御
		近衛着陣	近衛着陣
		王卿着外弁	王卿着外弁
	天皇出御	天皇出御	天皇出御
	皇后出御		
	近衛着陣		近衛着陣
	内弁謝座	内弁謝座	内弁謝座
内弁着座	内弁着座	内弁着座	内弁着座
近衛着陣			
	皇太子謝座		
	皇太子謝酒		
	皇太子着座		
開門	開門	開門	開門

形成された式次第を基礎に『内裏式』で確立。それが基本的に『江家次第』さらに『三節会次第』に継承されたといえるであろう。跪礼と唐礼の別はあっても『内裏儀式』記載の式次第はすべて『三節会次第』まで継承されている。

一方、『内裏式』での式次第の確立を示すのが式次第の増加である。皇后出御・内弁謝座・皇太子謝座・皇太子謝酒・皇太子着座・氷様奏・腹赤奏・王卿列立・王卿謝座・王卿謝酒・宣命見参奏覧等の追加をみる。『内裏儀式』は記載が簡略なために、皇后・皇太子関係は記載が割愛された可能性が高いものの、王卿列立はもちろん皇太子・内弁・王卿の各謝座や謝酒は唐礼での式次第であろう。

ところが『江家次第』になると、『内裏式』の式次第を基本的には継承しながらもそのい

御暦奏	御暦奏		
	氷様奏		
	腹赤奏		
王卿入閤	王卿入閤	王卿入閤	王卿入閤
	王卿列立	王卿列立	王卿列立
	王卿謝座	王卿謝座	王卿謝座
	王卿謝酒	王卿謝酒	王卿謝酒
王卿着座	王卿着座	王卿着座	王卿着座
饗宴	饗宴	饗宴	饗宴
禄準備	禄準備	禄準備	禄準備
	宣命見参奏覧	宣命見参奏覧	宣命見参奏覧
宣命宣制	宣命宣制	宣命宣制	宣命宣制
賜禄	賜禄	賜禄	賜禄
退出	退出	退出	退出
	天皇還御	天皇還御	

くつかが消える。皇后出御・皇太子関係・御暦奏・氷様奏・腹赤奏等である。御暦奏を除いて『内裏式』で増加した式次第だが、これは皇后・皇太子の節会参列がなくなり、また、御暦奏等の諸司奏が陣座での事前準備での処理に移行した結果である。一方、『江家次第』で増加した式次第は、その陣座での事前準備を含む天皇出御前の式次第である。陣座は豊楽院にはないが、場所はともかく『内裏式』段階でも事前準備は必要であろうし、王卿着外弁も当然あった。しかし、これらは『内裏式』には不記載である。なお、別表には表れないが、『内裏式』と『江家次第』では、節会実施場所の相違に対応した変化のほか、饗宴の内容がおよそ相違するし、また『江家次第』では次侍従の節会参列がなくなる等の変化もある。さらに『三節会次第』では饗宴の食事を実際には食さず、飯を中心とする食事に箸や匕を抜き差しして食事中・中断・終了を示すという新しい作法も生まれる。

白馬節会の式次第　次に別表B（白馬節会）。ここは『内裏式』と『江家次第』で式次第に大きな変化

別表B（白馬節会）

『内裏儀式』	『内裏式』	『江家次第』	『三節会次第』
			内弁参内
		内弁着陣	内弁着陣
	天皇遷御	天皇遷御	天皇遷御
	下名下賜	下名下賜	下名下賜
	近衛着陣	近衛着陣	近衛着陣
		王卿着外弁	王卿着外弁
	天皇出御	天皇出御	天皇出御
	内弁謝座	内弁謝座	内弁謝座
	内弁着座	内弁着座	内弁着座
	皇太子謝座		
	皇太子謝酒		
	皇太子着座		
	開門	開門	開門
位記請印	御弓奏		
位記奏覧	叙位宣命奏覧	叙位宣命奏覧	叙位宣命奏覧
位記筥下賜	位記筥下賜	位記筥下賜	位記筥下賜
	王卿列立	王卿列立	王卿列立
	王卿謝座	王卿謝座	王卿謝座

がみられる。つまり『内裏式』以降は白馬節会の式次第ではなくなる位記請印・位記奏覧が、『内裏儀式』では叙位関係の式次第としてみえ、逆に下名下賜は『内裏儀式』には不記載。また、こうした叙位関係の相違に対応し、『内裏儀式』では御弓奏が叙位後に実施される等の相違がある。こうした叙位関係の変化は弘仁九年（八一八）に勅授位記式が漢様に改められた反映である。

また、白馬引渡後の女楽のための舞台設置が式次第となるのも『内裏儀式』独自である。その他、『内裏式』で増加した式次第は元日節会とほぼ同様だが（相違は皇后出御が不記載）、叙位後の親族拝、女楽後の舞妓拝も『内

	王卿謝酒	王卿謝酒	王卿謝酒
	王卿着座	王卿着座	王卿着座
叙位者入閤	叙位者入閤	叙位者入閤	叙位者入閤
	叙位者列立	叙位者列立	叙位者列立
叙位宣命宣制	叙位宣命宣制	叙位宣命宣制	叙位宣命宣制
叙位	叙位	叙位	叙位
	親族拝	親族拝	親族拝
御弓奏		白馬奏	白馬奏
白馬引渡	白馬引渡	白馬引渡	白馬引渡
舞台設営			
饗宴	饗宴	饗宴	饗宴
		舞妓奏	舞妓奏
	女楽	女楽	女楽
	舞妓拝	舞妓拝	舞妓拝
禄準備	禄準備	禄準備	
禄奏	禄奏	禄奏	
	宣命見参奏覧	宣命見参奏覧	宣命見参禄法奏覧
宣命宣制	宣命宣制	宣命宣制	宣命宣制
賜禄	賜禄	賜禄	賜禄
	退出	退出	退出
	天皇還御	天皇還御	

裏式』で追加となる。こうした各種の拝はやはり唐礼の式次第なのであろう。むろん『内裏儀式』から『内裏式』に継承された式次第もあるが、その継承過程は元日節会ほど単純ではない。

ただし、白馬節会の式次第が確立されたのはやはり『内裏式』といえる。『江家次第』さらには『三節会次第』に基本的に継承されているからである。『江家次第』での変化は元日節会の場合とほぼ同様だが、白馬節会独自のものは白馬奏・舞妓奏である。『内裏式』以降は各種拝、『江家次第』以降は各種奏の式次第が増加する。『三節会次第』での変化は、式次第としては禄奏が禄法奏覧に替わる程度である。

踏歌節会の式次第　次に別表C（踏

別表C（踏歌節会）

『内裏儀式』	『内裏式』	『江家次第』	『三節会次第』
			内弁参内
		内弁着陣	内弁着陣
		天皇遷御	天皇遷御
		近衛着陣	近衛着陣
		王卿着外弁	王卿着外弁
	天皇出御	天皇出御	天皇出御
		内弁謝座	内弁謝座
		内弁着座	内弁着座
		開門	開門
		王卿列立	王卿列立
		王卿謝座	王卿謝座
		王卿謝酒	王卿謝酒
		王卿着座	王卿着座
	饗宴	饗宴	饗宴
		坊家奏	坊家奏
女踏歌	女踏歌	女踏歌	女踏歌

歌節会）。ここは『内裏儀式』『内裏式』はともに「供設・儀式一同㆓元日会㆒」とあって記載は簡略である。各書ともに饗宴までは諸司奏を除いて元日節会と、節禄関係は白馬節会と同様の式次第で、その変化もそれぞれと同様とみられる。ただし、『内裏式』に宣命見参奏覧が不記載。一方、踏歌節会独自の式次第は女踏歌関係だが、『江家次第』で坊家奏がみえ、それが『三節会次第』にも継承される。これも『江家次第』以降の各種奏の式次第増加の一環である。

節会と有職故実　序章でふれた有職故実（公家故実）の成立についてここで改めてまとめると、摂関期以降もあくまで律令官僚機構の枠組は残っており、摂関制という新しい政治体制のもとで、その枠組からはみ出す部分が生じ、そのはみ出した部分に対応するため

	女楽拝	女楽拝	女楽拝
禄準備	禄準備	禄準備	禄準備
禄奏	禄奏	禄奏	
		宣命見参奏覧	宣命見参禄法奏覧
宣命宣制	宣命宣制	宣命宣制	宣命宣制
賜禄	賜禄	賜禄	賜禄
退出	退出	退出	退出
		天皇還御	

に成立したのが有職故実（公家故実）となる。

これを節会式次第の時代的変遷に当てはめれば、『内裏儀式』や『内裏式』という「儀式」（律令法典）から継承されている式次第こそが律令官僚機構の枠組に相当する。それを崩してしまえば節会として成り立たない骨子である。なお、白馬節会の叙位関係における『内裏儀式』から『内裏式』への変化は枠組の変化に対応したものである。

これに対し、その枠組からはみ出した部分、それが『内裏式』以降に変化した式次第、または建前としては同様だが実質的内容が変化したり形骸化した式次第、それらに対応したのが有職故実である。そして、有職故実では先例が重視されるため、時代の変化はあるものの先例やそこから成立した故実が継承されるのである。『内裏式』から『三節会次第』で節会実施場所がそれぞれ変化しながらも、式次第が継承されたはそのためである。

節会に対する意識の変化　ただし、その過程で節会の意義は変化した。節会参列は本来は官人としての職務であり、節禄はその俸給に相当した。それが日本の節会成立の際に参考にされた中国の「会」との大きな相違点である。いわば官人達は節禄を貰うために節会に参列したといってもよい。ところが、第4章でふれたように、平安末期にはその肝心の節禄を貰わずに退出する例が多発。節禄が意味を持たなくなった。それに替わって節会を行う公家達に生まれてきたのが、時代とともに故実・作法が複雑化する節会という宮中儀礼を、恙なく遂行すること自体に意義を見出す意識である。

例えば後鳥羽上皇は、建暦元～二年（一二一一～一二）に複数の公事の習礼《しゅうれい》（予行演習）を実施。そのうち、建暦二年三月二十四日には白馬節会の習礼を行った（『後鳥羽天皇日記』『百錬抄《ひゃくれんしょう》』各当日条）。また、『三節会次第』との関係でやはり第4章でふれた『玉蘂』承元四年（一二一〇）正月一日条によれば、記主九条道家は当日の元日節会内弁を務めた。そこでの記載で上記の平安末期の状況がわかるわけだが、道家は当該条の最後に「今日内弁世間不レ難云々、尤為レ悦レ之」と記した。世間の非難なく恙なく内弁を務め上げたことを最上の悦びとしたのである。また、万里小路時房《までのこうじときふさ》（一三九四～一四五七）の『建内記《けんないき》』応永三十五年（一四二八）正月一日条によれば、当日の元日節会で記主時房は外弁上卿を務めた。それに対し、「予行二外弁事一、自愛」と記した。元日節会外弁上卿を務めたことを自賛しているのである。

こうした事例に、節会を恙なく遂行すること自体に意義を見出す意識が読み取れる。しかも同じく『建内記』同年正月七日条によれば、時房は、当日の白馬節会の参列者ではなく見学者となり、見学者の目で式次第や作法における複数の異例（見解の相違）を書き留めている。同じ公卿が節会参列者と見学者に別れている状況にも注目すべきだが、批判的な見学者の存在は、節会に対する上記の意識を強めたことであろう。多くの公事が衰退した室町時代にも節会は存続した。また『三節会次第』のような故実書が著された。いずれもこうした節会に対する意識の変化が関係しているのであろう。

主要参考文献

（刊行年順〈序章提示を除く〉）

倉林正次『饗宴の研究 儀礼編』桜楓社 一九六五年

山中裕『平安朝の年中行事』塙書房 一九七二年

甲田利雄『年中行事御障子文注解』続群書類従完成会 一九七六年

橋本義彦『平安貴族社会の研究』吉川弘文館 一九七六年

和田英松『新訂官職要解』講談社学術文庫 一九八三年

藤岡通夫『京都御所』（新訂）中央公論美術出版 一九八七年

山中裕『平安時代の古記録と貴族社会』思文閣出版 一九八八年

和田英松『新訂建武年中行事註解』講談社学術文庫 一九八九年

鈴木亘『平安宮内裏の研究』中央公論美術出版 一九九〇年

中田武司『白馬節会 研究と資料』桜楓社 一九九〇年

中田武司『元日節会 研究と資料』おうふう 一九九四年

井上光貞他編『律令』岩波書店 一九九四年（新装版）

橋本義則『平安宮成立史の研究』塙書房 一九九五年

鈴木敬三編『有識故実大辞典』吉川弘文館 一九九六年

中田武司『踏歌節会 研究と資料』おうふう 一九九六年

西本昌弘『日本古代儀礼成立史の研究』塙書房 一九九七年

古瀬奈津子『日本古代王権と儀式』吉川弘文館 一九九八年

大津透『古代の天皇制』岩波書店 一九九九年

佐藤厚子『中世の国家儀礼 『建武年中行事』の世界』岩田書院 二〇〇三年

古代学協会・古代学研究所編『平安時代史事典』（ＣＤ-ＲＯＭ版）角川学芸出版　二〇〇六年
近藤好和『装束の日本史　平安貴族は何を着ていたのか』平凡社新書　二〇〇七年
近藤好和編著『建内記註釈１』日本史史料研究会　二〇〇九年
近藤好和編著『建内記註釈２』日本史史料研究会　二〇一一年
志村佳名子『日本古代の王宮構造と政務・儀礼』塙書房　二〇一五年
神谷正昌『平安宮廷の儀式と天皇』同成社　二〇一六年
ジャパンナレッジ（『国史大辞典』『日本国語大辞典』等）

あとがき

本書の内容を一口でいえば、『内裏儀式』『内裏式』『江家次第』の各正月三節会部分と『三節会次第』の内弁作法部分の注釈書である。国文学では作品の全註釈は立派な研究業績となるが、日本史学では史料註釈に対する評価は低い。また、現在の日本史学の研究の傾向として、先行研究の整理に重点が置かれ、研究の基盤となる史料の精読は軽視されている面がある。本書の内容はそうした時代の傾向にあえて逆行するものである。

また、これまで日本の武具を中心に研究をしてきた私が、本書に先行する松薗斉氏との共編である『中世日記の世界』(ミネルヴァ書房、二〇一七年)を刊行し、そこで日記(古記録)や有職故実書について論じたのと同様に、本書で朝廷儀礼を対象としていることに違和感を持つ読者もいるであろう。

しかし、前著「あとがき」で書いたように、私の専門は、あくまで恩師故鈴木敬三先生(一九一三〜九二)より受け継いだ有職故実である。これまでは有職故実の三本の柱(本書序章参照)のうち武家故実のなかの弓馬軍陣故実関係を研究対象としていたが、有職故実の根幹である公家故実の領域に研究の幅を広げたに過ぎない。

特に私のもうひとりの恩師故山中裕先生(一九二一〜二〇一四)は平安朝の年中行事研究の第一人者であったが、先生ご薨去後、有職故実の根幹が公家故実である以上、朝廷儀礼の研究こそ有職故実研究の本質であると改めて思うようになった。その成果が本書である。

しかも筆者の武具研究と本書の内容は、有職故実という括りのなかでも一見するとまったく異なるように思えるが、じつは共通点がある。公家故実も武家故実もともに実践の知識である。だからこそ武具研究ではその使用法や戦闘論を中心に行ってきた。また、本書が対象とする節会式次第とは突き詰めれば参列者の動きであり、それが作法となればさらに細かい動作となる。つまり筆者の研究の根幹にあるのは、いずれにしろ過去の人々の身体的な動きを即物的に考えることにある。そこが共通点である。これもまたりっぱな文化史であると自負している。本書読者の方々も、内弁以下の節会参列者の動きや動作をイメージして本書をお読みいただければ幸いである。

さて、私事で恐縮だが、ここ二年半ほど同居している母の介護を私ひとりでしている。母の介護度は要介護一に過ぎず、介護と言っても壮絶なものではないが、それでもまさに主夫状態で、毎朝四時に起床し、炊事・洗濯等の家事すべてをこなし、母のリハビリも指導している。子育て中の女性研究者に敬意の念を持つようになった。しかもたまたまだが、時期的に上記前著の執筆・編集とも重なり、本書の執筆は締め切りを大幅に遅れてしまった。

それでも専任の職がないために、経済的余裕はないが時間はたっぷりとある。それが皮肉にも幸いし（これは介護にもいえる）、なんとか脱稿することができた。臨川書店編集部の西之原一貴氏には、ご迷惑をお掛けしたことをお詫び申し上げるとともに、上記のような筆者の状況をご理解いただき、粘り強く待っていただいたことに感謝申し上げる。

また、本書は本来「日記で読む日本史」シリーズの一冊として企画された。しかし、原稿枚数が規定以上となり、また「日記で読む日本史」シリーズの一冊ながら「日記」（古記録）を直接的には使用していないこともあり、加えて、冒頭で述べたような史料註釈を刊行することの意義に賛同された臨川書店からの積極的な提案で、独立した単行本として刊行していただくこととなった。シリーズ監修者の倉本一宏氏には不手際をお詫び申し上げる。なお、本書第4章で使用した『三節会次第』西園寺本の閲覧については美川圭氏にお世話になった。明記して感謝申し上げる。

私は今年で還暦を迎えるが、現状のままでは大学教授の肩書や自身の研究を受け継ぐゼミ生の育成で研究の証を残すことはできない。研究の証を残すためにはともかく書き残すしかない。また書けば少しでも生活費が入る。大方の評価などは二の次として、これからも書き続けていくしかない。

二〇一七年五月十日　母の八十九歳の誕生日に

近藤好和

近藤好和（こんどう　よしかず）

1957年、神奈川県生まれ。

1987年、國學院大學大学院文学研究科博士課程後期日本史学専攻単位取得。博士（文学・広島大学）。現在、國學院大學大学院・和洋女子大学非常勤講師。千葉県刀剣・銃砲等登録審査委員。

主要著書に『中世日記の世界』（共編著、ミネルヴァ書房、2017年）、『日本古代の武具　『国家珍宝帳』と正倉院の器仗』（思文閣出版、2014年）、『武具の日本史』（平凡社新書、2010年）、『装束の日本史　平安貴族は何を着ていたのか』（平凡社新書、2007年）、『騎兵と歩兵の中世史』（吉川弘文館、2005年）、『弓矢と刀剣　中世合戦の実像』（吉川弘文館、1997年）などがある。

朝廷儀礼の文化史
節会を中心として

二〇一七年七月三十一日　初版発行

著　者　近藤好和
発行者　片岡　敦
印刷製本　亜細亜印刷株式会社
606-8204　京都市左京区田中下柳町八番地
発行所　株式会社　臨川書店
電話（〇七五）七二一―七一一一
郵便振替　〇一〇七〇―二―八〇〇

落丁本・乱丁本はお取替えいたします
定価はカバーに表示してあります

ISBN 978-4-653-04338-6　C0021